U0106833

故宫

博物院藏文物珍品全集

竹木牙角雕刻

故宮博物院藏文物珍品全集

主編：李久芳

商務印書館

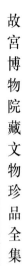

竹木牙角雕刻
Bamboo, Wood, Ivory and Rhinoceros Horn Carvings

故宮博物院藏文物珍品全集
The Complete Collection of Treasures of the Palace Museum

主　　編 ……………… 李久芳

副 主 編 ……………… 劉　靜

編　　委 ……………… 劉　岳　芮　謙　宋永吉

攝　　影 ……………… 劉志崗

出 版 人 ……………… 陳萬雄

編輯顧問 ……………… 吳　空

責任編輯 ……………… 田　村　徐昕宇

設　　計 ……………… 張婉儀

出　　版 ……………… 商務印書館（香港）有限公司
　　　　　　　　　　　　香港筲箕灣耀興道3號東滙廣場8樓
　　　　　　　　　　　　http://www.commercialpress.com.hk

製　　版 ……………… 中華商務彩色印刷有限公司
　　　　　　　　　　　　香港新界大埔汀麗路36號中華商務印刷大廈

印　　刷 ……………… 深圳中華商務聯合印刷有限公司
　　　　　　　　　　　　深圳市龍崗區平湖鎮春湖工業區中華商務印刷大廈

版　　次 ……………… 2014年2月第1版第2次印刷
　　　　　　　　　　　　©2002 商務印書館（香港）有限公司
　　　　　　　　　　　　ISBN 978 962 07 5347 3

All inquiries should be directed to:
The Commercial Press (Hong Kong) Ltd.
8/F., Eastern Central Plaza, 3 Yiu Hing Road, Shau Kei Wan, Hong Kong.

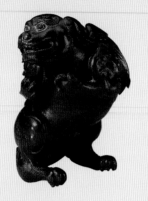

總序

楊新

故宮博物院是在明、清兩代皇宮的基礎上建立起來的國家博物館,位於北京市中心,佔地72萬平方米,收藏文物近百萬件。

公元1406年,明代永樂皇帝朱棣下詔將北平升為北京,翌年即在元代舊宮的基址上,開始大規模營造新的宮殿。公元1420年宮殿落成,稱紫禁城,正式遷都北京。公元1644年,清王朝取代明帝國統治,仍建都北京,居住在紫禁城內。按古老的禮制,紫禁城內分前朝、後寢兩大部分。前朝包括太和、中和、保和三大殿,輔以文華、武英兩殿。後寢包括乾清、交泰、坤寧三宮及東、西六宮等,總稱內廷。明、清兩代,從永樂皇帝朱棣至末代皇帝溥儀,共有24位皇帝及其后妃都居住在這裏。1911年孫中山領導的"辛亥革命",推翻了清王朝統治,結束了兩千餘年的封建帝制。1914年,北洋政府將瀋陽故宮和承德避暑山莊的部分文物移來,在紫禁城內前朝部分成立古物陳列所。1924年,溥儀被逐出內廷,紫禁城後半部分於1925年建成故宮博物院。

歷代以來,皇帝們都自稱為"天子"。"普天之下,莫非王土;率土之濱,莫非王臣"(《詩經·小雅·北山》),他們把全國的土地和人民視作自己的財產。因此在宮廷內,不但匯集了從全國各地進貢來的各種歷史文化藝術精品和奇珍異寶,而且也集中了全國最優秀的藝術家和匠師,創造新的文化藝術品。中間雖屢經改朝換代,宮廷中的收藏損失無法估計,但是,由於中國的國土遼闊,歷史悠久,人民富於創造,文物散而復聚。清代繼承明代宮廷遺產,到乾隆時期,宮廷中收藏之富,超過了以往任何時代。到清代末年,英法聯軍、八國聯軍兩度侵入北京,橫燒劫掠,文物損失散佚殆不少。溥儀居內廷時,以賞賜、送禮等名義將文物盜出宮外,手下人亦效其尤,至1923年中正殿大火,清宮文物再次遭到嚴重損失。儘管如此,清宮的收藏仍然可觀。在故宮博物院籌備建立時,由"辦理清室善後委員會"對其所藏進行了清點,事竣後整理刊印出《故宮物品點查報告》共六編28

冊，計有文物117萬餘件（套）。1947年底，古物陳列所併入故宮博物院，其文物同時亦歸故宮博物院收藏管理。

二次大戰期間，為了保護故宮文物不至遭到日本侵略者的掠奪和戰火的毀滅，故宮博物院從大量的藏品中檢選出器物、書畫、圖書、檔案共計13427箱又64包，分五批運至上海和南京，後又輾轉流散到川、黔各地。抗日戰爭勝利以後，文物復又運回南京。隨着國內政治形勢的變化，在南京的文物又有2972箱於1948年底至1949年被運往台灣，50年代南京文物大部分運返北京，尚有2211箱至今仍存放在故宮博物院於南京建造的庫房中。

中華人民共和國成立以後，故宮博物院的體制有所變化，根據當時上級的有關指令，原宮廷中收藏圖書中的一部分，被調撥到北京圖書館，而檔案文獻，則另成立了"中國第一歷史檔案館"負責收藏保管。

50至60年代，故宮博物院對北京本院的文物重新進行了清理核對，按新的觀念，把過去劃分"器物"和書畫類的才被編入文物的範疇，凡屬於清宮舊藏的，均給予"故"字編號，計有711338件，其中從過去未被登記的"物品"堆中發現1200餘件。作為國家最大博物館，故宮博物院肩負有蒐藏保護流散在社會上珍貴文物的責任。1949年以後，通過收購、調撥、交換和接受捐贈等渠道以豐富館藏。凡屬新入藏的，均給予"新"字編號，截至1994年底，計有222920件。

這近百萬件文物，蘊藏着中華民族文化藝術極其豐富的史料。其遠自原始社會、商、周、秦、漢，經魏、晉、南北朝、隋、唐，歷五代兩宋、元、明，而至於清代和近世。歷朝歷代，均有佳品，從未有間斷。其文物品類，一應俱有，有青銅、玉器、陶瓷、碑刻造像、法書名畫、印璽、漆器、琺瑯、絲織刺繡、竹木牙骨雕刻、金銀器皿、文房珍玩、鐘錶、珠翠首飾、家具以及其他歷史文物等等。每一品種，又自成歷史系列。可以說這是一座巨大的東方文化藝術寶庫，不但集中反映了中華民族數千年文化藝術的歷史發展，凝聚着中國人民巨大的精神力量，同時它也是人類文明進步不可缺少的組成元素。

開發這座寶庫，弘揚民族文化傳統，為社會提供了解和研究這一傳統的可信史料，是故宮博物院的重要任務之一。過去我院曾經通過編輯出版各種圖書、畫冊、刊物，為提供這方面資料作了不少工作，在社會上產生了廣泛的影響，對於推動各科學術的深入研究起到了良好的作用。但是，一種全面而系統地介紹故宮文物以一窺全豹的出版物，由於種種原因，尚未來得及進行。今天，隨着社會的物質生活的提高，和中外文化交流的頻繁往來，無論是中國還是西方，人們越來越多地注意到故宮。學者專家們，無論是專門研究中國的文化歷史，還是從事於東、西方文化的對比研究，也都希望從故宮的藏品中發掘資料，以探索人類文明發展的奧秘。因此，我們決定與香港商務印書館共同努力，合作出版一套全面系統地反映故宮文物收藏的大型圖冊。

要想無一遺漏將近百萬件文物全都出版，我想在近數十年內是不可能的。因此我們在考慮到社會需要的同時，不能不採取精選的辦法，百裏挑一，將那些最具典型和代表性的文物集中起來，約有一萬二千餘件，分成六十卷出版，故名《故宮博物院藏文物珍品全集》。這需要八至十年時間才能完成，可以說是一項跨世紀的工程。六十卷的體例，我們採取按文物分類的方法進行編排，但是不囿於這一方法。例如其中一些與宮廷歷史、典章制度及日常生活有直接關係的文物，則採用特定主題的編輯方法。這部分是最具有宮廷特色的文物，以往常被人們所忽視，而在學術研究深入發展的今天，卻越來越顯示出其重要歷史價值。另外，對某一類數量較多的文物，例如繪畫和陶瓷，則採用每一卷或幾卷具有相對獨立和完整的編排方法，以便於讀者的需要和選購。

如此浩大的工程，其任務是艱巨的。為此我們動員了全院的文物研究者一道工作。由院內老一輩專家和聘請院外若干著名學者為顧問作指導，使這套大型圖冊的科學性、資料性和觀賞性相結合得盡可能地完善完美。但是，由於我們的力量有限，主要任務由中、青年人承擔，其中的錯誤和不足在所難免，因此當我們剛剛開始進行這一工作時，誠懇地希望得到各方面的批評指正和建設性意見，使以後的各卷，能達到更理想之目的。

感謝香港商務印書館的忠誠合作！感謝所有支持和鼓勵我們進行這一事業的人們！

1995年8月30日於燈下

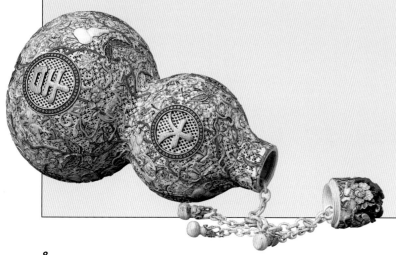

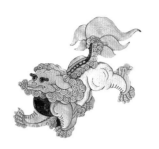

目錄

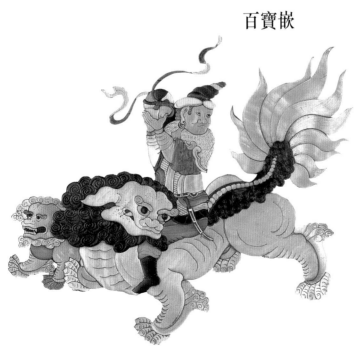

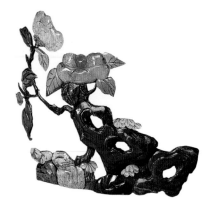

文物目錄

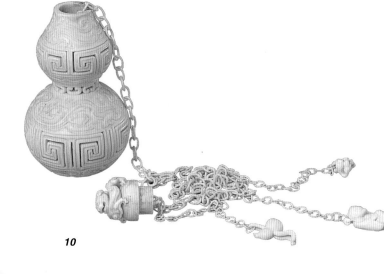

牙角雕

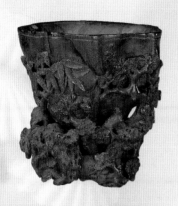

導言

李久芳

中國人很早便開始利用自然界生長的竹、木和動物的骨、牙、角製造生產工具、生活用品和美化生活的裝飾品，並在長期的生產實踐中不斷改進和創新製造工藝，逐漸形成了多姿多彩且富有民族傳統風格的藝術門類。

遠在舊石器時代，生活在北京周口店地區的山頂洞人就已經將獸骨製成骨墜、項鏈等裝飾品，表現出早期人類對美的追求。進入新石器時代以後，竹、木、骨、牙、角器物的製作和使用有了較為全面的發展，在距今六、七千年前的浙江餘姚河姆渡原始社會遺址中，出土了木雕圓筒、象牙雕花牌飾以及象牙雕鳥形匕等竹、木、骨、牙、角製品。其中的象牙雕鳥形匕，以鳥身為柄，長尾為匙，美觀實用，形態異常生動。在距今四千八百至五千年前的山東大汶口原始社會遺址中出土的象牙梳，豎列九齒，梳柄之上透雕雙"S"形花紋，花紋間鑲嵌綠色松石，其工藝已達到很高水平。隨着社會的進步和生產力水平的提高，特別是金屬工具的出現，更是開創了竹木牙角雕刻發展的新天地。1979年在河南安陽殷墟婦好墓出土的三件形體高大、紋飾精美的象牙杯，杯身陰刻雲雷紋為地，上面浮雕獸面紋和鳥紋，線條清晰細膩。杯身一側用榫鉚扣合的方法設置夔龍和鴞鳥形的器柄，使杯的整體造型顯得格外端莊富麗，反映出金屬工具出現後，竹木牙角雕刻工藝的新發展和所取得的成就。

由於竹木牙角皆為有機物，在自然界中易受有害物質侵蝕和人為損壞，極難保存，故傳世者甚少，然而目前遺存於世的少量作品，亦可充分展現出當時中國竹木牙角雕刻藝術的輝煌成就。明、清兩個王朝，統治中國將近五個半世紀，在此期間，竹木牙角雕刻藝術在繼承歷史傳統的基礎上又有所飛躍，不僅作品的種類、數量增多，而且出現了眾多文人、書畫家參與和從事竹、木、牙、角製品創作的新局面，使本來講究技巧的工藝製品，趨向於追求書法和繪畫的效果，從而提高了其藝術品位，徹底改變了將竹木牙角雕刻視作"奇技淫巧"、"雕蟲小技"的社會偏見。這種觀念的變化進一步促進了竹木牙角雕刻藝術的新發展，形成了不同的風格和流派，湧現出一大批著名的雕刻家，他們的作品蜚聲海內外。

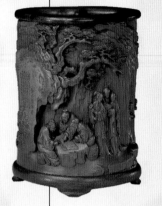

故宮博物院庋藏着數千件竹、木、牙、角雕刻品，其來源主要有三部分：一是明清皇家御用作坊徵調著名的工匠，按照皇室要求製作的御用品；二是各地官吏每年向皇帝進獻的貢品，亦多是出自名家之手；三是新中國成立後，許多流散於民間的竹木牙角雕刻品，通過多種渠道集中於故宮博物院收藏，其中亦不乏精品。本卷從中遴選出248件最具代表性的作品，分竹木、牙角和百寶嵌三大類，按時代順序編撰，以冀較為全面地反映出明清兩代竹木牙角雕刻藝術的成就，並展示出皇室內府的豐富收藏。

竹木類雕刻品

竹、木雕刻工藝通常被視為同一門類。竹、木是兩種不同種屬的植物，具有不同的性質和特點。作為雕刻材料，有着不同的工藝要求和表現方法，如竹刻中的"留青"和"竹簧"在木雕作品中就無法表現出來，而木雕中的高浮雕和寬厚的大型雕刻品，由於受竹材所限，也難以在竹雕中實現。但是，從雕刻工藝的基本技法上看，二者卻有着更多的相似之處，許多著名的刻竹名家同時也是木雕的能手。例如，清初大名鼎鼎的竹刻家吳之璠，被稱作嘉定派刻竹傳人，但他所刻黃楊木雕東山報捷圖筆筒（圖48），卻是木雕中的極品。

（一）材料的選擇和利用
自然界中竹、木生長的範圍很廣，品種繁多，但是作為雕刻用的材料，則需要具備一定的條件。雕刻品材質的優劣與工藝水準的高低相輔相成，互為依托，如果忽略對材質的選擇和利用，則會嚴重影響作品的藝術效果。所以對材料的選擇和利用，是竹、木雕刻創作過程中十分重要的因素。

（1）竹材
在中國，竹的品種較多，常見有毛竹、斑竹、棕竹和方竹等。毛竹亦稱筒竹，枝幹粗壯，其圓筒狀的形體宜雕刻筆筒、臂擱等文房用具。有的竹幹彎曲變形，則可巧妙地雕成藝術水平很高的作品，如竹雕牧牛圖筆筒（圖57），竹幹近根部略彎曲，作者利用材料自然形成的弧度，刻畫出以山林為背景的村童牧牛。在凹陷的弧線上，顯現平滑的山坡，一牛臥於地，似飽食後正細細咀嚼，另一牛站立，牧童騎於其背上，畫面生動且富有生活氣息，充分顯示出作者選擇和利用材料的功力。斑竹亦稱湘妃竹，主要產於江浙和兩湖地區，形體修長，表面有紅褐色斑點，傳說是湘妃的淚水所化，斑竹也由於這則美麗的神話而頗受人們青睞，通常被用作扇股、筆管、手杖或劈成竹篾貼黏成箱、櫃之類生活用具。棕竹，色澤深褐，纖維粗壯分明，形成深淺不同的條紋，韌性很強。劈成片狀後，多用來拼貼成盒、匣之屬，也有用作手杖的。棕竹旋紋嵌玉魚戲詩盒（圖65），是乾隆皇帝儲存詩冊的拜匣，盒面紋理盤旋轉曲似激流形成的漩渦，極具動感。方竹，體細長呈方柱形，產於江浙地區，極其罕見。僅知乾隆時期用作手杖，並在杖首題寫詩句讚譽自然界物產之豐，更顯其珍貴新奇。

這些不同類型的竹，除用來製作雕刻品外，還利用其韌性強的特點，採取特殊的方法拉出很細的竹絲，用以編織和鑲嵌各種器物。而把竹劈開後翻轉其裏，將竹之內膜黏貼於木或竹製器物上的工藝，被稱為“竹簧”或“文竹”。這種工藝始見於清代，尤以乾隆時期之作品最為精美。例如，文竹芭蕉洞石紋長盒（圖68），即以竹簧貼出隱起的蕉葉和山石紋，卻絲毫不見黏貼的痕跡，分外素雅別致。

（2）木料

木料中適宜用作雕刻材料的有硬木和軟木兩種。硬木雕刻中常見有紫檀木、黃花梨木、鸂鶒木、烏木等。這些木料主要產於雲南、四川、廣西、貴州等地區的深山老林中，生長緩慢，質地堅硬，不易變形或破裂，除用來製作家具之外，也常用於雕刻文房用具，箱、櫃、盒等生活用品以及佛像、人物、動物等圓雕作品。其色澤較深暗，自然形成的紋理猶如迷濛的山川、飄浮的流雲、滾動的波濤，如運用得當會產生奇特的藝術效果。由於大量採伐，這類木料至明代晚期已十分稀少，清代已降，幾至枯竭，只能依靠從東南亞地區進口。

軟木雕刻中以黃楊木、楠木、樺木等最常見，也有檀香木、沉香木、枷楠香木等製品。這類木料質地柔和細膩，有一定韌性，色澤多為淡黃，有的還帶有芬芳的氣味，適合雕刻小型工藝品。檀香木異香撲鼻，宮中多用來雕刻香囊、扇股和精美的竹木盒內囊。枷楠香木多從海外進口，自身有藥香味，具有藥用價值，常被用來製造筆筒、鎮紙、朝珠、手串等用品和裝飾品。此種木料表層多凹凸不平，質地較脆，可利用其粗糙的特點雕刻山林人物和花卉等題材。

在木雕中另有根雕、果殼雕和核雕等工藝。根雕是利用多年生的老樹根，視其自然形態，稍許加工使其成為各種造型抽象的器物。核雕一般很小，有圓形和橄欖形兩種，屬於微雕製品，多為朝珠、手串等小巧的工藝品。

（二）明代竹木雕刻的派別及其代表人物

竹木雕刻品質地淳樸、材料來源廣泛，民間普遍流行。明代早期，竹木雕刻曾被視為"雕蟲小技"，由於與皇家追求的豪華富麗之風相左，故難登大雅之堂。這種觀念給竹木雕刻的發展造成很大阻礙。明代中期以後，隨着人們審美情趣的轉變和都市經濟的繁榮，竹木雕刻的發展出現了新氣象。特別是許多文人、書畫家開始參與和從事竹木雕刻的創作活動，把書法、繪畫的佈局和皴、擦、點、染等基本技法運用到竹木雕刻之中，徹底改變了竹木雕刻單純追求工藝技法的傾向，使之跨入了文化藝術的新天地，出現了眾多聞名於世的雕刻家，形成了不同的藝術風格和派別。據清嘉定人金元鈺《竹人錄》載："雕竹有二派，一始於金陵濮仲謙，一始於吾邑朱松鄰。"書中還記錄了許多以竹刻聞名的雕刻高手，具有一定的史料價值。但書中"濮派淺率，不耐尋味"等評語未必全面，因此對於竹木雕刻的不同派別和風格特點，我們不僅要參照史書記載，還要根據遺存的作品進行更廣泛的多方面分析，方能比較全面地反映出明清兩代竹木雕刻的成就。

（1）金陵派

金陵派刻竹創始人濮澄，字仲謙。據《太平府誌》載："一切犀玉髹竹皿器，經其手即古雅可愛"。《陶庵夢憶》中說："其竹器一帚一刷，竹寸耳勾勒數刀，價以兩計。然其所自喜者，又必用竹盤根錯節，以不事刀斧為奇，經其手略製磨之，而遂得重價。"濮澄的作品：竹雕松樹形小壺（圖1）宛若一棵古松傲然屹立，老幹新枝蒼健，顯示出頑強的生命力，是宮廷遺存的竹刻珍品，其簡練明快的雕刻技法，蒼勁古樸的風格特徵，展現出"古雅可愛"的藝術魅力。這種特點同記載中"必用竹之盤根錯節，以不事刀斧為奇"的特徵相一致。顯然《竹人錄》一書中"濮派淺率，不耐尋味"之說，是出於作者的鄉里觀念和門戶之見，不足為據。濮仲謙作為金陵派的創始人，其刻竹風格對後世產生了巨大影響。

（2）嘉定派

嘉定派刻竹創始人朱鶴，字松鄰。其竹木雕刻器皿多為筆筒、香筒、臂擱之類的文房用具，並以雕刻簪釵飾物而名噪一時，乃至人呼其器曰："朱松鄰"。宋荔裳贈《竹罌草堂歌》云："練川朱生稱絕能，昆刀善刻琅玕青。仙翁對奕辨毫髮，美人徒倚何娉婷。石壁巉岩入煙霧，澗水松風似可聽。"從中可知其雕刻技法纖細，題材廣泛，極力追求形神兼備的藝術效果，惜作品遺存不多。朱鶴之後，其子朱纓（字清父、號小松）、其孫朱稚征（號三松），亦為嘉定派刻竹高手。據載，

朱稚征善畫遠山澹石，叢竹枯木，尤長於畫驢。其刻竹刀不苟下，興至始為
之。所刻筆筒、臂擱，紋飾或蟹、或蟾蜍、或山水人物，涉及題材極廣泛。
其代表作竹雕春菜筆筒（圖4），刀法深淺變化，因材施藝，畫面空間處，
鐫刻陰文隸書乾隆己亥（1779）仲秋御題詩一首，讚頌作品雕刻技藝之精絕。
此外，竹雕和合二仙乘舟（圖6）、竹雕仕女圖筆筒（圖5）和竹雕漁翁（圖7）等均
為朱三松所刻傳世珍品。

朱氏三代刻竹，取材廣泛，早期雕刻刀法以纖巧工謹見長，其後稍有變化，追求繁簡適度的
藝術效果，至三松時更臻完善，達到以刀代筆的境界。其山水人物追尋簡樸古拙、逸趣橫生
之北宗風格，而花鳥則多仿徐熙的清淡典雅之意境，開創了有明以來刻竹結合繪畫技法之先
河，對後世竹木雕刻產生了巨大影響。

明代嘉定派刻竹除朱氏之外，尚有侯峋曾（字晉瞻）、沈大生（字仲旭、又字禹川）、秦一
爵等雕刻名家，均長於朱氏雕刻之法，然傳世作品極少。

另有張希黃刻竹，皆用留青之法，嘗見其留青殿閣圖筆筒，線條橫豎平直，刀法深淺變換，
色彩濃淡相映，儼若一幅絕妙的界畫。開闢了金陵派和嘉定派刻竹以來一代新風。

明末的刻竹名家還有蘇郡人江福生（字春波），其代表作品沉香木雕山水圖筆筒（圖20）雕
刻山水樹石隨形起伏，顯示出作者深厚的雕刻功力，亦為傳世竹刻珍品。

竹木雕刻藝術的興盛及其製品的精美，對皇室也產生了一定影響。明代永樂年間（1403—
1424），御用監即徵調嘉興府著名漆工進宮服役。萬曆年間（1573—1620）也曾從雲南揀選
工匠入宮。可以想見，御用監也同樣招募了從事竹木雕刻的著名匠師入宮服役，這些匠師在
宮廷中為皇室雕刻了大量精美的作品，如竹雕飛熊（圖10）、竹根雕松樹羅漢（圖11）、紫
檀木雕雲龍紋長方盒（圖24）、紫檀木雕花卉圖筆筒（圖22）、沉香木雕松竹梅筆筒（圖
21）等，雖然在當時特定的歷史條件下，這些作品中絕大多數沒有留下作者的姓名，但這並
不能掩蓋工匠們卓越的雕刻技藝和明代後期宮廷竹木雕刻工藝所取得的成就。

（三）清代宮廷中的竹木雕刻及代表人物
明代後期竹木雕刻的繁榮，為清代竹木雕刻的發展奠定了堅實的基礎，清初許多著名的竹木
雕刻大師都出自明代嘉定派門下。康熙十九年（1680）內務府在宮廷內設立造辦處，從全國

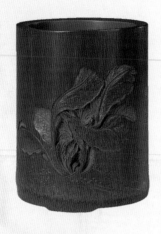

各地徵調匠人為皇室製造所需生活物品，其中"油木作"和"雕刻作"是製造竹木雕刻品的主要作坊，其生產範圍及品種相當廣泛，除傳統的筆筒、臂擱等文房用具外，還出現了立雕的陳設器、生活用品和古仙佛像等。雕刻技法在沿用金陵派和嘉定派傳統技藝的基礎上又有所創新，常見有線刻、陰刻、淺浮雕（薄地陽文）、高浮雕、透雕、立雕、留青、文竹和用竹絲製成器物等。紋飾題材亦十分廣泛，有花草蟲魚、飛禽走獸、山水人物、神話故事、仿古圖像、吉祥圖案以及帝后專用的龍鳳紋等。此類竹木雕刻作品工藝嚴謹，風格細膩，展現出莊重富麗的宮廷藝術特徵。

（1）清代前期的竹木雕刻及代表人物

以康熙時期（1662—1722）為代表的清代前期的竹木雕刻相當發達，湧現出一批著名的竹木雕刻家。他們中有的在御前供奉，直接為皇帝製作所需物品；有的雖然未入內廷服役，但作品被地方官員供入內廷。

吳之璠，字魯珍，號東海道人，是朱三松之後嘉定派刻竹的代表人物，其作品曾被地方官吏貢進內廷。《竹人錄》稱："（吳之璠）所製薄地陽文最工絕"。其竹雕松溪浴馬圖筆筒（圖31）和竹雕布袋僧筆筒（圖32），均運用了"薄地陽文"技法，前者表現駿馬、人物，生動傳神，後者利用局部刻一行僧，其餘空間卻題詩刻字，可謂書畫雙絕。而黃楊木雕東山報捷圖筆筒（圖48）以山林為背景，利用一張一弛、一靜一動兩幅畫面，表現出歷史上著名的淝水之戰的典故，層次清晰，景物深遠，不但構思巧妙，而且刀法精絕，顯示出作者過人的高浮雕技巧。

封錫爵，字晉侯；封錫祿，字義侯；封錫璋，字漢侯；三兄弟鼎足而立，均為嘉定派刻竹傳人。康熙年間，錫祿、錫璋兄弟被徵召入京，同值造辦處。《竹人錄》載："竹根人物盛於封氏，而精於義侯。其摹擬梵僧佛像，奇蹤異狀，詭怪離奇，見者毛髮竦立。至若採藥仙翁、散花天女，則又軒軒霞舉，超然有出塵之想。世人竟說吳裝義侯，不加彩繪，其衣紋縹緲，態度悠閒。獨以銛刀運腕如風，遂成絕技，斯又神矣。"竹雕白菜筆筒（圖27），根莖包捲，葉脈清晰，似飽含汁液，鮮活青嫩，底鐫陽文隸書"封錫爵"圖章式款。竹根雕布袋僧（圖28），以快利的刀法刻劃出"奇蹤異狀，詭怪離奇"的人物形象，後背左下側刻有陰文草書"封錫祿製"款。而竹根雕採藥老人（圖

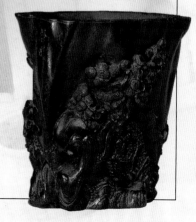

42）、竹根雕海蟾仙人（圖43）、竹根雕仙人乘槎（圖46）等作品，雖無款識，但雕刻形態準確，神情瀟灑，運刀快利，均為高手所成，亦具封氏雕刻之特徵。

王易，字又白，嘉定人，曾於京師從事雕刻業，後南歸僑居吳門。他所刻竹雕滾馬圖筆筒（圖35），採用"薄地陽文"刻法，構圖簡潔明快，把竹之紋理留作廣闊空間，末署"嘉定王易撫趙松雪本，作於墨香小築之南窗，時年七十有八"。據稱王易八十始南歸，可知作品當刻於京師。

除去上述這些名家名作外，清初宮廷中還存有數量相當可觀的的無名款作品，這些作品雕刻技藝高超，同樣代表了當時的竹雕風格和工藝水平。

總之，清代前期宮廷中的竹木雕刻品，較明代有新的變化。"薄地陽文"技法被廣泛採用，更多地出現了凸雕和圓雕造型的作品。工藝上綜合了金陵派和嘉定派刻竹之技巧，構圖簡練，常將主題局限於一定範圍內，留下大部分空白以表現竹木紋理的天然之美。

（2）清代中期的竹木雕刻及代表人物

此時期的竹木雕刻，仍保持着嘉定派刻竹之遺風，但更趨向於纖巧細膩，其所涉及的品種和技法也開始向多樣化的方向發展。

周顥，字芷岩，號雪樵，晚號髯癡。《竹人錄》謂其"作山水樹石叢竹，用刀如用筆，不假稿本自成丘壑。其皴法濃淡坳突生動渾成，畫手所不得者能以寸鐵寫之。"《嘉定三藝人傳》稱："皴擦勾掉悉能合度，無論竹筒、竹根，深淺濃淡，勾勒烘染，神明於規矩中，變化於規矩之外，有筆所不能到而刀刻能得者。"其作品以陰刻為主，輪廓皴擦一刀刻出，樹木枝幹一剔而就，刀痕爽利，雖持南宗皴法，更具斧劈意趣。其代表作竹雕雲蘿山水圖筆筒（圖53）刀法快利，末署"甲子夏月製於雲蘿深處　芷岩"。周顥簡略的雕刻風格對後世影響甚大。

封始豳，字綿周，為封氏子侄輩，其竹刻承封氏技法而稍有變化。施天章，字煥文，為封錫祿弟子，其雕刻技藝在封氏子侄輩之上。曾在雍正、乾隆年間供奉於內廷造辦處，多仿古之作，刻古尊、彝器渾厚蒼拙，古色古香。刻樹石之法用倪雲林側筆皴作小坡，高下頓折，望之如繪。由於施氏技藝精湛，被調到內廷"牙作"服役。但是在宮中服役不可能有個人創作的自由，作品一般也不能刻下名款，加之不堪忍受嚴厲的控制，施天章曾酒後出走。為此，內務府行文各地通緝搜捕，被捕後，他由於雕刻技藝精湛沒被處死，而罰去甕山養馬。據《竹人錄》載："後傅忠勇公請上，得以回籍，時已病不復雕刻，偶得一物，旋即焚棄"，故其作品傳世甚鮮，而宮中遺存施氏竹刻和牙雕之作應數量不少，唯無一件作品留下款識。

當時刻竹名人還有浙江人潘西鳳，其刻竹刀法簡古，被譽為金陵濮氏之後竹刻第一人。

此期間竹木雕刻品種繁多，層出不窮，雕刻技法變化多端。紫檀木雕鏤玉百子圖插屏（圖93），在厚達30厘米的紫檀木上鏤刻山林為背景，亭台殿閣掩映其間，上有近百玉雕童子遊玩嬉戲，景物高遠，佈局合度。乾隆題詩用銀絲嵌於屏側，對作品讚賞有嘉。鸂鶒木雕萬年普祝圖插屏（圖92）採用高浮雕技法，用刀如運筆，是清前期雕刻工藝中很少出現的。此時的竹木雕刻，更加追求玲瓏奇巧的工藝技法，黃楊木雕蝙蝠葫蘆（圖84）即為代表作。外表凸雕小葫蘆為飾，以瓜蒂作蓋，開啟之後蓋下有長鏈與器內底相連，長鏈間連接多條短鏈，每鏈間有多個小葫蘆連接，寓意子孫萬代，精妙至極。

此時，用竹之內膜製成的文竹器如雨後春筍般在宮廷內流行起來，其中有仿古器皿（圖77）、文具匣（圖76）、各式盒（圖72—75）及如意等作品。這些作品多以木或竹為胎，外表黏貼文竹，色調柔和，十分精美。有的器物為了表現不同色彩，把竹內膜和表皮分別刻成不同圖案，再貼於器物之上，或利用毛竹和棕竹不同的色澤拉出細絲，按設計要求黏貼成器，使不同色彩互相襯托輝映。而此時出現的純用竹絲編織或拼貼而成的各種器物，工藝精湛，亦是前期所罕見的。

總之，清代中期是竹木雕刻工藝發展的高峰期，許多作品都將繪畫技法運用到雕刻之中，大型雕刻品進一步發展，雕刻技術更追求技巧的表現力，湧現出許多精美的作品，顯示出這一時期竹木雕刻工藝的成就。

清晚期民間的竹木雕刻尚有發展變化，一些竹木雕刻家能詩善畫，雕刻技法多追求簡練寫意之章法，富有一定新意。但宮廷之中的竹木雕刻已日趨衰落，所製多香囊、手串、奩盒、八仙人物等，雕刻刀法草率，缺少神韻，已無法達到早、中期的雕刻水平了。

牙角類雕刻品

牙、角類雕刻品，通常多指象牙和犀角製品。這兩種材料來源稀少，主要依靠從東南亞和非洲進口，故十分珍貴。明洪武二十一年（1388）成書的《格古要論》把象牙和犀角列入珍寶類中，可知古人對象牙和犀角十分珍視，甚至被統治者用作等級制度的象徵。《明史·輿服志》載：「其帶一品玉、二品花犀、三品金銀花、四品素金……」，亦即二品的官員方能配帶犀角刻花的官帶，顯示出犀角的高貴地位。

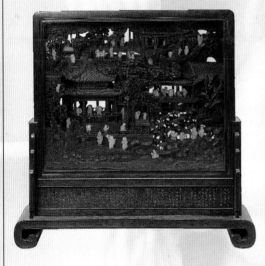

象牙和犀角性質不同，形狀各異，但作為雕刻工藝，二者尚屬同一類別。象牙之外又有海象牙，俗稱楸角、海馬牙，尺寸較象牙小，通常染成綠色作筷子或小型飾物。角類中尚有牛角、羚羊角和鹿角。牛角材料廣泛，民間比較流行，羚羊角多用作器柄、刀鞘之類，鹿角嘗用於家具類中。

（一）明代宮廷中的牙角雕刻品

明代宮廷內遺存的象牙雕品數量不多，主要有牙璋、牙章、筆筒、筆架、臂擱、印盒和圓雕的人物、古仙佛像等。雕刻技法有光素、線刻、浮雕、凸雕、鏤雕和立雕。這一時期的代表作品有象牙雕海水雙龍紋筆架（圖104），氣勢非凡，刀法勁健，牙質表面橫向的斷裂紋，增添了作品蒼勁古樸的意境。象牙雕麒麟鈕印章（圖106）刀法剛勁，與海水雙龍紋筆架有異曲同工之妙。象牙雕荔枝紋方盒（圖105）採用浮雕技法，枝葉起伏二、三層，並以不同的錦紋刻出果實表皮上的紋理，工藝精細，頗具立體效果。以及象牙雕山水人物筆筒（圖100）、象牙雕魁星（圖107）等器物，均顯示出明代牙雕藝術的成就和水平。

犀角是一種名貴的中藥材，性寒、涼血，有清熱解毒的功效，可以醒酒，所以古人多用作酒杯。明代宮廷中遺存的犀角杯等器物數量可觀。雕刻時主要利用犀角的自然形狀，將其根部和頂端反轉倒置，截去尖部做成平足，再剔空其內，即成為闊

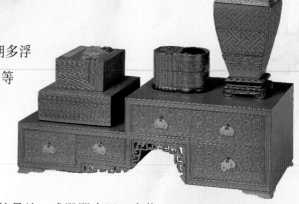

口、小足的角杯。杯上大多雕刻各式圖案，明早期多浮雕或鏤刻整株的葵花、玉蘭、牡丹、茶花、荷花等圖案，枝葉簡練茁壯，在盛開的大朵花的四周常襯托小花蕾。雕刻刀法圓滑光潤，磨熟棱角，藏鋒清楚。以山水人物為題材的作品，仍以浮雕和鏤雕的技法為主，由於受到犀角倒置後上寬下窄的空間局限，畫面一般由下而上鋪陳展開，或山林疊嶂，或殿閣庭園，人物活躍於其間，多表現深遠、幽閒、高逸的意境。這一時期也常見刻畫蟠螭紋的作品，處理手法生動活潑。這類題材的作品，刀法圓滑光潤，不留雕刻痕跡，具有明早期牙角雕刻的共同特徵。

明代中葉，隨着都市經濟的繁榮，上層社會追求享樂之風日盛，使用犀角製品成為一種時尚，其作品開始增多，藝術風格逐漸向着纖巧細膩、刀工快利、佈局繁縟的方向發展。此時以花卉為題材的作品仍佔居主導地位，但多採用折枝小花和四季花作裝飾，整株大朵花圖案的作品減少。雕刻刀法亦顯快利，有些作品鋒芒畢露。此時採用減地陽文的作品增多，裝飾風格稍顯繁瑣。而以山水人物為題材的作品仍保持明初的某些特點，但亦刀鋒快利，圖案繁縟。在器型處理方面開始追求多樣化，除杯之外，還出現了盂、碗、爵、槎形杯、鼎等早期比較少見的器物。

這一時期湧現出許多著名的犀角雕刻家。鮑天成，蘇州人，擅犀角雕刻，時人稱為"絕技"。所製犀角雙螭紋執壺（圖117），圖案簡潔，純以形制取勝。尤通，字雨源，無錫人，擅刻犀角杯，時人直呼其為"尤犀杯"。犀角雕帶流仙人乘槎杯（圖119）為尤氏之代表作，槎內有乾隆稱讚此杯的御題詩及"星漢槎"題銘。另有作者尤侃，雖不見文獻記載，但從宮中遺存的犀角雕過枝芙蓉鴛鴦紋杯（圖127）觀察，其風格近似尤通，且刻法更加細膩。由此推測，尤氏二人可能同族同門。

（二）清代宮廷中的牙角雕刻品
清初的牙角雕刻繼承明代傳統風格，一些明末著名的牙角雕刻家在清初仍繼續從事雕刻活動，有的還被徵召進內府為皇室服役。這一時期牙雕作品較少，而雕刻龍紋和蟠螭紋的犀角杯的數量增多。紋飾雕鏤較明末稍簡練，但仍以追求技巧為主要傾向，作品顯得比較繁瑣。

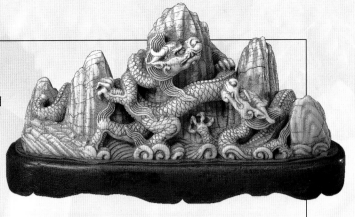

此時期清宮遺存的鹿角椅（圖150）是利用鹿角製成的圈椅，不施雕刻，純以鹿角的自然形態組合成型，別具意趣。清中期，牙角雕刻工藝達到了歷史上的最高峰，尤其是象牙雕刻品大量出現，促進了牙雕工藝的飛速發展。

清代牙雕藝術特點：

（1）追求繪畫效果，甚至直接雕刻繪畫作品。

創作於乾隆六年的象牙雕月曼清遊冊（圖188），即是根據同時代宮廷畫家陳枚的《百美圖冊》，由陳祖章、顧彭年、常存、肖漢振、陳觀泉五位牙雕匠師精心製作的。作品共分十二冊，每月一冊，每冊上下對開，上頁以寶藍漆砂為地，以螺鈿鑲嵌乾隆御題詩句，下頁以傳統的風俗和節慶活動為內容，表現宮廷仕女一年四季悠閒的生活情趣。畫面主要以象牙染色刻劃主題，配以金、玉、寶石等鑲嵌技術，色彩諧調豐富，景物遠近層次清晰，富有立體效果，頗具觀賞性。紫檀框象牙雕廣粵十二府圖屏風（圖197）以紫檀木為框，分作十二扇，每扇畫心以牙雕染色的山水為背景，將十二府聯綴成通景畫，畫面上有八百餘人活動其間，表現兩廣地區的民俗生活情景，宛若一幅通景風俗畫。其他如牙雕插屏、掛屏（圖191—195）等，多以漁、樵、耕、讀為題材，採取浮雕染色的技法，刻劃鄉村的生活情景，栩栩如生，有繪畫難以表達的藝術效果。

（2）運用高浮雕技術，追求立體效果。

象牙雕百花齊放花籃圖插屏（圖190）採用高浮雕堆砌的方法，雕刻一隻裝滿鮮花的大花籃，其刀法圓熟勁健，色彩諧調、鮮豔，達到極高的藝術境界。顯而易見，這類作品在追求繪畫和雕塑效果的基礎上，更注重對牙角類雕刻技法的探求。象牙雕漁家樂圖筆筒（圖153）刻幾隻漁船停在樹蔭下，漁人聚集岸邊圍坐暢飲。筆筒雖為圓筒式，但畫面用凸雕技法，紋飾深峻，船和漁人均為立體形象。乾隆皇帝曾在此筆筒上題詩，不僅讚賞題材內容之美，更稱頌作者黃振效雕刻技藝之精。象牙雕十八羅漢渡海圖臂擱（圖157）凸面採用減地陽文技法雕一僧坐爐前，爐上浮起一縷香煙，至頂端隱現一座殿閣。臂閣凹面突雕十八羅漢，各執法器渡海，突起於海水波濤間。象牙雕山水人物圖方筆筒（圖154）採用凸雕技法刻畫山林農舍，畫面在不大的空間內將山村田野空曠、寧靜的氣氛，刻劃得淋漓盡致。

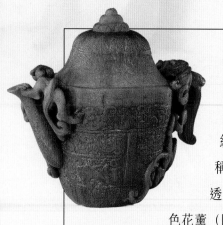

（3）鏤雕技藝精湛，超越歷史水平。

乾隆時鏤雕的象牙福壽寶相花套球（圖180）內外達十一層之多，每層花紋各異，雕刻極精細，是廣州地區的貢品。據記載：宋代有三重套球，被稱作"鬼工毬"，可知當時十分罕見。象牙雕活套環魚（圖181）魚身鱗片透雕連鎖式，外力觸動時，魚身自會擺動，玲瓏奇巧。象牙雕回紋葫蘆形染色花薰（圖174）透雕回紋相互套連，提動時回紋可隨之活動，而不脫出。葫蘆蓋開啟之後，內有長鏈與器底相連，長鏈上連接三根短鏈，短鏈上分別串連小葫蘆、鈴、繡球各一，工藝之精巧，巧奪天工。另有象牙鏤雕活鏈提樑卣（圖173），玲瓏奇巧，頗具匠心。

（4）工藝精巧，玲瓏剔透。

清中期，牙角雕刻的成就之一是其工藝精巧。例如象牙雕鏤空如意紋長方小套盒（圖170），大盒內盛放各式小盒十八個，小盒內再置牙雕瓜果和器物十七件，並有細鏈與器體相連。外盒底鐫刻"乾隆癸未（1763）季春小臣李爵祿恭製"楷書款，款內填墨彩。象牙雕榴開百戲（圖178）內雕雙重戲台，雕樑畫棟，戲台有戲班演出，場面熱烈。人小如豆，面像各具特徵。象牙雕海市蜃樓景屏（圖179）在長方形的台座上置山石花鳥景物，中心處湧起一片祥雲，其上托起花瓣式的景觀，內刻山林樹石，間雜亭台殿閣。台前水面上，群仙乘舟前來獻壽。象牙鏤雕御船（圖172）高僅1.7厘米，長不過5.2厘米，船邊有雷紋護欄，船首雕牌坊，有三人立於牌坊前觀景。牌坊後雕篷艙，篷頂上七個梢公正將桅桿放倒，篷艙鏤刻九扇可活動開合的窗戶，艙內鏤空，對窗可以相望。船下有舵槳，活動自如，十分輕巧。窗櫺紋細如絲，人物雖小而細膩傳神，堪稱鬼斧神工之作。船底陰線填墨署"乾隆戊午（1738）花月小臣黃振效恭製"款。能署名於作品之上，可見黃振效當時在造辦處"牙作"的地位。

（5）立體形象的塑造，追求傳神的效果。

象牙雕仕女（圖158）眉清目秀、亭亭玉立、氣質端莊高貴，是對當時貴婦形象的真實寫照。象牙雕童子牧羊（圖163）雕兩個牧童對坐於石台上，面帶微笑，一童子吹奏牧笛，抑揚頓挫的笛聲，似乎吸引了旁邊側臥的三羊凝神靜聽。象牙雕鵪鶉形盒（圖167）所雕鵪鶉抬首靜臥，目視前方，栩栩如生。

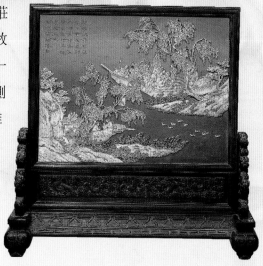

（6）象牙編織工藝，工巧細膩。

把象牙劈成細絲編織成器的技術，此時達到了最高峰。象牙質堅且脆，拉成細絲編成器物，首先要把象牙經過特殊方法處理，工藝難度較高。而清中期時，對此種技術的運用已是爐火純青。象牙編涼蓆（圖200）是雍正時期廣州地方官員的貢品，先後曾進貢五張，至今雖已歷時二百餘年，而彈性未變。其他如用象牙絲編織的團扇、小型插屏和椅墊等均為世間珍品。

以上僅是清代中期牙雕藝術的幾個突出特點，其他如象牙雕染色花卉紋香囊（圖182）、象牙雕海水雲龍紋火鐮套（圖164）、象牙雕開光蒼龍教子圖覆鐘式火鐮套（圖165）以及各式各樣的小盒等，製作均無比精緻。這些精美絕妙、世間罕見的牙雕作品，反映出宮廷牙雕藝術的風格特點，也代表了中國牙雕工藝的最高成就。

這一時期，犀角雕刻同牙雕多方面的發展相比，稍遜一籌，但雕刻之精亦超越前代。犀角雕爐、盒（圖207、208）花紋裝飾簡單，刻畫精緻，這種成套製造的犀角用品，此前難得見到。利用羚羊角之尖利和自然生成的旋紋製成的刀鞘，充分展現出物盡其材的特徵，作品掛有入庫時的紙籤，上書"雍正十三年十月初十日收"，更顯珍貴。

（三）清代晚期的牙角雕刻品

清代晚期宮中的牙角雕刻品，多為同治、光緒年間為慈禧皇太后慶壽而由廣東官員進獻的貢品，如象牙雕群仙祝壽塔（圖214）、象牙雕群仙祝壽龍舟（圖213）、象牙雕雲龍花鳥紋鏡奩（圖217）、象牙雕花卉紋圓粉盒（圖216）、象牙雕百花圖（圖215）等，這些作品結構複雜，圖案繁瑣，雕刻技法較快利，棱角清晰，已失去早中期那種剛柔相濟的特點。其中象牙雕百花圖花紋深峻，上下浮起三四層之多，留白中鐫"粵東同盛號製"，反映了清晚期廣東地區私營牙雕作坊的雕刻水平。

宮廷中的百寶嵌

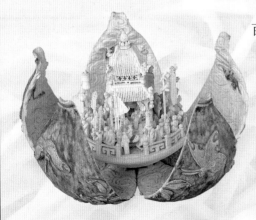

百寶嵌工藝是以金、銀、寶石、翡翠、瑪瑙、玉石、青金、松石、珊瑚、蜜蠟、象牙、犀角、玳瑁、沉香、螺鈿等材料製成各種景物，再將其鑲嵌於紫檀、黃花梨、漆器之上，使之構成山水、花鳥、異獸和人物故事等完整圖案。作品大者如屏風、書櫃，小者如筆筒、盒、匣之屬，色彩富麗、精美絕妙。

這種百寶嵌製品，用料繁多，加工複雜。所用金屬材料，需經過冶鑄、鏨刻；玉、水晶、瑪瑙、珊瑚之屬，需用轉動的砣具，以金剛砂和水碾磨；竹、木、牙、角之類，則要精雕細刻；用漆則需配料、調色等專門的技巧。因此，製作一件百寶嵌精品，不僅需要珍貴的材料，而且要求多種工藝技巧相互配合，綜合性工藝特點很強。由於百寶嵌對材料和工藝要求較高，一般情況下多不具備這些條件，而明清宮廷內對於這些要求卻無一不備，且以毛料最優良，製作最精美，形成了一種色彩繽紛具有獨特風格的藝術門類。

明代宮廷的百寶嵌以盒為主，有一幢、二幢、三幢式，多見紫檀、花梨和樺木製，蓋面上嵌寶石、綠松石、玉石、瑪瑙、螺鈿、染牙、烏木等。圖案以花鳥題材居多，諸如：枇杷綬帶、石榴芙蓉、富貴牡丹等寓意吉祥長壽的內容。這些作品器口的邊緣，多用銀絲展示成菱形回紋，製作十分精緻，常用來盛放皇帝書寫的冊頁或盛放珍貴的飾物。

清代初年，百寶嵌工藝仍承繼明末傳統風格，鑲嵌技術更加精細，式樣多有變化，圖案除花鳥之外，有雲龍、獅戲、海屋添籌、八仙慶壽、蓮藕、人物故事等。例如：紫檀百寶嵌三獅進寶圖盒（圖228）鑲嵌一深目高鼻、頭戴尖頂軟帽的番人，持寶物騎於獅上，獅揚首翹尾朝前奔走，兩隻小獅一前一後相隨，溫順可愛。紫檀百寶嵌蓮藕紋拜匣（圖226）用青金石、螺鈿、碧璽、珊瑚、松石、染牙等為材料，在盒蓋上鑲嵌蓮藕圖案，蓮蓬上的蓮籽，顆顆隆起，藕斷處的空隙露出藕芯，鮮靈青翠。紫檀百寶嵌花卉紋筆筒（圖236），在玲瓏石旁，一株古梅含苞欲放，旁側一株茶花盛開，一株天竹結滿紅豆相襯。背後銀絲嵌隸書七言詩句，詩情畫意盡在其中。

清代中期以後，百寶嵌工藝進一步發展，除常見各式盒、筆筒之外，日常生活用品普遍增多，如鏡奩、麥斗、冠架、掛屏、屏風、櫃等。例如：檀香木百寶嵌海屋添籌圖盒（圖241），下有海水波濤，上有彩雲繚繞，托起一座殿閣。一隻仙鶴，口銜一籌飛翔，作"海屋添籌"之意，色彩調配極具意境。紫檀百寶嵌迎壽圖海棠式盒（圖234）用紅、藍寶石、珊瑚、琥珀、壽山石、象牙、螺鈿等珍貴材料，在蓋面鑲嵌成流水浮雲，一老者騎鶴逐漸下落，岸邊二老者拱手相迎，身後麋鹿相隨，宛若仙境一般。盒壁鑲嵌有雲龍戲珠紋。

這些百寶嵌製品用料極精，刻畫細膩，色彩豐富，反映出宮廷百寶嵌的基本特色。

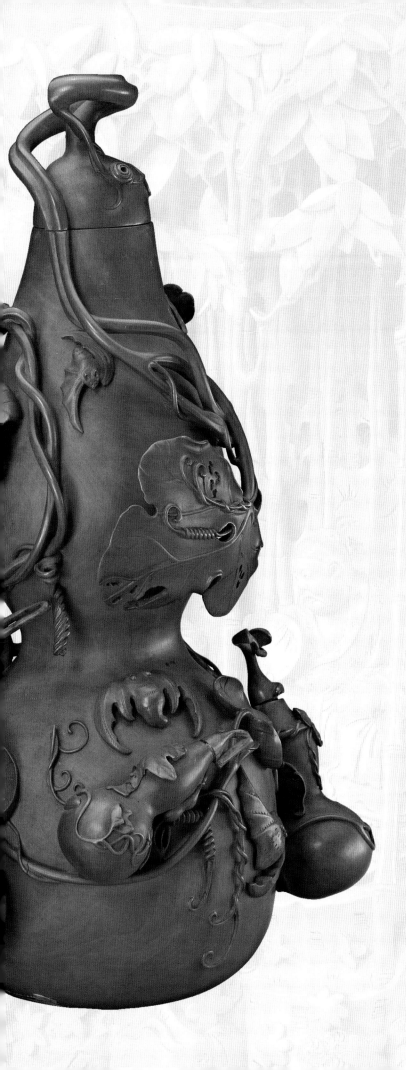

竹木雕

Bamboo
and
Wood
Carvings

竹雕松樹形小壺　仲謙

明晚期
通高12.3厘米　口徑8.4厘米　底徑8.5厘米
清宮舊藏

Small ewer in the shape of a pine tree, bamboo carving
By Zhongqian
Late Ming Dynasty
Overall height: 12.3cm　Diameter of mouth: 8.4cm
Diameter of bottom: 8.5cm
Qing Court collection

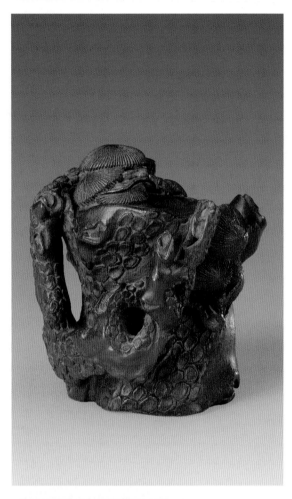
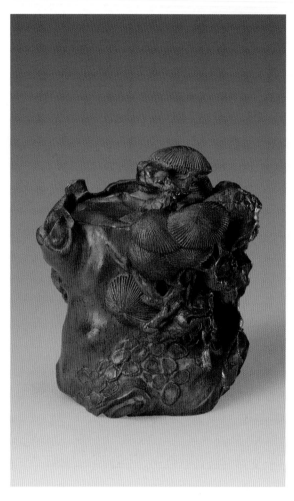

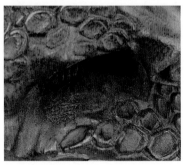

壺用天然盤連的竹根雕成松樹形，以松幹為主體，松枝盤曲成柄，斷梗作流。壺蓋巧雕成枝葉形，疊壓錯落，形似折枝，又與壺身主幹相連，柄下隱刻陰文"仲謙"楷書款。

壺呈棕褐色，採用深、淺浮雕技法雕成，構思奇巧。

濮澄，字仲謙，原複姓濮陽，後人取其姓第一字，單稱濮澄。其雕刻技藝超卓，喜用盤根錯節的竹根製器，是活躍於明代嘉靖、萬曆時期金陵一帶著名的竹刻家。

竹雕松樹形筆筒

明晚期
高14.6厘米　口徑15.5厘米
底徑14厘米

**Brush holder in the shape of a pine
tree, bamboo carving**
Late Ming Dynasty
Height: 14.6cm
Diameter of mouth: 15.5cm
Diameter of bottom: 14cm

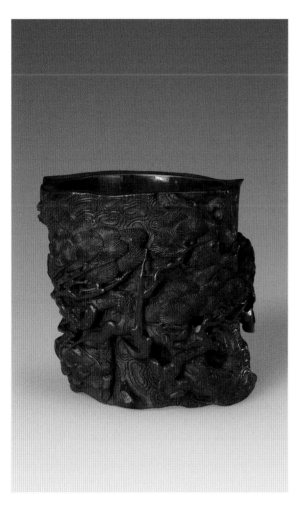
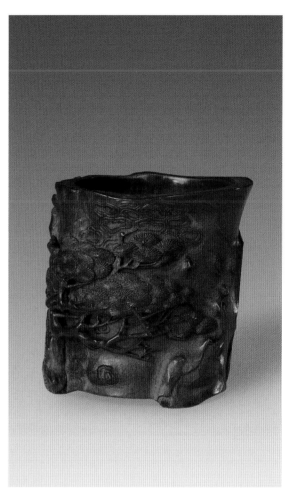

筆筒截取近根處竹幹雕作松樹形，陽刻的雲朵紋佈滿器身，藉以表現樹
皮的肌理。松枝穿插虬勁，松針如輪，重重疊疊。枝杈傾向一側，表現
出山松經歷風雨的姿態。另一側樹皮開裂剝落，露出癭瘤。不同側面的
不同構圖，形成繁簡、動靜的對比，從而顯示出張弛有度的節奏感。

竹根雕佛手　朱小松
明晚期
高11厘米　長15.5厘米　寬5厘米
清宮舊藏

Fingered citron, bamboo-root carving
By Zhu Xiaosong
Late Ming Dynasty
Height: 11cm　Length: 15.5cm　Width: 5cm
Qing Court collection

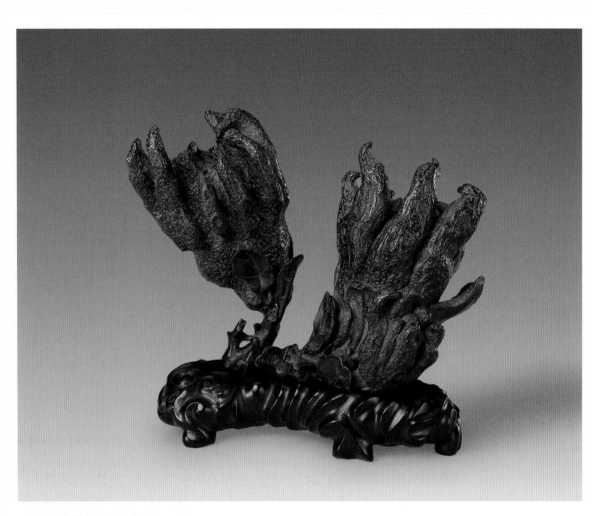

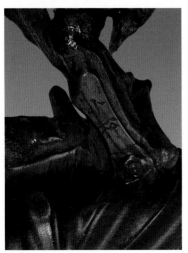

竹根雕佛手　朱小松

佛手用竹根雕成，呈並蒂折枝式，枝葉相連，姿態優美，果皮上的棕
點麻皮逼真，枝端刻陰文"小松"楷書款。

此器雕刻刀法精湛熟練，以曲直、深淺的刀法變化將佛手的姿態表現
得惟妙惟肖。並蒂佛手寓意"多福"，是宮中的陳設器。

朱纓，字清父，號小松，是明代中後期最有影響的嘉定派竹刻藝術
家。小松深得父傳，工小篆，善行草，兼畫山水，尤精刻竹。其作品
頗有巧思，意旨精妙，刀法細入毫末。

竹雕春菜筆筒　朱三松

明晚期

高13.7厘米　口徑10.8厘米　足徑10.5厘米

清宮舊藏

Brush holder with spring vegetable design, bamboo carving

By Zhu Sansong

Late Ming Dynasty

Height: 13.7cm　Diameter of mouth: 10.8cm

Diameter of foot: 10.5cm

Qing Court collection

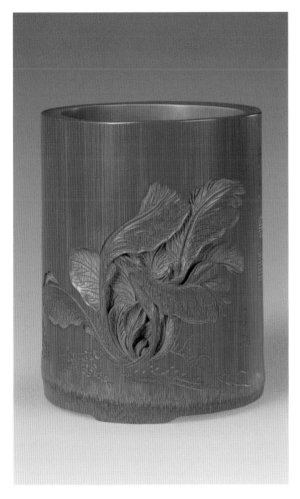
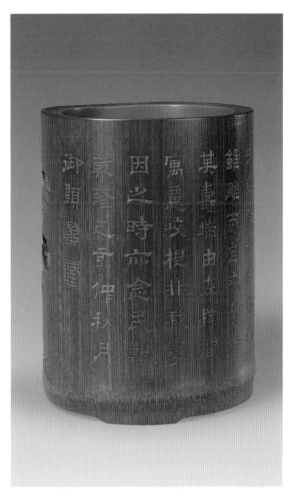

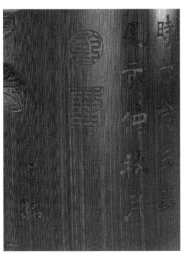

筆筒圓筒式，下承三矮足。正面雕一棵嫩挺的春菜，葉片或仰或俯，如風吹拂，一隻螳螂伏在葉上，菜旁點綴着數叢小草。筆筒背面刻有填藍的隸書七言律詩一首及"乾隆己亥（1779）仲秋月御題"和陰文"三松"草書款。

筆筒棕紅色，陷地落刀的最深處在菜心，線條婉轉流暢，運刀如筆，玲瓏剔透，筆意深峻，頗見功力。

朱稚征，號三松，是明代嘉定派竹刻創始人朱鶴之孫。他的竹刻技藝精湛，成就超越其祖，達到了竹刻藝術的高峰。

竹雕仕女圖筆筒　朱三松
明晚期
高14.6厘米　口徑7.8厘米
足徑7.7厘米
清宮舊藏

**Brush holder with classical lady
design, bamboo carving**
By Zhu Sansong
Late Ming Dynasty
Height: 14.6cm
Diameter of mouth: 7.8cm
Diameter of foot: 7.7cm
Qing Court collection

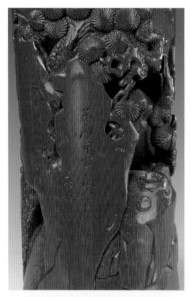

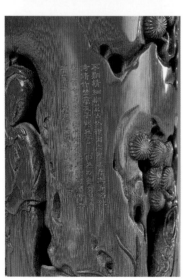

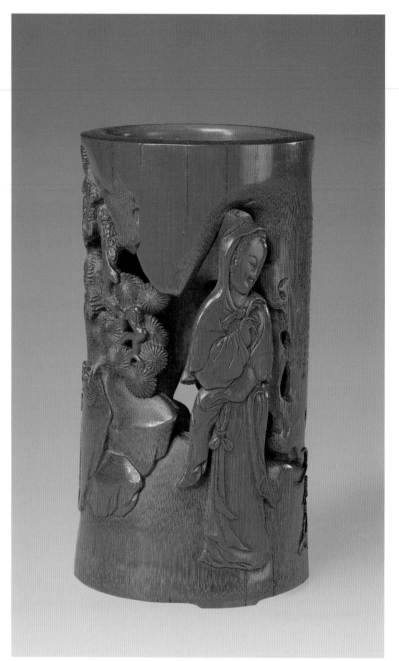

筆筒呈圓筒式,下承三足。外壁雕仕女圖,仕女頭帶風帽,手持蘭花,
依石而立。其前方洞石如壁,古松穿岩而出,蟠曲如龍。松下有石台,
台上置杯、硯。山石上刻陰文"萬曆甲寅(1614)秋八月　三松作"行
書款,旁陰刻隸體七言律詩一首及"乾隆丁酉(1777)新月御題"九
字,下刻陰文"乾"、"隆"二方印章款。

筆筒呈棕紅色,以鏤空和浮雕兩種技法雕成。

竹雕和合二仙乘舟　朱三松

明晚期
高5.2厘米　長6.2厘米　寬3.6厘米
清宮舊藏

Boat with the Twin Immortals of Harmony and Union, bamboo carving
By Zhu Sansong
Late Ming Dynasty
Height: 5.2cm　Length: 6.2cm　Width: 3.6cm
Qing Court collection

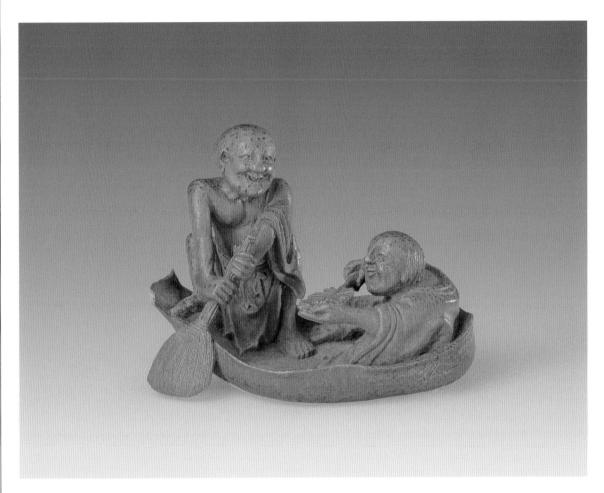

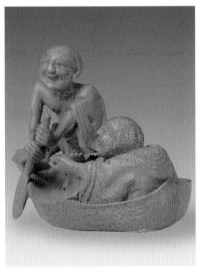

二仙乘舟用竹根雕成。故事取材於傳說中的唐貞觀年間（627—649年）台州兩位高僧——寒山、拾得，取蓮瓣為舟，苔帚為槳，欣然共濟。兩個和尚憨態可掬，一個划槳、一個執扇，航行中還不忘戲耍扇面上的一隻蜘蛛。

此作品構思奇特，造型古樸，雕刻精細，用誇張手法將二僧超凡脫俗的神韻表現得淋漓盡致。

竹雕漁翁　朱三松

明晚期

高13.5厘米　足距5.6厘米

**Statue of an old fisherman,
bamboo carving**
By Zhu Sansong
Late Ming Dynasty
Height: 13.5cm
Spacing between feet: 5.6cm

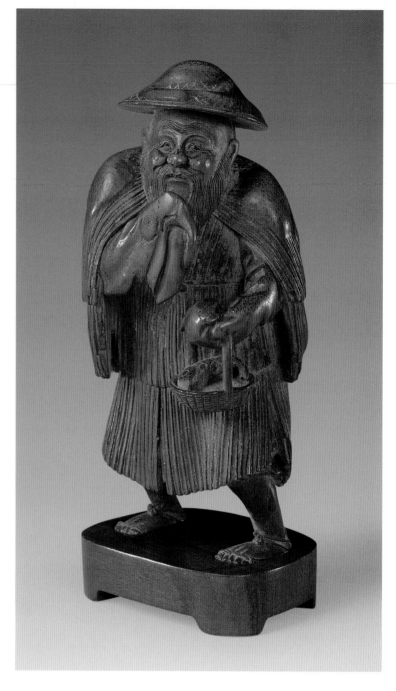

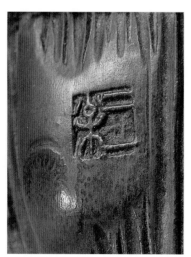

漁翁用竹根雕成，頭戴斗笠，身披蓑衣，足蹬草履，手提小籃，籃中
有一尾鮮魚。一邊躬腰冒雨前行，一邊舉起前臂，用長袖抹着腮下的
雨水。

此作品刀工渾厚，人物刻畫細緻入微，栩栩如生，給人一種古樸敦厚
的感覺，充分表現了高超的雕刻技巧，體現了作者氣韻生動、疏密有
致的雕刻風格。

竹雕荷葉式杯　望雲

明晚期
高8.3厘米　口徑9.5厘米

Lotus-leaf-shaped cup, bamboo carving
By Wang Yun
Late Ming Dynasty
Height: 8.3cm　Diameter of mouth: 9.5cm

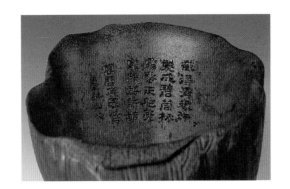

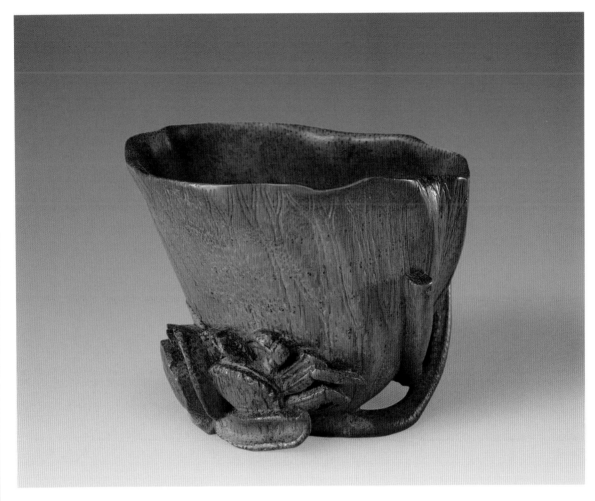

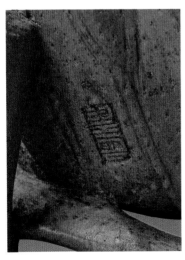

杯以竹根雕作折枝荷葉形，近底處雕一朵荷花。荷葉翻捲，花瓣舒張，蓮蓬飽滿。花葉淺雕，筋脈隱現。花瓣間隱一螃蟹，斂螯舒腿，如欲攀爬，頗有生趣。底足由荷花及葉莖盤曲而成，巧妙自然。杯內壁陰刻隸書五言題詩及"萬曆庚辰（1580）秋日　墨林山人"款。近底處刻陽文"望雲"篆書印章款。"墨林山人"即明代浙江收藏家項元汴的名號，此杯或即為其所有。

竹雕荷花圖香筒
明晚期
通高23厘米　口徑5.1厘米

Incense holder with lotus design, bamboo carving
Late Ming Dynasty
Overall height: 23cm　Diameter of mouth: 5.1cm

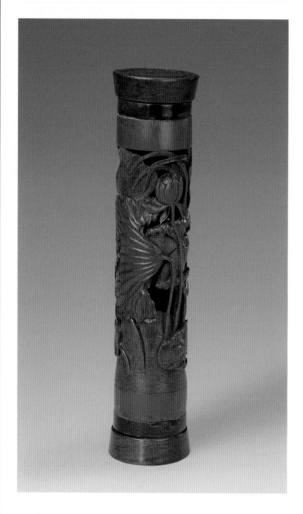 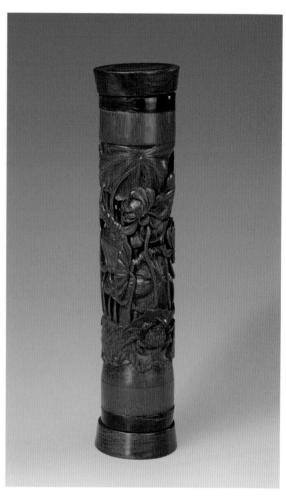

香筒為直筒式，上下各鑲牛角，並有花梨木頂托。筒身滿雕荷花，花葉的層次、穿插安排適度，繁而不亂。踞於荷葉上的小螃蟹為點睛之筆，刻劃生動細膩，增添了畫面的趣味。上端頂托以蠟粘接，下端頂托有凸榫，與筒身插接。據清諸禮堂《竹林脞語》解釋，香筒"用檀木作底蓋，以銅為膽，刻山水人物，地鏤空，置名香於內焚之"。

此器雕鏤多至六重，與陰刻相配合，刀法圓熟，磨工精緻，不露刀痕，具有明末刻竹的典型風格。

竹雕飛熊
明晚期
高18.5厘米　底徑11/9厘米

A winged bear, bamboo carving
Late Ming Dynasty
Height: 18.5cm
Diameter of bottom: 11 x 9cm

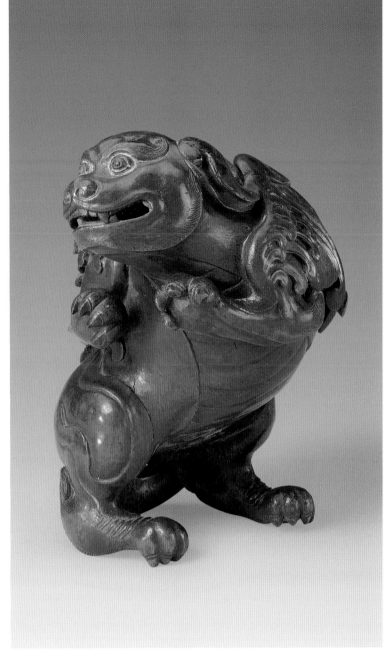

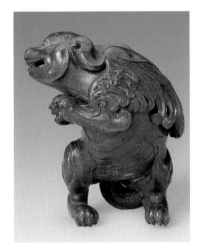

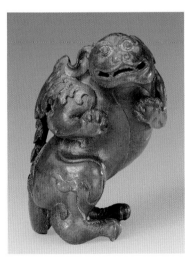

飛熊以竹根雕成，呈立狀，扭身回首，雙睛圓睜，似欲前撲。其雙耳如犬，鼻似如意，肩有雙翅，背有長毛下披，腹部有鱗，頗似蛇腹，形態奇異。飛熊典出《史記·齊太公世家》，據說周文王夢飛熊而得姜尚。

此作品刻工渾厚圓潤，為明代圓雕竹刻的典型器物。

竹根雕松樹羅漢
明晚期
通高12.7厘米　底徑16.1厘米
清宮舊藏

An arhat under a pine tree, bamboo-root carving
Late Ming Dynasty
Overall height: 12.7cm
Diameter of bottom: 16.1cm
Qing Court collection

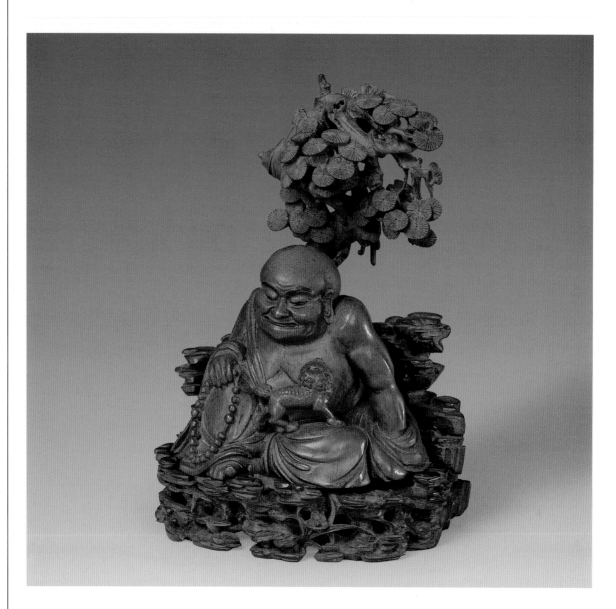

松樹羅漢用竹根雕成，分底座與羅漢兩部分。羅漢隆眉深目，朵頤豐
顙，袒肩露腹，盤膝曲肱坐於松下石座之上。右膝上一隻蓬髮翹尾的小
雄獅昂首張口，左足上舉按在羅漢的前胸上，與羅漢戲耍。座和松樹用
一節楠竹筒，從中間截去一部分，留下底節和部分中節雕成。座下雕奇
石疊錯，座上獨松依石聳立，蒼古遒勁，有如傘蓋。

此作品人物為圓雕，刻畫細膩。松樹、羅漢色澤深沉，古色古香，形神
兼備，饒有佳趣。

竹雕風雪騎行人
明晚期
高19.9厘米　長14.9厘米

A rider against the wind and the snow, bamboo carving
Late Ming Dynasty
Height: 19.9cm　Length: 14.9cm

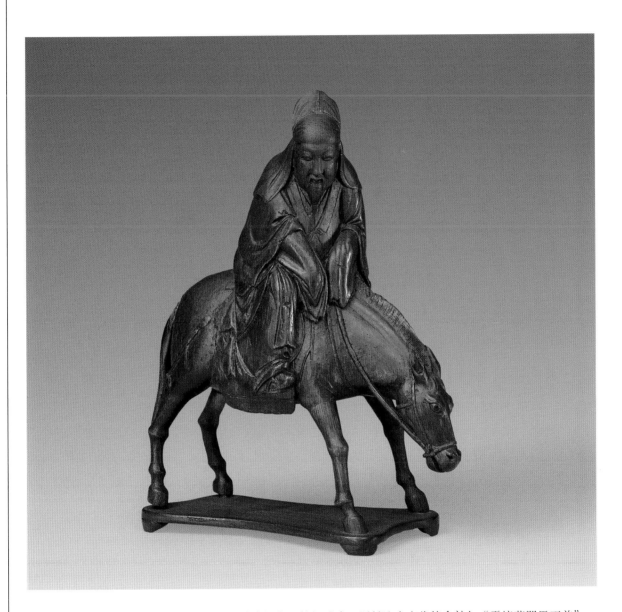

風雪騎行人以竹根雕成，題材取自唐代韓愈詩句 "雪擁藍關馬不前"。騎者頭戴風帽，雙手掩於長袖之中，聳肩縮頸騎於馬背之上，馬兒雙目圓瞪，四足叉開，雙耳直豎，生動地表現了騎者被貶，頂風冒雪出藍田關的場景。

此作品採用圓雕技法，刻工圓潤細緻，人物、馬匹神態逼真，屬於清雅的案頭陳設器。

黃楊木雕李鐵拐
明晚期
高29.3厘米　長8.5厘米
寬7厘米
清宮舊藏

Statue of Li Tieguai, boxwood carving
Late Ming Dynasty
Height: 29.3cm
Length: 8.5cm　Width: 7cm
Qing Court collection

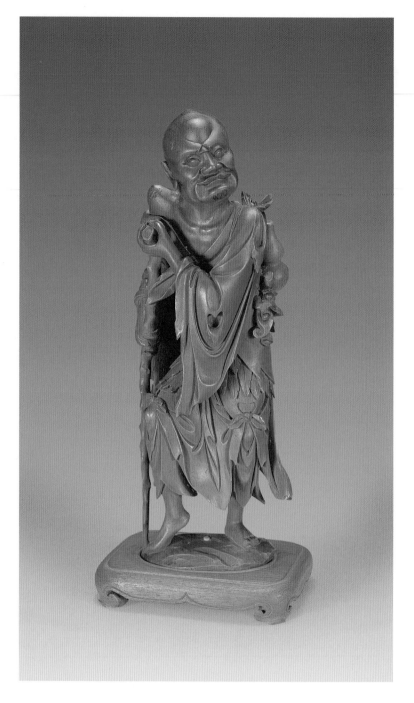

李鐵拐像以黃楊木雕成，禿頂，前額凸起，面帶微笑，雙手拄拐於腋下，跛腿赤足。左肩挎一細繩，繩上繫葫蘆及一束靈芝。李鐵拐為傳説中的"八仙"之一，本名李洪水，隋代人，早年修行於真岩洞，後得道成仙。

此作品刻工細緻、線條流暢，人物塑造生動傳神。黃楊木色澤淡雅，質地細密，百年直徑才近尺而已，打磨平滑，光澤細膩，可與象牙媲美。清代時達到鼎盛。

黃楊木雕達摩
明晚期
高19.8厘米　底徑5/4.5厘米

Statue of Bodhidharma, boxwood carving
Late Ming Dynasty
Height: 19.8cm
Diameter of bottom: 5 x 4.5cm

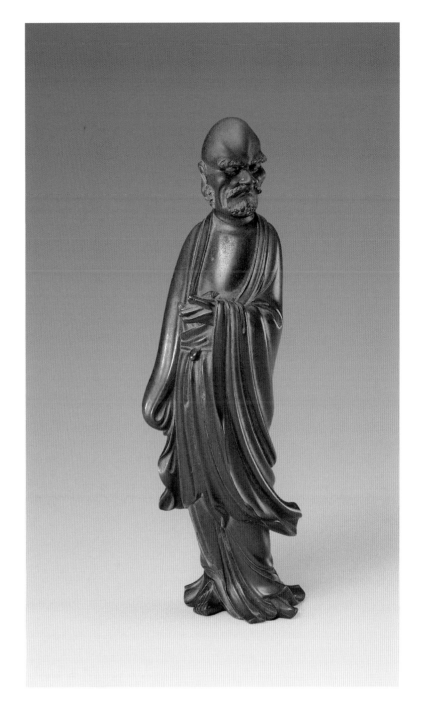

達摩像以黃楊木雕成，高鼻深目，隆頦虯髯，面目似胡人，而衣飾則為漢式，左手捧蝠，凝神回首，衣袂鼓風。達摩是南天竺香至國國王第三子，佛教禪宗二十八世傳人。南朝時入中國傳法，開創中國禪宗一派，是中國佛教史上的重要人物。

此作品線條刻畫生動流暢，人物神態凝重。所着之大袖寬衫，是刻意模仿晉末南朝時流行在貴族階層的服飾。

黃楊木雕觀音
明晚期
高23.5厘米　底徑6.1/5厘米

Statue of Avalokitesvara, boxwood carving
Late Ming Dynasty
Height: 23.5cm
Diameter of bottom: 6.1 x 5cm

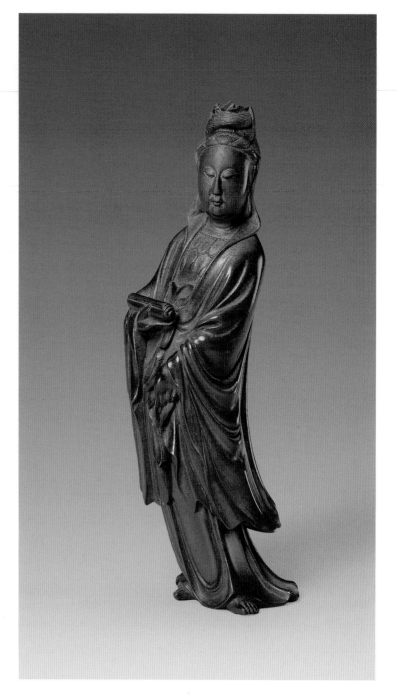

觀音像以黃楊木雕成，髮挽高髻，雙目微合，面容安詳，胸垂瓔珞，身披天衣，手持經卷，赤足，側身玉立，如入物我兩忘之境，澄明一片。觀音為觀世音菩薩的略稱，因佛經中宣揚其有三十三化身，解救十二大難，故得到人們的普遍信仰。

此作品為圓雕，人物肌圓骨潤，呈現出柔和的曲線，極富美感。

木雕布袋僧
明晚期
高17.2厘米　底徑22/13厘米

A monk with a sack, wood carving
Late Ming Dynasty
Height: 17.2cm　Diameter of bottom: 22 x 13cm

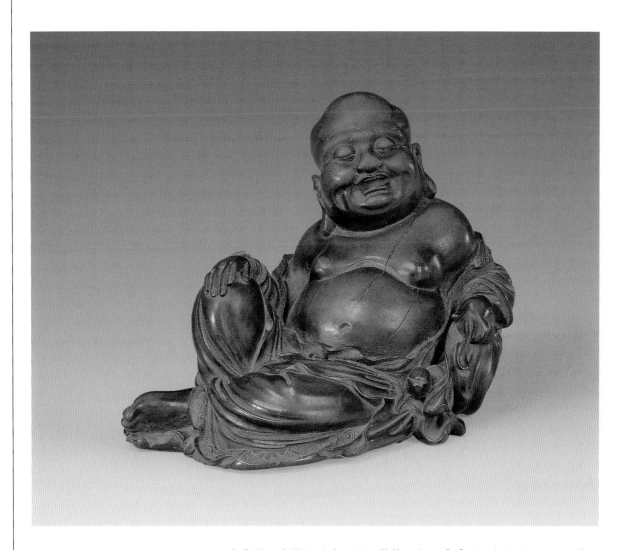

布袋僧以老樹根雕成，閉目歡笑，大耳垂肩，裸胸露腹，左手捏着布袋，右手扣膝，倚袋而坐。布袋僧又被中國人稱為彌勒佛，其形象原本是秀美的菩薩相。傳說五代時僧人契此，身軀肥大，自稱彌勒轉世。因常背負布袋化緣於市，故名布袋和尚，中國人將其視為歡樂和福氣的象徵。

此作品採用圓雕技法，刀法細膩嫻熟，自然流暢，人物姿態神情刻畫得淋漓盡致，是木雕中的佳作。

硬木鏤雕仙山問道圖筆筒
明晚期
通高18厘米　口徑14厘米　足徑15.4厘米
清宮舊藏

**Brush holder with design of seeking doctrine in
fairy mountains, hardwood engraving**
Late Ming Dynasty
Overall height: 18cm　Diameter of mouth: 14cm
Diameter of foot: 15.4cm
Qing Court collection

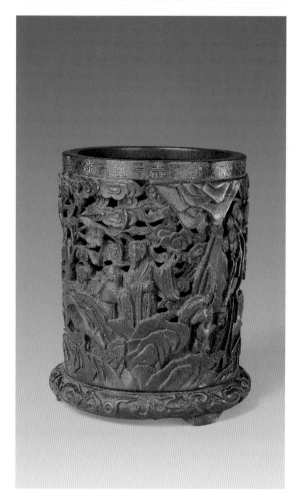 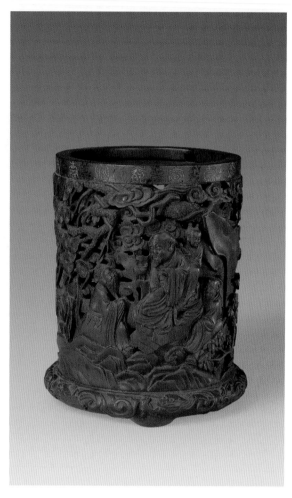

筆筒以硬木雕成，圓筒式，下承三矮足。近口處陰刻一周各體"壽"字，共三十三字，合"三三"之吉數。外壁雕仙山海島，山岩間生有松柏、梅花、藤蘿、靈芝，上飄浮雲，鹿鶴相伴。南極仙翁坐於洞府講法，問道者神情恭謹。底座略突出，雕螭龍紋，三足光素無紋。圖中寓意"長生有道"。

此器以鏤雕和浮雕為主，雕鏤質樸有力，以意韻取勝，為明代雕刻工藝的風格。

紫檀木鏤雕會昌九老圖筆筒

明晚期

通高19厘米　口徑14厘米　底徑16厘米

Brush holder with design of the Gathering of Nine
Elders in Huichang period, red sandalwood engraving
Late Ming Dynasty
Overall height: 19cm　Diameter of mouth: 14cm
Diameter of bottom: 16cm

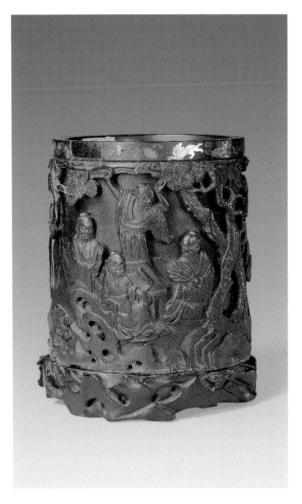 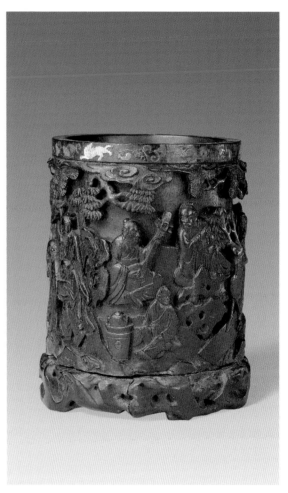

筆筒近口處以螺鈿鑲嵌獅紋及葡萄紋，口沿嵌銀絲勾連菊花紋。外壁雕
"會昌九老圖"。底座如岩石狀，與筒身景物呼應。圖中描繪的是唐會
昌年間（841—846年）白居易等九位文人在洛陽龍門香山寺宴集的情
景。

此器以高浮雕和圓雕為主，在刀法、磨工、螺鈿裝飾、造型設計、圖紋
刻畫等方面，都帶有鮮明的明代紫檀雕刻的風格。紫檀木又名青龍木，
木質堅細，入水而沉，產自東南亞，是比較名貴的雕刻原料。

黃楊木雕董其昌題詩筆筒
明晚期
高24.8厘米　口徑34.2厘米
清宮舊藏

**Brush holder with Du Fu's poem inscribed by Dong
Qichang, boxwood carving**
Late Ming Dynasty
Height: 24.8cm　Diameter of mouth: 34.2cm
Qing Court collection

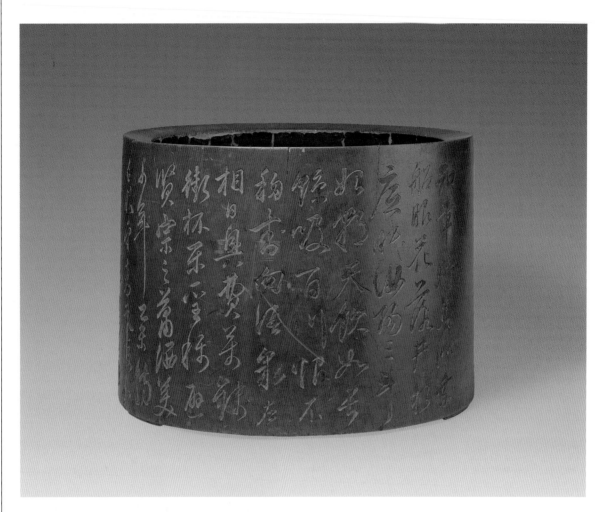

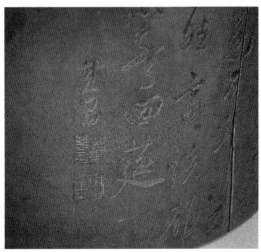

筆筒形體碩大，筒壁厚實，莊重沉穩。內壁髹黑漆，外
壁加彩陰刻唐代詩人杜甫的《飲中八仙歌》一首，末有
"其昌"款字及印信。董其昌（1555—1636年），字玄
宰，華亭（今上海）人，是晚明傑出的書畫家，書體平
淡古樸，傳世墨跡甚多。

此器外壁書法雕刻運刀如筆，一氣呵成，韻味深厚，為
筆筒增色不少。

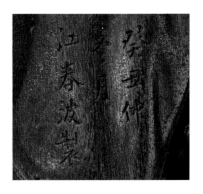

沉香木雕山水圖筆筒　江春波

明晚期
高14厘米　口徑12.5厘米　底徑9.5厘米

Brush holder with landscape design, agalloch eaglewood carving

By Jiang Chunbo
Late Ming Dynasty
Height: 14cm　Diameter of mouth: 12.5cm
Diameter of bottom: 9.5cm

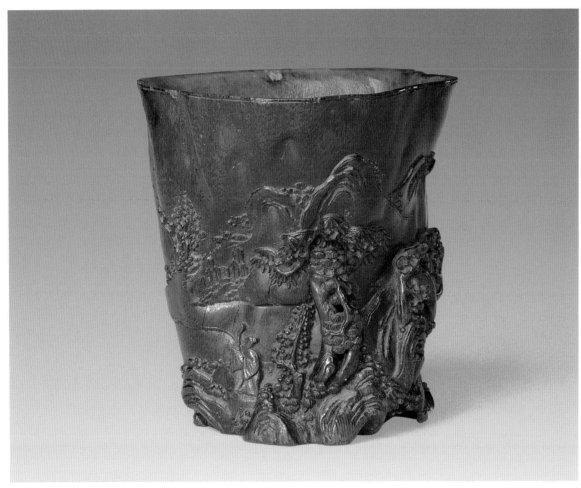

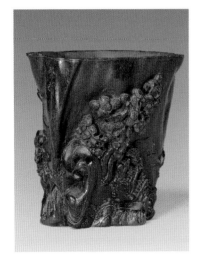

沉香木雕山水圖筆筒　江春波

筆筒用沉香木雕成，釜底形。外壁勾勒遠山、屋舍及人物，然後將用沉香木雕好的山石、松柏等景物黏貼在外壁上，層次極為鮮明。

此器採用浮雕及拼接技法，刀法流暢，刻工精湛，材質細膩潤澤，與犀角製品異曲同工。沉香木，產於海南、越南及印度尼西亞等地，除用做香料外，還可製做各種文玩、器具、佩飾等。

江春波，又名江福生，是明代中後期蘇州著名雕刻家。

沉香木雕松竹梅筆筒
明晚期
高11.9厘米　口徑11.3/10.8厘米

Brush holder with design of pine, bamboo and plum blossom, agalloch eaglewood carving
Late Ming Dynasty
Height: 11.9cm　Diameter of mouth: 11.3 x 10.8cm

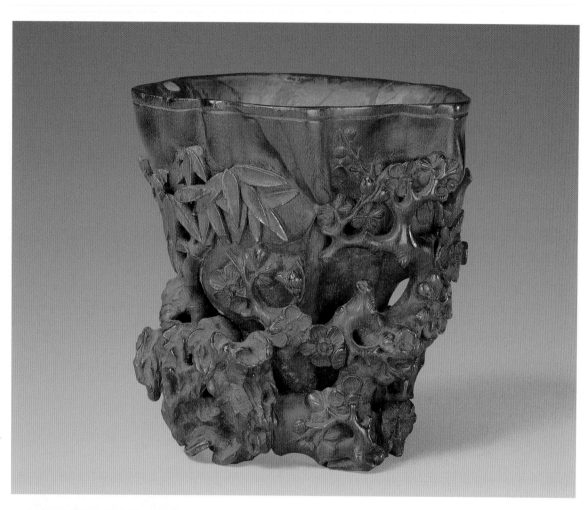

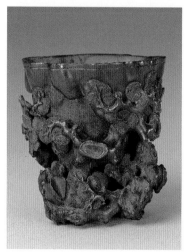

筆筒以沉香木雕成，筒底如懸斗。外壁雕山岩凹凸嶙峋，環周刻老梅、幽竹、虯松，松幹、梅枝勁力賁張，竹莖纖弱，並以大石相襯。以松、竹、梅"歲寒三友"為題材，寓意清雅高潔。

此器採用浮雕及鏤雕技法，構思奇巧，紋飾與筒身渾然一體，極富特色。

紫檀木雕花卉圖筆筒
明晚期
高16.4厘米　口徑12厘米　足徑12.5厘米
清宮舊藏

Brush holder with floral design, red sandalwood carving
Late Ming Dynasty
Height: 16.4cm　Diameter of mouth: 12cm
Diameter of foot: 12.5cm
Qing Court collection

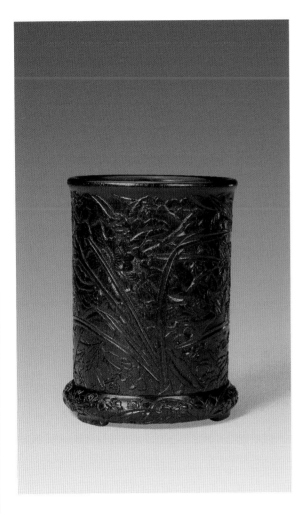
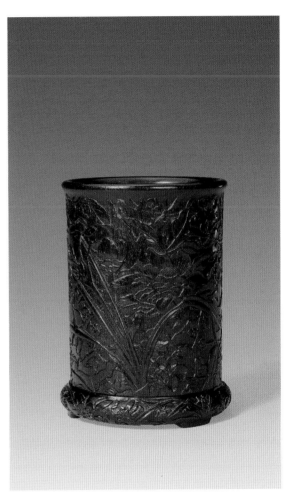

筆筒以紫檀木雕成，圓筒式，圓凸底，三矮足。外壁以通景方式刻水仙、梅花、茶花等花卉，繁花似錦，如春回大地。底圈上也浮雕以上三種花卉。在筒底正中，又以陽紋刻靈芝一株。整個筆筒花卉合之為"群仙祝壽"之意。

此器色如蒸栗，明亮沉穩，採用淺浮雕技法，花卉滿佈而有章序，花紋細膩光潤，似雙線勾繪，使筆筒更加古色古香。

紫檀木雕花卉圖筆筒　文父
明晚期
高15.8厘米　口徑12.6厘米

Brush holder with floral design, red sandalwood carving
By Wen Fu
Late Ming Dynasty
Height: 15.8cm　Diameter of mouth: 12.6cm

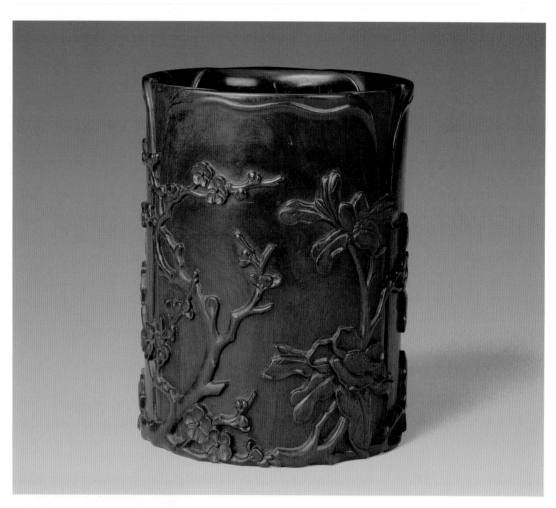

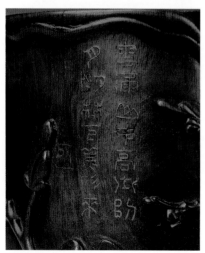

筆筒用紫檀木製成，花瓣形口。外壁雕茶花、梅花、玉蘭、海棠，四組花卉相互叢聚，糾結盤繞直至筒底。在花卉上方一側嵌有銀絲篆書七言詩句："雪滿山中高士臥，明月林下美人來"，點明圖紋寓意。詩後嵌有"文父"篆書小方印款。

此器色如蒸栗，採用高浮雕技法，刻工圓潤，為紫檀木雕刻的佳作。

紫檀木雕雲龍紋長方盒
明晚期
高9.6厘米　長26.4厘米　寬16.5厘米
清宮舊藏

Rectangular box with dragon and cloud design, red
sandalwood carving
Late Ming Dynasty
Height: 9.6cm　Length: 26.4cm　Width: 16.5cm
Qing Court collection

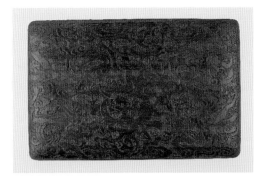

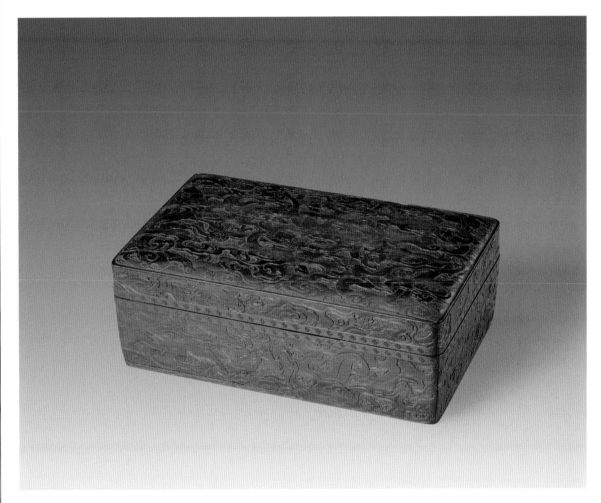

盒長方形，從中分啟，內有屜。口沿刻回紋，盒面及四壁刻菊紋錦地，
上雕雲龍紋。蓋面上雙龍穿行於流雲之中，身側兩條螭龍和夔龍口銜靈
芝，追戲騰躍。圍四壁一周雕九條螭、夔。屜壁有流雲一周，屜底刻壽
石聳立，靈芝、水仙、梅花、翠竹依石相伴，寓意"芝仙祝壽"。

此器色如蒸栗，以淺浮雕陰刻技法雕成，造型端莊，佈局勻稱，刻工淺
顯，紋飾流暢細膩，刀法嫻熟，是宮廷木雕高手製作的盛裝名冊的"拜
匣"。

紫檀木雕荷葉枕

明晚期

高9.8厘米　長24.5厘米　寬15.6厘米

Pillow in the shape of a lotus leaf, red sandalwood carving

Late Ming Dynasty

Height: 9.8cm　Length: 24.5cm　Width: 15.6cm

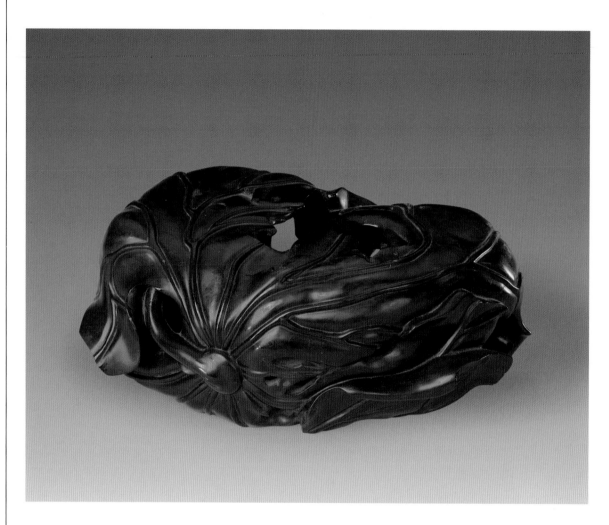

枕橢圓形，雕成一片荷葉上捲合攏狀。一側以荷葉的葉莖為中心，一根殘斷的莖枝橫斜插入葉內，葉邊翻捲成花瓣狀。枕面雕一蟲蝕小孔，正好側臥時置耳。葉脈筋紋隱起，呈放射狀由莖葉向上伸延。葉面似遭蟲蝕，斑痕纍纍。枕前側為葉邊組成，裏外翻捲。枕內可盛放香料或藥袋，達到醒腦的作用。

此器栗殼色，採用圓雕、鏤空淺刻技法雕成，平潤細膩，別具一格。

紫檀木雕雲紋委角方盒
明晚期
高4.7厘米　徑15.4厘米
清宮舊藏

**Square box with flattened angles and cloud design,
red sandalwood carving**

Late Ming Dynasty
Height: 4.7cm　Diameter: 15.4cm
Qing Court collection

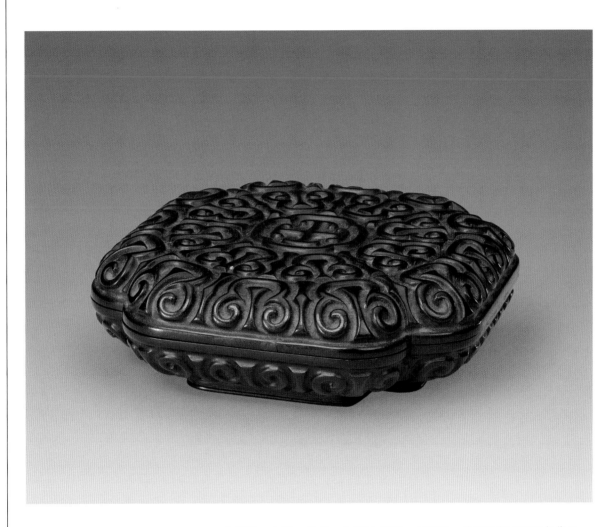

盒扁體、方形、委角，如四出花瓣，有矮足。外壁及蓋面雕雲紋為地，蓋面正中雕"十"字形雲紋。

此器採用剔地浮雕技法，刀法、磨工俱佳，紋飾別致，造型與裝飾均仿效漆器工藝中"剔犀"的特殊效果。剔犀又稱雲雕，其工藝先以兩或三色漆相間髹於胎骨上，再以刀剔刻圖紋。此盒在仿製過程中又針對木質的特點加以創新，在紫檀木雕中別具一格。

竹雕白菜筆筒　封錫爵
清早期
高16.2厘米　口徑13.4厘米
足徑7.8厘米

**Brush holder in the shape of a
Chinese cabbage, bamboo carving**
By Feng Xijue
Early Qing Dynasty
Height: 16.2cm
Diameter of mouth: 13.4cm
Diameter of foot: 7.8cm

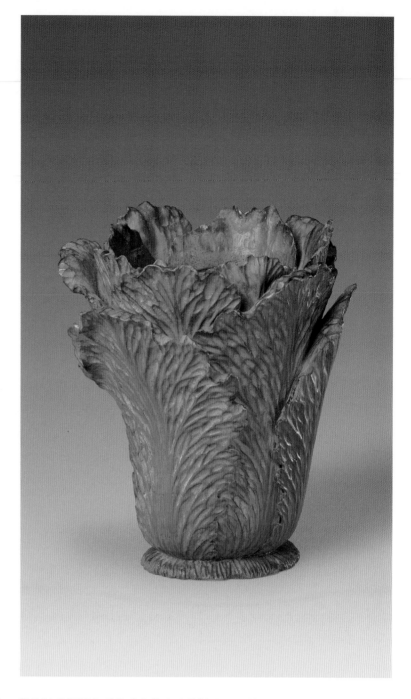

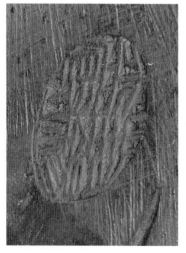

竹雕白菜筆筒　封錫爵
清早期

筆筒隨竹根原有形態雕成葉片重疊皺捲、根鬚溢出土面的白菜狀。健挺的葉片和筋莖凸凹自然，筋脈隱顯，底刻陽文“封錫爵”篆書圓印款。

此器採用圓雕毛刻技法，刀法婉轉勁健，鐫刻技術精湛。體現了富有生命力的藝術效果。在明清時採用此種工藝的以白菜為題材的傳世製品僅此一件。

封錫爵，字晉侯，嘉定人，工詩善畫，尤善刻竹，以竹根藝術最為著名。與曾經入值宮廷造辦處的弟弟義侯（封錫祿）、漢侯（封錫璋）號稱鼎足。

竹根雕布袋僧　封錫祿
清早期
高7.2厘米　底徑10.4厘米

A monk with a sack, bamboo-root carving
By Feng Xilu
Early Qing Dynasty
Height: 7.2cm　Diameter of bottom: 10.4cm

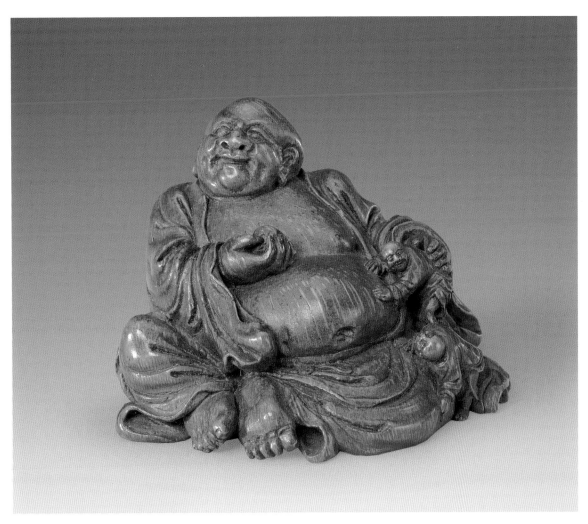

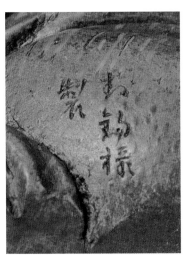

竹根雕布袋僧　封錫祿
清早期

布袋僧以竹根雕成，袒胸露腹，開懷大笑，盤腿曲膝，蓆地而坐，僧衣下露出雙足。身左側有二個小童了，一個伏在布袋上，一個正向他的腹部上爬。布袋僧右手握一圓珠，左手摟住小童子任其登攀。布袋僧傳為五代時人，自稱彌勒轉世。後背下側刻陰文“封錫祿製”卓書款。

此作品刻工精妙，人物形象掌握準確，惟妙惟肖，憨中現情，拙中見巧。陰刻的衣紋婉轉飄逸，自然流暢。

竹雕林泉隱士圖筆筒
清早期
高17.2厘米　口徑13.6厘米
清宮舊藏

Brush holder with design of recluses among the forests and streams, bamboo carving
Early Qing Dynasty
Height: 17.2cm
Diameter of mouth: 13.6cm
Qing Court collection

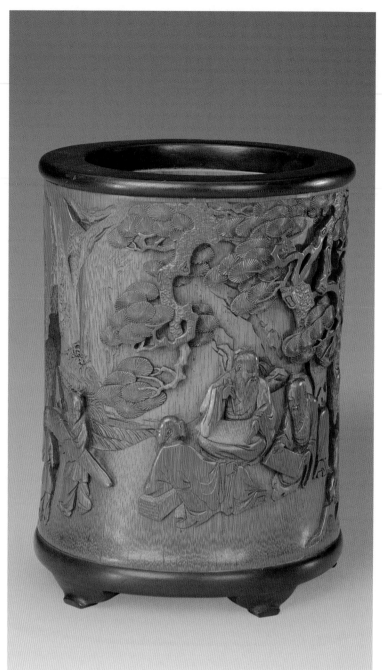

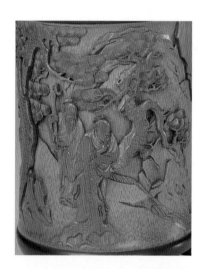

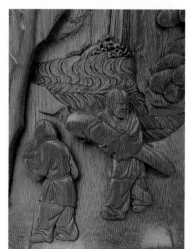

筆筒鑲口嵌底，有五矮足。外壁圖紋表現林泉深處五位隱士詩酒唱和的閒適生活。其中二人立於松林中，一拄杖，一倚樹，對談甚歡，另一側三人中，二人展卷閱讀，一人枕書回首，又雕二童分別捧書抱琴，侍立一旁。

此器以高浮雕技法雕成，人物、景物刻畫細膩，通過竹表、竹肌的不同色澤和紋理，恰如其分地表現出景物的層次，增添了作品的藝術感染力。

竹雕對弈圖筆筒　吳之璠
清早期
高15.2厘米　口徑10.5厘米

Brush holder with design of figures
playing chess, bamboo carving
By Wu Zhifan
Early Qing Dynasty
Height: 15.2cm
Diameter of mouth: 10.5cm

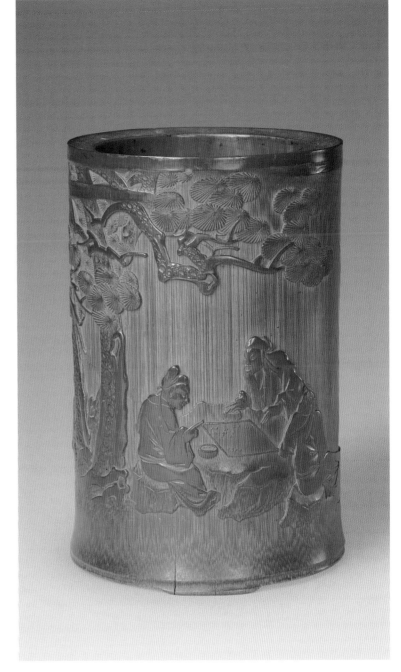

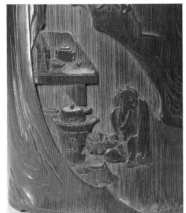

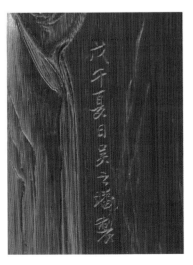

筆筒為筒式，下承三足。外壁一側雕蒼松掩映，石壁間、溪水旁，有二人弈棋，左手一人舉棋不定，右手一人凝神審度，另一人背向觀棋。另一側松林之後的洞府中有一小童揮扇烹茶，爐火正旺，小童回首窺視。內室几案上置食盒、盤、壺之類。山溪一側岩石上刻陰文"戊午夏日吳之璠製"行書款。

此器採用"薄地陽文"技法雕成。所謂薄地陽文，是指一種淺浮雕工藝，可於毫髮之隙，見微妙起伏。

吳之璠，字魯珍，號東海道人，嘉定人，為清初嘉定刻竹高手。其"所製薄地陽文，最為工絕"。

竹雕松溪浴馬圖筆筒　吳之璠
清早期
高16厘米　口徑14.8厘米　底徑14.9厘米
清宮舊藏

Brush holder with design of a groom washing horse in a stream by pine trees, bamboo carving
By Wu Zhifan
Early Qing Dynasty
Height: 16cm　Diameter of mouth: 14.8cm
Diameter of bottom: 14.9cm
Qing Court collection

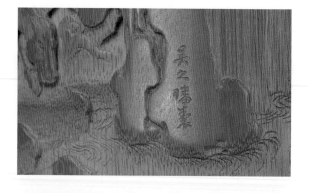

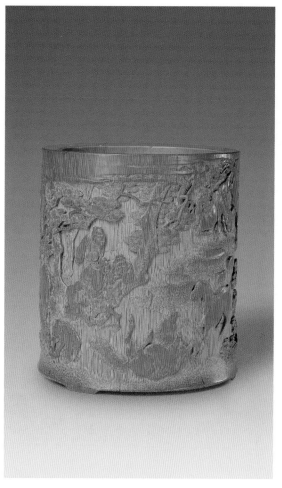

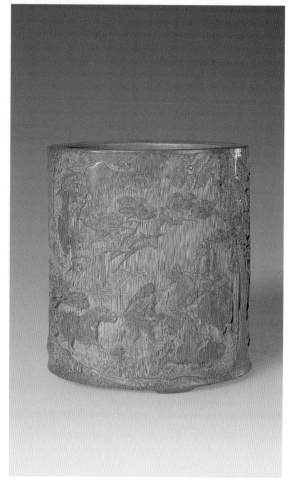

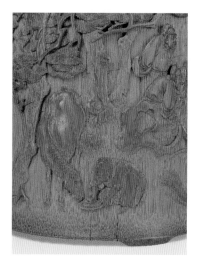

筆筒外壁以通景方式雕《松溪浴馬圖》，畫面分浴馬、飼馬、相馬三組。第一組：一老者赤腿，雙手持韁牽馬出溪，二老者則側身坐於山坡之上向前觀望，身旁二馬，一立一臥憩息於坡草間。第二組：一老者雙手持盆，蹲地飼馬。第三組：三老者相偎於松樹旁，居高臨下觀二馬翻滾、跳躍。在樹端岩壁上刻陰文"吳之璠製"行書款。

此器光潔瑩潤，採用"薄地陽文"浮雕技法雕成，刀法嫻熟，佈局合理，刻畫細膩生動，惟妙惟肖，是竹刻珍品之一。

竹雕布袋僧筆筒　吳之璠

清早期
高17.3厘米　口徑9.4厘米　足徑9.2厘米
清宮舊藏

Brush holder with a monk, bamboo carving
Early Qing Dynasty
Height: 17.3cm　Diameter of mouth: 9.4cm
Dimaeter of foot: 9.2cm
Qing Court collection

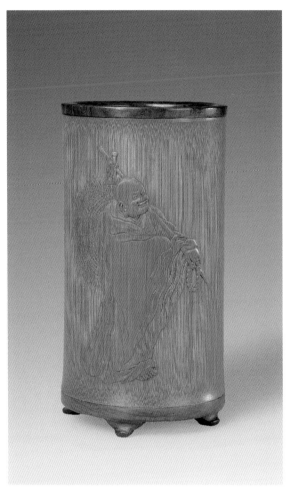
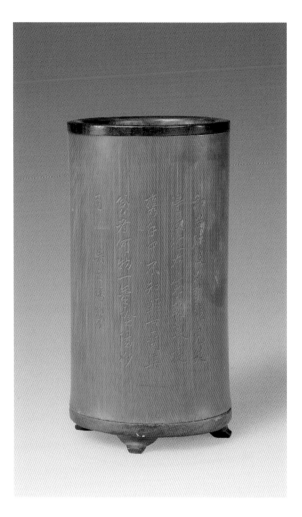

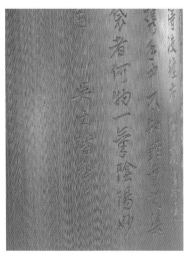

筆筒呈筒式，鑲紫檀木口和底，下承四垂雲足。外壁一面雕布袋僧，光頭赤足，面如滿月，雙耳垂肩，笑容可掬，手持佛珠，肩挑布袋。另一面刻陰文行書六言詩一首及"吳之璠製"行書款。

此器以"薄地陽文"技法雕成，構圖設計打破了布袋僧敞胸露腹的定式，將其整個身體包裹在僧袍之內。紋飾簡練、線條流暢、刀法精細傳神。

題詩：和尚肚皮如甕，眼兒笑得沒縫。布袋朝暮提攜，手中不知輕重。問渠袋者何物？一氣陰陽妙用。

竹雕松溪浴馬圖筆筒
清早期
高16厘米　口徑14.8厘米　足徑14.9厘米
清宮舊藏

Brush holder with design of old men washing a horse in
a stream by pine trees, bamboo carving
Early Qing Dynasty
Height: 16cm　Diameter of mouth: 14.8cm
Diameter of foot: 14.9cm
Qing Court collection

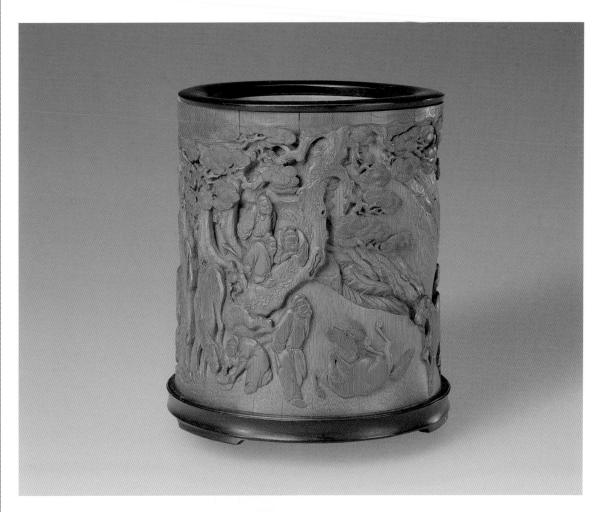

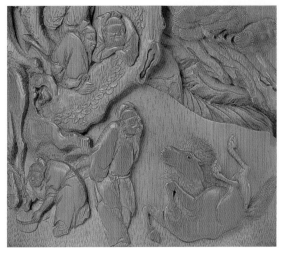

竹雕松溪浴馬圖筆筒

筆筒呈筒式，鑲紫檀木口及底，下承三矮足。外壁刻
有峭壁流泉、松樹人物及駿馬。畫面分為浴馬、飼
馬、相馬等三組。第一組：一老者雙手持韁，赤腿牽
馬出溪。二老者側身坐於山坡之上向前眺望，他們身
旁有二馬一立一臥憩息於山坡間。第二組：一老者雙
手端盆，俯身蹲地飼馬，神情頗為專注。第三組：有
三老者相偎於松樹旁，居高臨下觀二馬翻滾、跳躍。

此器採用"薄地陽文"浮雕技法，以畫入竹，佈局妥
貼，運刀靈活，刻工深峻，雕技圓渾生動。所刻山溪
水清松茂，人馬形態畢肖，是清初的竹雕精品。

竹雕狩獵圖筆筒
清早期
高17.3厘米　口徑16.2厘米　足徑15.4厘米
清宮舊藏

Brush holder with hunting design, bamboo carving
Early Qing Dynasty
Height: 17.3cm　Diameter of mouth: 16.2cm
Diameter of foot: 15.4cm
Qing Court collection

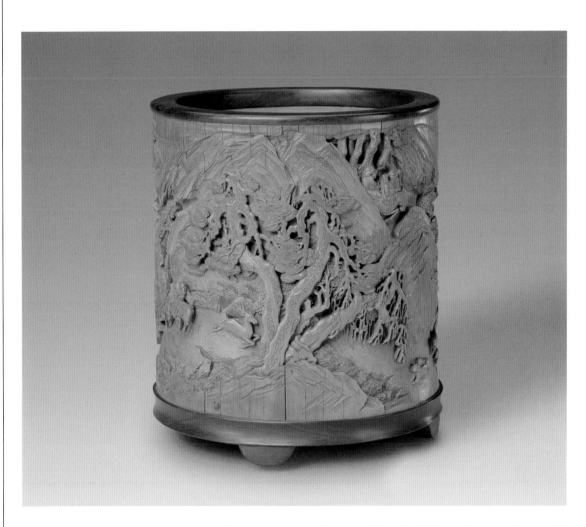

筆筒鑲紫檀木口及底。外壁以通景形式刻狩獵圖，圖中山深林密，怪岩
重疊，古松奇藤蒼勁，楓桐濃茂，遠近疏密，錯落有致。獵手策馬馳
騁，雄鹿驚竄，獵犬尋蹤。將清代帝王、貴族於每年秋冬兩季圍獵的情
景真實地記錄下來。

此器呈棕黃色，以高浮雕和鏤雕等多種技法雕成，人物、馬匹、動物的
神態刻畫得細緻入微，毫髮畢現，為嘉定竹雕高手所製。

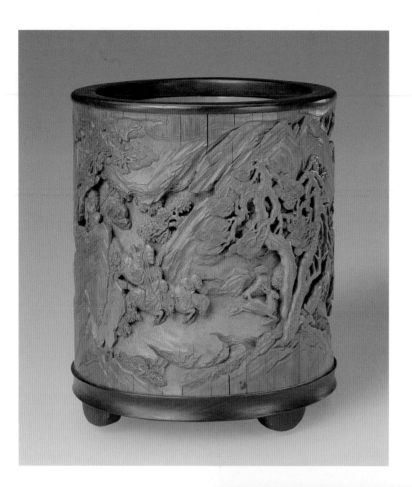

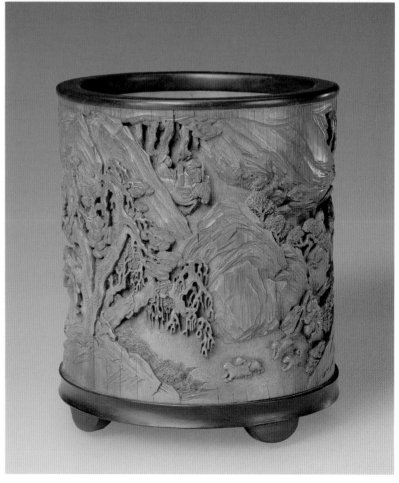

竹雕滾馬圖筆筒　王易

清早期
高15.6厘米　口徑10.4厘米

Brush holder with design of the horse rolling on the ground, bamboo carving
By Wang Yi
Early Qing Dynasty
Height: 15.6cm
Diameter of mouth: 10.4cm

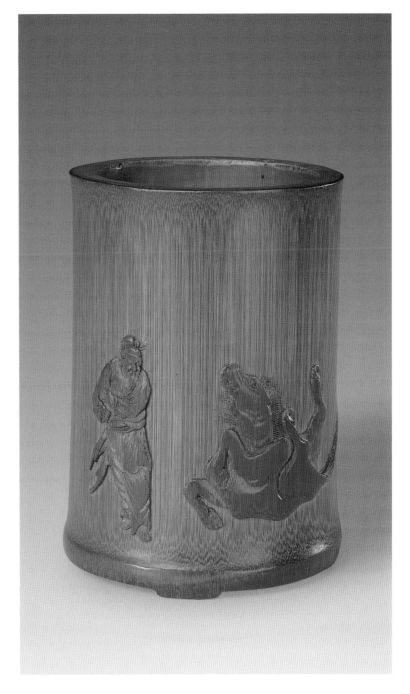

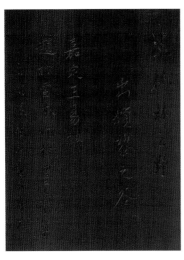

竹雕滾馬圖筆筒　王易
清早期

筆筒用一段竹節雕成，口緣與底微侈，底微內凹。外壁雕滾塵馬，旁立圍者，人物衣褶和眉目刻畫細膩，馬的身軀、四蹄翻滾姿態生動，眼睛用半透明犀角嵌入。背面刻陰文行書詩句："生桃林之野，出頗黎之谷。"左側刻陰文"嘉定王易撫趙松雪本作於墨香小築之南窗　時年七十有八"行書款。

此器採用"薄地陽文"技法，刻工精湛，運刀遊刃自如，縝密中有勁挺之致。書法秀媚遒勁，婉轉自然。

王易，字又白，嘉定人，精通書畫和音律，擅長雕鏤雜技，曾於京師從事雕刻業。

竹根雕捲心式劉海戲蟾圖筆筒
清早期
高13.8厘米　最大徑11.9厘米
清宮舊藏

**Scroll-shaped brush holder with design of Liu Hai
playing with a toad, bamboo carving**
Early Qing Dynasty
Height: 13.8cm　Maximum diameter: 11.9cm
Qing Court collection

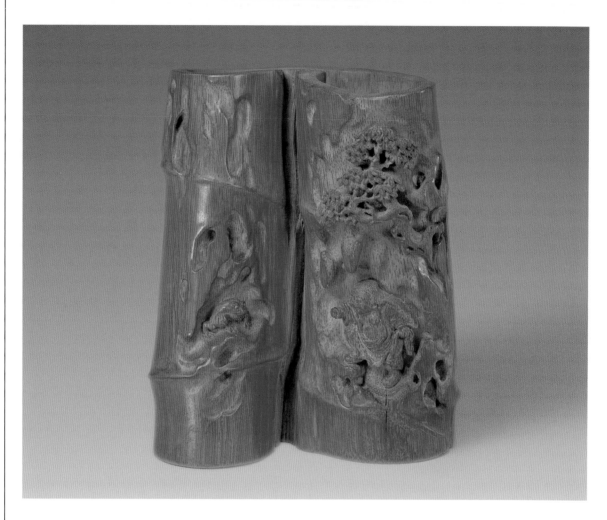

筆筒取近根處竹幹隨形雕成。外壁一面雕山岩怪石，樹生其上。樹下劉
海笑容可掬，披髮袒胸，一手捧銅錢，一手提衣襟，邁步欲行。另一面
雕一蟾伏於岩石上。背面雕山岩洞穴。劉海為神話中仙人，號海蟾子，
五代時廣陵人，大悟後易服從道。民間傳說三足金蟾可以帶來財富，故
以"劉海戲蟾"題材寓意"財源興旺"。

此器採用去地浮雕技法，巧妙地利用了竹節的自然形態，使裝飾富於變
化，增強了畫面的趣味性。

竹雕溪山行旅圖筆筒　李希喬

清早期
高11厘米　口徑5.2厘米
清宮舊藏

Brush holder with design of travellers among streams and mountains, bamboo carving
By Li Xiqiao
Early Qing Dynasty
Height: 11cm
Diameter of mouth: 5.2cm
Qing Court collection

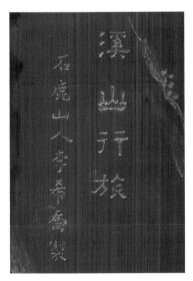

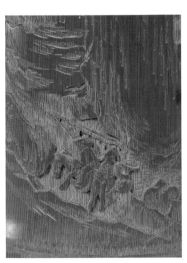

竹雕溪山行旅圖筆筒　李希喬
清早期
高11厘米　口徑5.2厘米
清宮舊藏

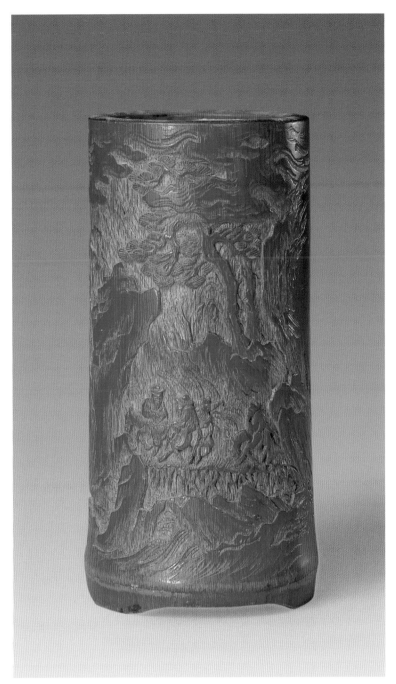

筆筒圓口，筒身修長，有三矮足。外壁雕行旅圖，一側崇山峻嶺、山路盤曲，主僕二人迤邐而來，上有煙嵐古木，下有怪石澗溪。另一側的木橋上有騎者三五人，緩轡而行。筒壁刻陰文“溪山行旅”隸書題字及陰文“石鹿山人李希喬製”楷書款。

此器採用剔地浮雕法，利用竹表與竹肌的不同色澤構成層次，地面較粗糙，山岩的勾勒刀痕直露，人物刻畫僅存意象。

李希喬，字遷于，號石鹿山人，安徽歙縣人。工書畫篆刻，兼能刻竹，作品傳世者絕少。

竹雕行舟圖筆筒　王紀常
清早期
高12.1厘米　口徑6.2厘米

**Brush holder with design of a
travelling boating, bamboo
carving**
By Wang Jichang
Early Qing Dynasty
Height: 12.1cm
Diameter of mouth: 6.2cm

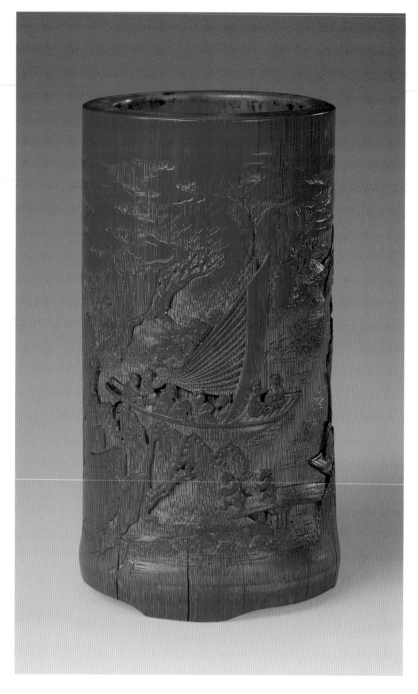

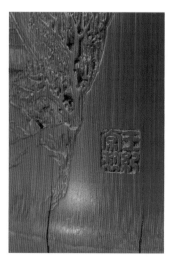

筆筒圓口，外壁雕江上行舟景色，江舟高帆勁張，山峰夾岸，雲煙繚繞。
岸邊竹籬茅舍，老翁倚桌而坐，小兒憑窗，如眺景色。刻陽文"王紀常
製"篆書印章款。

王紀常，嘉定刻竹名手，《竹人錄》歸入名號未詳，生平失考，以小字行
者，稱其"深刻筆筒極工細"。

39

竹雕迎駕圖筆筒　顧宗玉
清早期
高16.4厘米　口徑10.8厘米

Brush holder with design of a
scholar and a boy meeting the
celestial carriage at a distance,
bamboo carving
By Gu Zongyu
Early Qing Dynasty
Height: 16.4cm
Diameter of mouth: 10.8cm

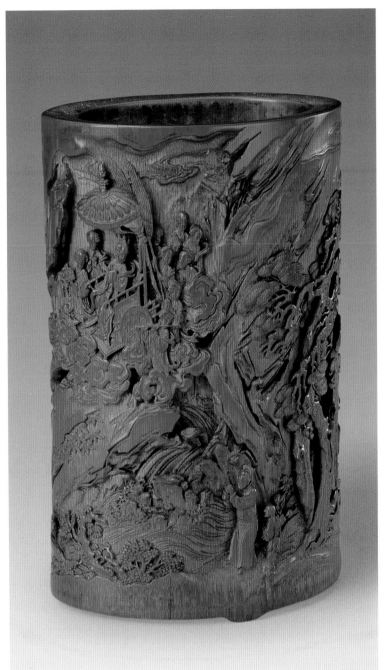

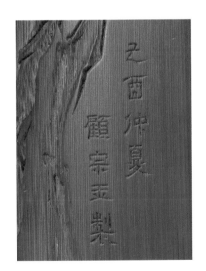

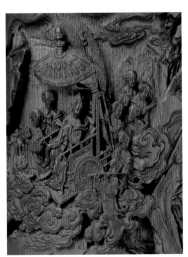

筆筒扁圓口，下承三矮足。外壁雕山巒重疊，壑深林密，溪水蜿蜒，溪
邊一文士攜書童向空中的輦駕及眾仙女遙拜。上方高峰挺秀，幽壑靈
奇，青嶂翠壁之間，雲煙騰湧。下方奇松怪石，泉瀑爭流，蔚為奇觀。

此器醬黃色，採用高浮雕技法雕成，刀法靈透，構圖緊湊，層次分明，
刻工圓潤平滑。人物面目神情生動如真，樹石皴法皆富畫意。

顧珏，字宗玉，是清初嘉定地區著名的雕刻家。刻技精深，細入毫髮，
一器必經一二載始成。

竹雕迎駕圖筆筒　顧宗玉
清早期

41

竹雕荷蟹圖臂擱　松山
清早期
長23厘米　寬7.8厘米

**Arm-rest with lotus and crab design,
bamboo carving**
Early Qing Dynasty
Length: 23cm　Width: 7.8cm

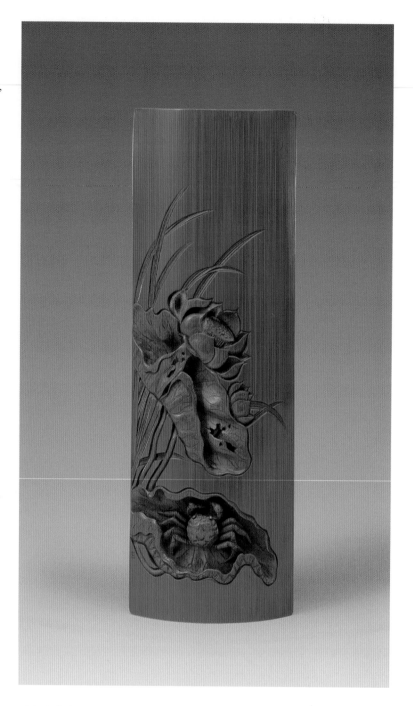

臂擱的紋飾是以荷花、螃蟹為主題的池塘小景。表現螃蟹踞坐於荷葉上，其姿態、葉面的蟲蝕及似為清風所動的敧側葉尖，都生動異常。圖下方刻陽文"松山"篆書印章款。臂擱是文人在用筆繪畫、寫字時用以承腕墊臂的文房用具。

此器表面裝飾為剔地深刻法，於陰刻之中又採用高浮雕和鏤雕手法，收到了似陽實陰，陰中有陽的特殊裝飾效果，凹凸變化精微，與深紅的表色相得益彰，顯示出高超的技巧和雅致的格調。

41

竹雕寒蟬葡萄洗
清早期
高5厘米　口徑15厘米
清宮舊藏

Grape-leaf-shaped washer with a cicada, bamboo carving
Early Qing Danasty
Height: 5cm　Diameter of mouth: 15cm
Qing Court collection

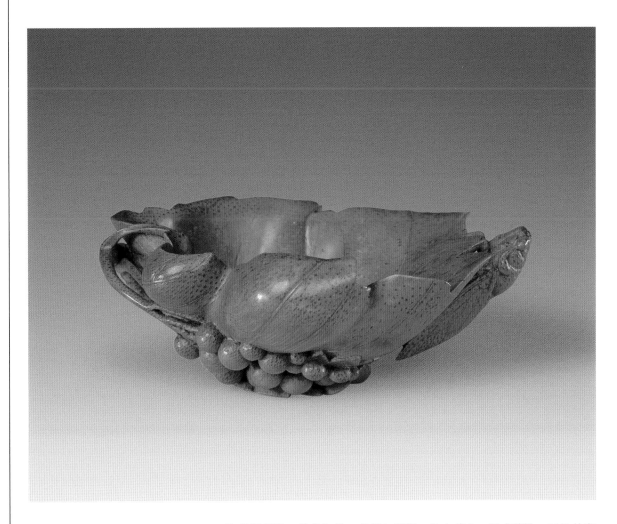

洗葡萄葉形，微拳如掌，葉緣如指裂，納水其中，即成筆洗。又於外底雕一小葉，以為底足，並雕折枝葡萄一束，藤枝相連。最引人注目之處在於葉緣高處雕出一蟬，蟬的足尖及翼的輕薄都刻劃得細緻入微，栩栩如生，使人如聞其聲。

此器以浮雕、鏤雕、陰刻技法雕成，工藝嫻熟。

竹根雕採藥老人
清早期
高14.7厘米　底徑12.1厘米
清宮舊藏

An old man gathering medicinal herbs, bamboo-root carving
Early Qing Dynasty
Height: 14.7cm　Diameter of bottom: 12.1cm
Qing Court collection

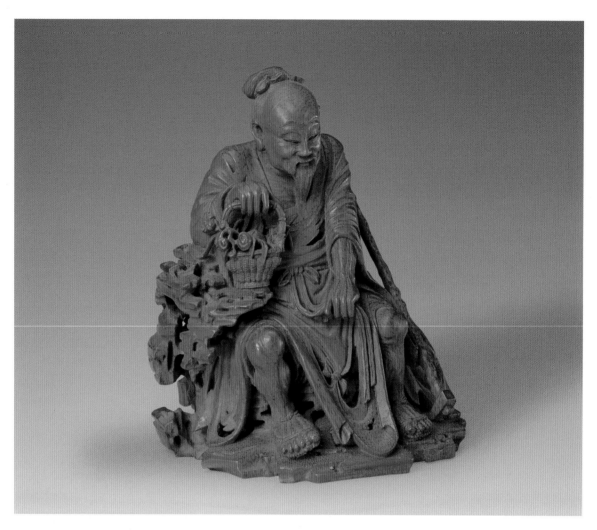

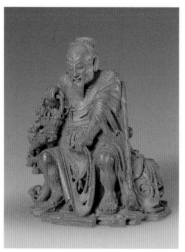

採藥老人用竹根雕成，高束髮髻，長髯清癯，面露微笑，足蹬草履，藥鋤旁置，撩衣露膝倚坐在一塊玲瓏剔透的山石之上，似在小憩。其衣紋笑貌無不帶有仙逸之感，栩栩如生。在老人手提的花籃中，滿盛着壽桃、靈芝和仙草，是"芝仙祝壽"之意。

此作品採用鏤雕、圓雕等多種技巧，刻工精湛，是一件不可多得的竹雕佳品。

竹根雕海蟾仙人
清早期
高10厘米　長12.5厘米　寬9.7厘米
清宮舊藏

Immortal Liu Hai, bamboo-root carving
Early Qing Dynasty
Height: 10cm　Length: 12.5cm　Width: 9.7cm
Qing Court collection

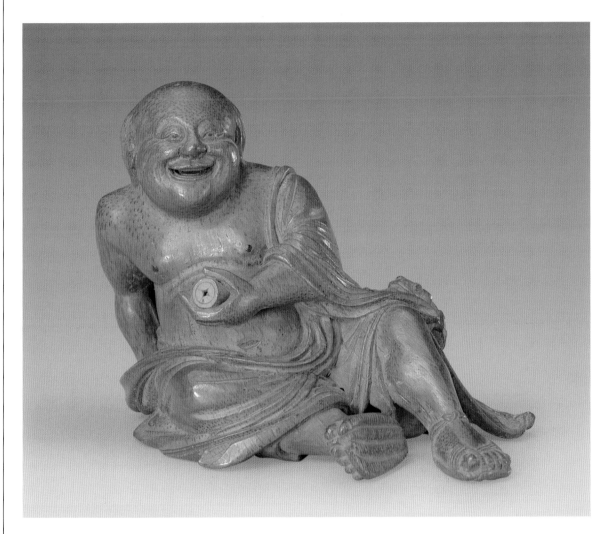

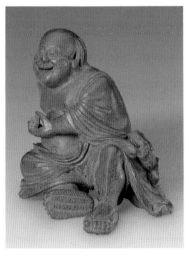

竹根雕海蟾仙人
清早期

海蟾仙人以竹根雕成，劉海狀似彌勒，平頂披髮，圓龐疊頤，右手撐
地，左手捏錢，盤肱曲膝席地舒坐，上裸胸腹，垂乳鼓腹，斜眸大笑。
一隻三足金蟾繞過劉海腰繫的葫蘆和靈芝，奮力攀爬，似被金錢所引。
此造型寓意"財源興旺"。

此作品棕黃色，採用圓雕技法，刀法精練，人物造型風趣，衣紋舒展飄
逸，表現出劉海心闊無憂的姿容，是竹根藝術中的精品。

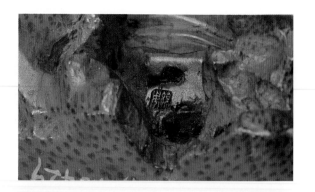

竹根雕醉翁　封始崗

清早期
高6.9厘米　底徑7/6.2厘米

A drunken man, bamboo-root carving
By Feng Shibin
Early Qing Dynasty
Height: 6.9cm　Diameter of bottom: 7 × 6.2cm

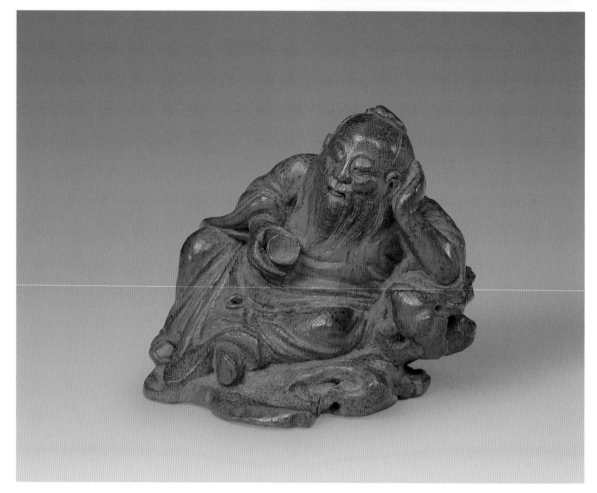

醉翁用一塊小竹根雕成，頭戴軟幘，雙目微闔，滿腮長鬚，身着長袍，左手托腮，右手執杯，倚石而坐，醉還欲飲。石後刻陽文"綿周"篆書印章款。

此作品採用圓雕技法，刻工精細，刀法縱逸流暢，為嘉定派竹雕高手所雕佳品。

封始崗，字綿周，號廉癡，是清代著名竹刻家封錫祿之子。據《竹人錄》記載："竹根人物盛於練水世家封氏，而精於義侯（封錫祿）……始崗藝不在乃翁之下"。

竹根雕蟾蜍
清早期
高6.1厘米

A toad, bamboo-root carving
Early Qing Dynasty
Height: 6.1cm

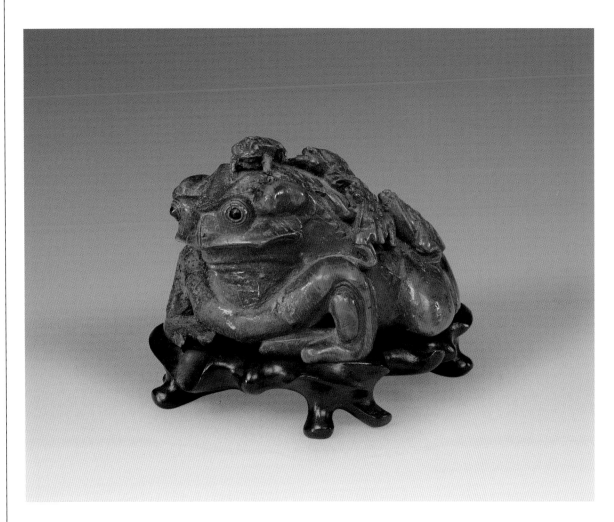

蟾蜍以竹根雕成，突睛闊口，腮邊氣囊、頷下褶皺，刻畫誇張。踞地而坐，肌肉有力，似蓄勢待發。眼瞳以深色木珠鑲嵌而成，顯得炯炯有神，背後瘰疣依稀可辨，上負八隻小蟾，正合"九"之吉數。小蟾姿態各異，在大蟾的背上攀爬遊戲，初看似無規律，其實是對稱佈排，足見作者的匠心。蟾蜍因多子而象徵子孫繁盛。

竹根雕仙人乘槎

清早期
高15厘米　長25厘米　寬13厘米
清宮舊藏

An immortal on a raft, bamboo-root carving
Early Qing Dynasty
Height: 15cm　Length: 25cm　Width: 13cm
Qing Court collection

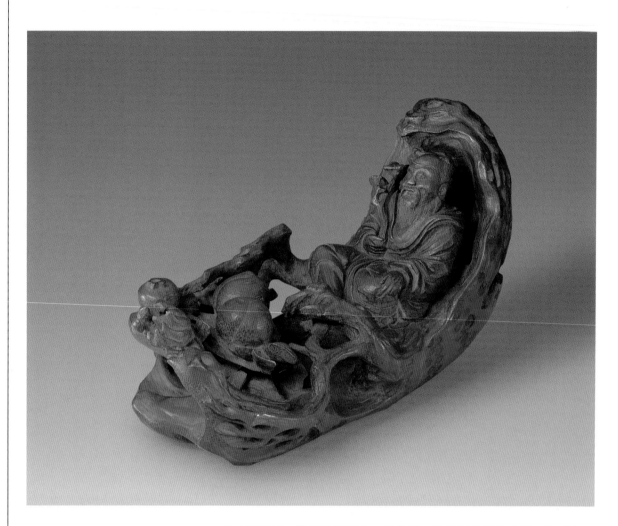

仙人乘槎以一塊厚竹根雕成，槎首置一堆連梗並蒂的壽桃、佛手和石榴，槎尾長翹。仙人頭戴幘巾，長髯垂胸，手持靈芝，坐於槎中。佛手、石榴、桃組合在一起，寓"多福、多子、多壽"之意。佛手與"福"諧音，寓意多福；石榴取其"千房同膜，千子如一"，寓意多子；桃俗稱壽桃，傳說吃了可長生不老，寓意多壽。

此作品雕工簡練樸實，渾若天成，是竹根雕刻的佳作。

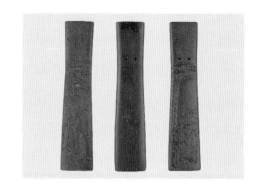

紫檀木雕戲劇故事拍板

清早期

長24.7厘米　寬5.6厘米　厚0.7厘米

Three clappers with design of a theatrical tale, red sandalwood carving

Early Qing Dynasty

Length: 24.7cm　Width: 5.6cm　Thickness: 0.7cm

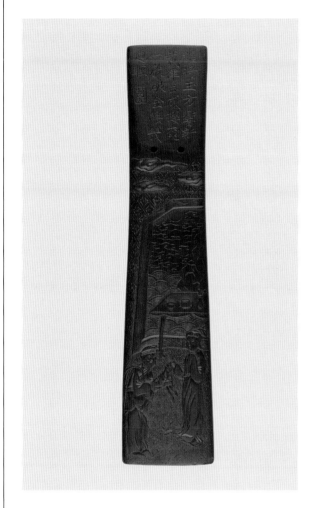

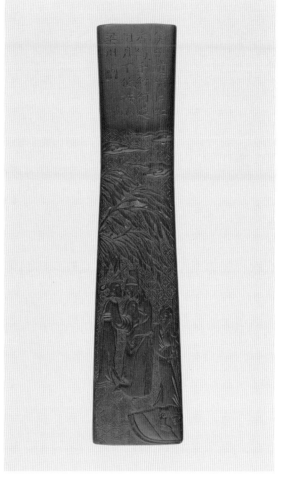

拍板共三片，呈束腰長方形，兩片有圓穿，用以連綴。兩片有圖紋，其一描繪夫妻執手惜別，船家拄篙相候。上方陰刻楷書題詩：“仙子遺璘片，紅香纖手留。綺筵明月下，低按小梁州。”並刻陰文“洪”字篆書印章款。另一圖描繪高堂錦筵之中，一衣衫襤褸之人手執玉製樂器與婦相認。上方陰刻楷書題詩：“誰將玉方響，新裁律呂成。櫻桃一聲破，金縷幾回輕。”並刻陰文“昉思”篆書印章款。拍板，是打擊節奏的樂器。洪昉思，即清代戲劇家洪昇（1645—1704），字昉思，有戲劇《長生殿》等作品傳世。

此器以淺浮雕加陰刻技法雕成。

黃楊木雕東山報捷圖筆筒　吳之璠
清早期
高17.8厘米　口徑13.5/8.5厘米
清宮舊藏

Brush holder with a scene of announcing military
victory to Dongshan, boxwood carving
By Wu Zhifan
Early Qing Dynasty
Height: 17.8cm　Diameter of mouth: 13.5 x 8.5cm
Qing Court collection

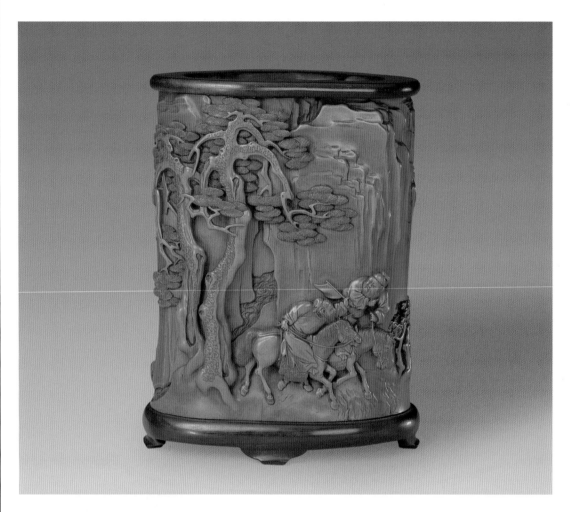

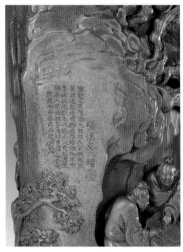

筆筒外壁畫面以山崖屏障為界分為兩部分，取材於歷史上著名的
淝水之戰。山崖壁立，古松垂蔭，樹下謝安正與一老者對弈，三
女持如意低語，小童端盤侍立。林壑之間，軍使策馬奔馳在山道
上，舉旗報捷。兩山間石壁上方刻陰文"槎溪吳之璠"隸書款，
下刻陰文"魯珍"篆書印章款。其左有後補陰刻隸書乾隆御題七
言律詩一首，下方刻陰文"古"、"香"印章款。

此器採用高浮雕技法雕成，刀法精湛，打磨光潤。畫面捨去戰爭
場面，而以弈棋和報捷的形式，表現謝安運籌帷幄的信心和從容
瀟灑的風度，構思巧妙。

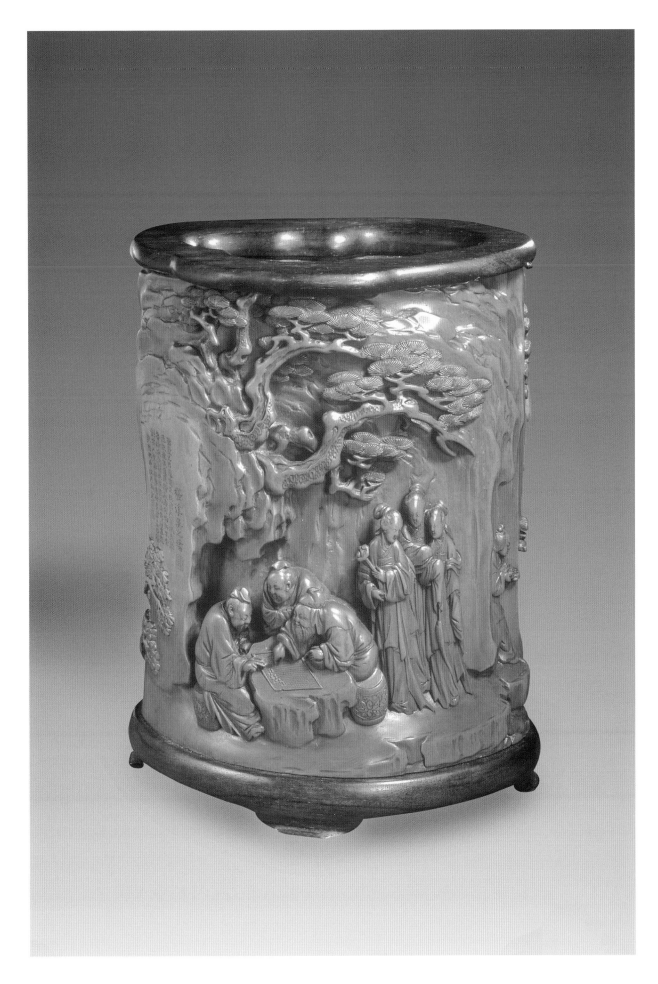

沉香木雕山行圖筆筒
清早期
通高15厘米　口徑13/11.5厘米
清宮舊藏

**Brush holder with design of
figures travelling in mountains,
agalloch eaglewood carving**
Early Qing Dynasty
Overall height: 15cm
Diameter of mouth: 13 x 11.5cm
Qing Court collection

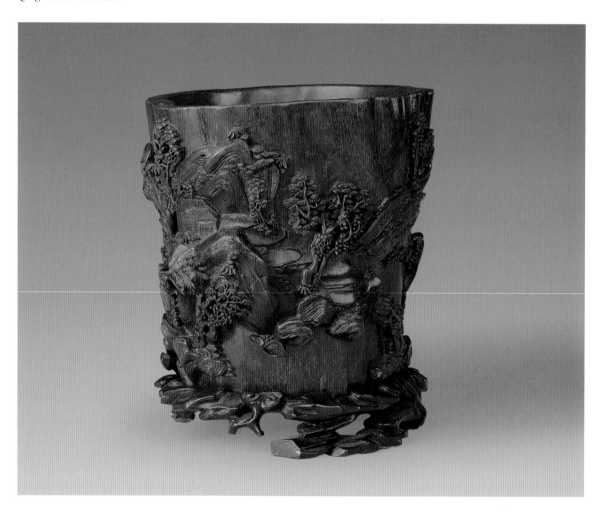

筆筒依木料隨形雕成，外壁雕山水人物，重巒疊嶂，松柏森森，匡廬隱約，好似鳥鳴山幽的世外桃源。長者扶筇，童子背負葫蘆相隨，在一人引領下緩緩而來。底座以紫檀木鏤雕成山岩雲朵，烘托了畫面的氣氛。

此器以高浮雕、淺浮雕配合陰刻技法雕刻而成。

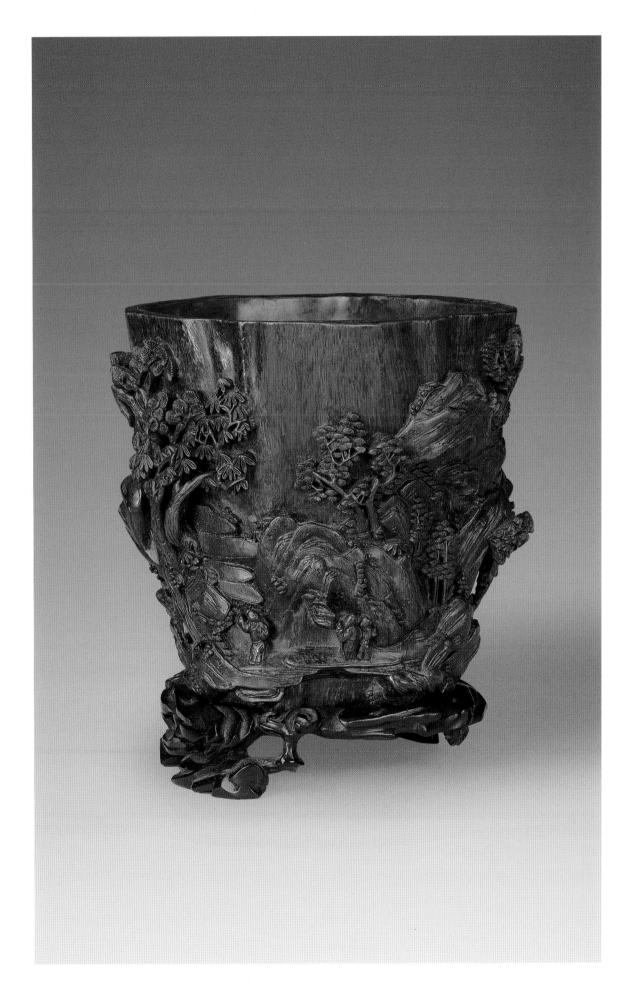

紫檀木雕虯龍夔鳳紋筆筒
清早期
高17.8厘米　口徑13.1厘米　足徑13.8厘米
清宮舊藏

**Brush holder with design of hornless dragon and
Kui-phoenix, red sandalwood carving**
Early Qing Dynasty
Height: 17.8cm　Diameter of mouth: 13.1cm
Diameter of foot: 13.8cm
Qing Court collection

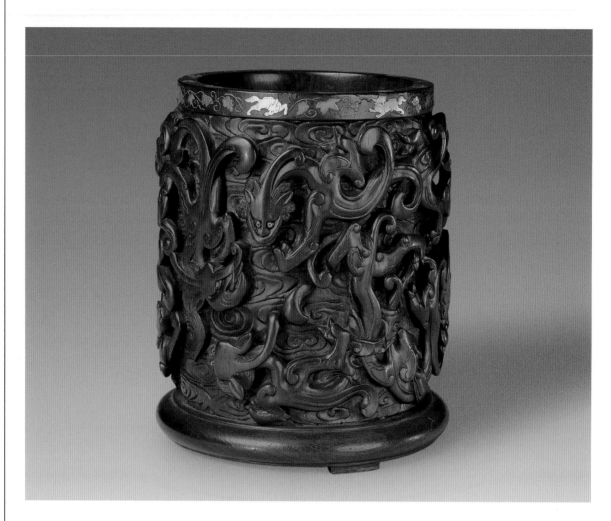

筆筒口外沿以錯銅絲為枝蔓，鑲綠松石、青金石葡萄，花葉間嵌六隻螺鈿異獸。外壁凸刻雲紋為地，上雕虯龍、夔鳳上下翻舞，穿插盤繞。龍、鳳的瞳孔均用黃色螺鈿鑲點，炯炯有光。筒底嵌紅木三矮足。

此器色澤深褐，形體敦厚莊重，以鏤空深浮雕技法雕成，但磨工重於刻工，即所謂"三分刻，七分磨"。紋飾凹凸相間，圓潤細膩，活潑靈透，富於想像力，是清康熙年間木雕與鑲嵌工藝相結合的精品。

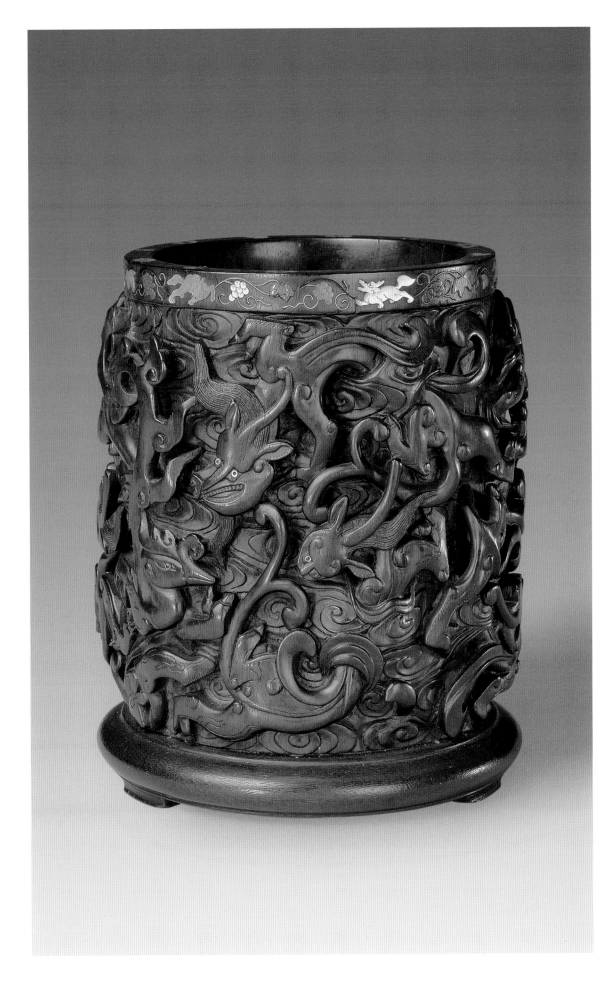

紫檀木雕樹幹形筆筒
清早期
高17.9厘米　口徑19厘米　足徑17厘米

Brush holder in the shape of a tree trunk, red sandalwood carving
Early Qing Dynasty
Height: 17.9cm　Diameter of mouth: 19cm
Diameter of foot: 17cm

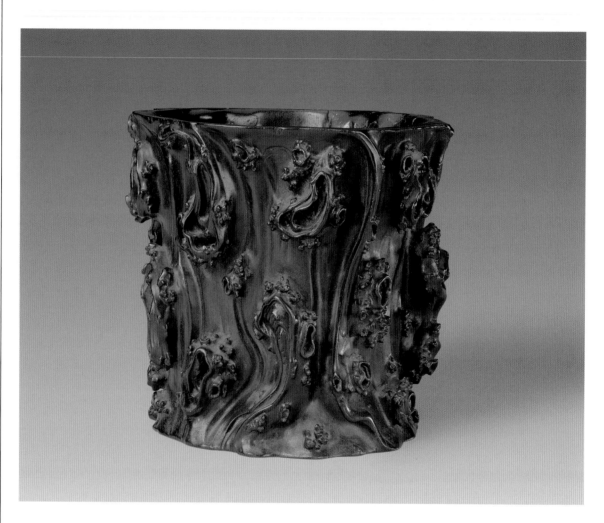

筆筒以紫檀木雕成，圓口，器體碩大，入手沉重。通體紋飾雕作老柏古幹，紋理蜿蜒屈曲，瘦結纍纍。凹凸的紋飾、抽象的線條、沉穩的器型，構成了它卓而不群的藝術特點。

作者運刀自如，得心應手地處理了複雜的層次關係，尤其是對筆筒內壁的雕鑿，似草草而絕非簡陋，顯示出一種主次分明的大家風度。

黃楊木雕臥牛異獸
清早期
高8厘米　長12.3厘米
清宮舊藏

**A crouching ox and a rare animal,
boxwood carving**
Early Qing Dynasty
Height: 8cm　Length: 12.3cm
Qing Court collection

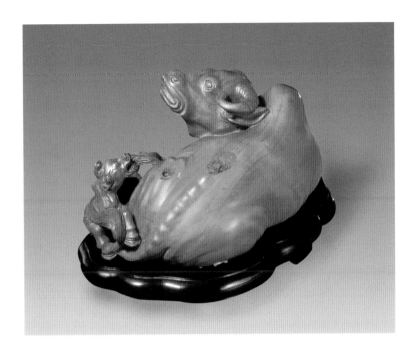

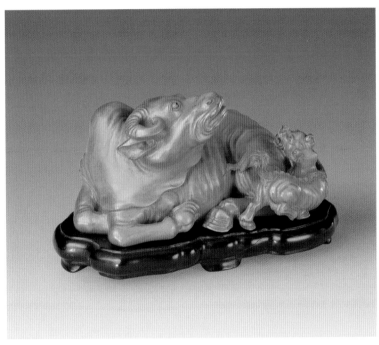

臥牛及異獸以黃楊木雕成。臥牛曲頸昂首向上觀望，雙角向耳處彎曲。
異獸緊抵其側，張口曲身，意欲降服之。其寓意當與佛經中"獅子搏
牛"故事有關。

此作品鵝黃色，採用圓雕技法，刀法圓熟，刻工精細，是宮廷造辦處高
手所雕，為黃楊木清玩中的精品。

竹雕雲蘿山水圖筆筒　周芷岩
清中期
高14.2厘米　口徑10厘米
清宮舊藏

Brush holder with design of landscape and Chinese
wistaria, bamboo carving
By Zhou Zhiyan
Middle Qing Dynasty
Height: 14.2cm　Diameter of mouth: 10cm
Qing Court collection

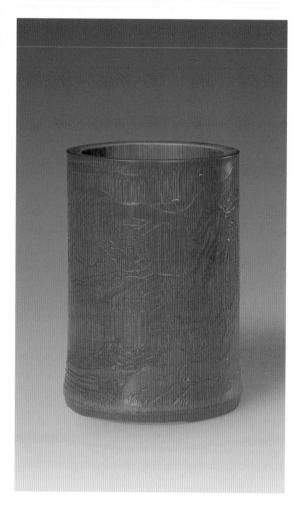
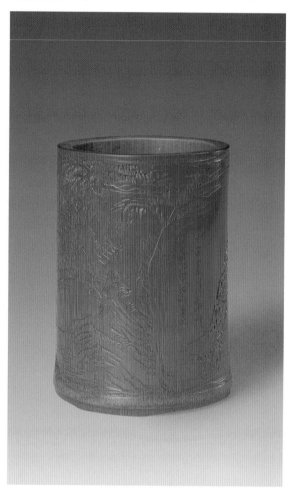

筆筒圓筒式、下承三矮足。外壁滿雕平湖漣漪，雲蘿滿坡，翠竹叢生，
台榭掩映，人物憑欄遠眺。遠處群嶺連綿，天高水長。岩壁上刻陰文
"甲子夏月製於雲蘿深處　芷岩"行書款。

此器採用陰刻技法，以刀為筆，通過入刀深淺、輕重以及角度變化，配
合以精心的打磨，表現出濃淡、乾濕、皴擦等筆墨效果。

周芷岩（1686—1774），本名周顥，號雪樵、堯峰山人，晚號髯癡。工
畫山水，又善刻竹，是嘉定竹刻名家。其技法以陰刻為主，入刀快利，
一剔而就，其最大貢獻是以刀為筆，緣畫入雕。

竹雕蘭花圖臂擱　周芷岩
清中期
長26.5厘米　寬7.4厘米

Arm-rest with orchid design, bamboo carving
By Zhou Zhiyan
Middle Qing Dynasty
Length: 26.5cm　Width: 7.4cm

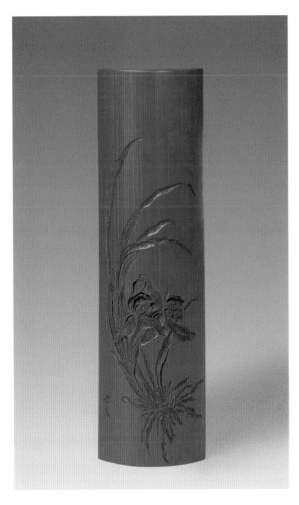

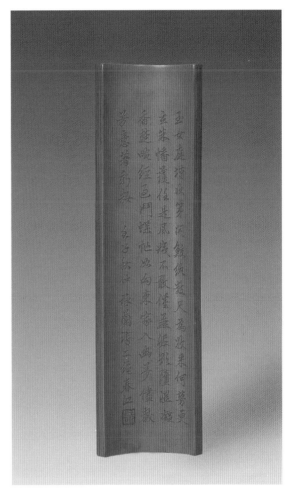

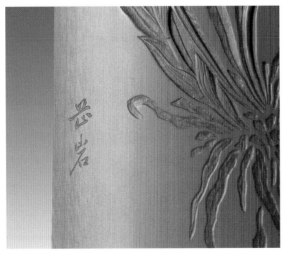

臂擱用一塊竹片雕成，呈覆瓦式。正面雕一叢盛開
的蘭花，根鬚裸露。下方刻陰文"芷岩"草書款。背
面陰刻行書七言絕句二首，詩後陰刻行書"壬子秋仲
詠蘭詩二絕　春江"及刻陰文"王玘之印"篆書印章款。

此器刻工深峻，線條舒展流暢，紋飾層次清晰，從
表面至底部多達四層，是以刀代筆的傑作。

絕句一：玉女庭階次第開，鮫紈數尺為妝來。何勞
更立朱幡護，任是風姨不敢催。絕句二：燕渥影墜
濕凝香，楚畹經過鬥蝶忙。如向東家入幽夢，僅教
芳意着新妝。

竹雕竹林七賢圖筆筒　尚勳

清中期

高14.1厘米　口徑8.9/6.5厘米

**Brush holder with design of Seven Worthies
Retired in the Bamboo Grove, bamboo carving**
By Shang Xun
Middle Qing Dynasty
Height: 14.1cm　Diameter of mouth: 8.9 x 6.5cm

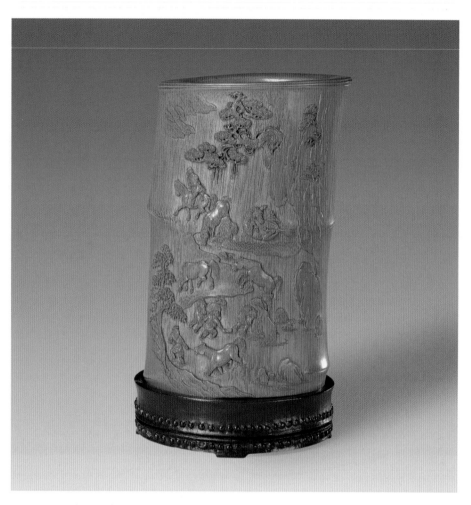

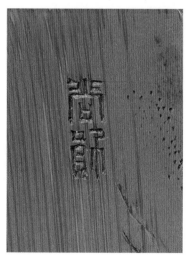

筆筒扁圓口，筒身微斜呈竹節式。外壁畫面分為兩部分：一面為《竹林七賢圖》，表現晉時的文人雅集，稽康在岩壁上題詩，阮籍、阮咸在溪水旁侃談，向秀與山濤對弈，王戎觀棋，劉伶醉飲。另一面是《松溪牧馬圖》，以傳說中周穆王周遊天下所駕馭的八匹神馬為題材，雕刻駿馬活躍矯健，風采異常。山岩上刻陰文"尚勳"篆書款。

此器採用淺浮雕技法雕成，刻工圓潤流暢，圖紋複雜，構圖緊湊，層次分明，與玉石、牙角雕刻有異曲同工之妙。

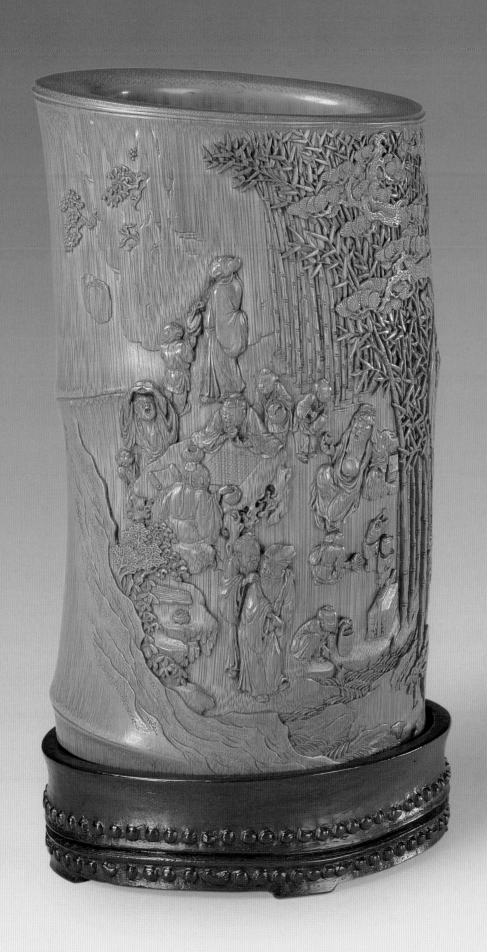

竹雕竹林七賢圖香筒　施天章

清中期
高20.9厘米　口徑4.6厘米

Incense holder with design of Seven Worthies
Retired in the Bamboo Grove, bamboo carving
By Shi Tianzhang
Middle Qing Dynasty
Height: 20.9cm　Diameter of mouth: 4.6cm

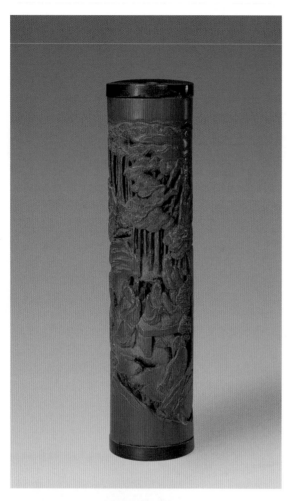
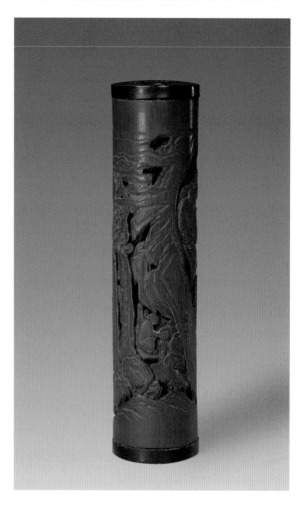

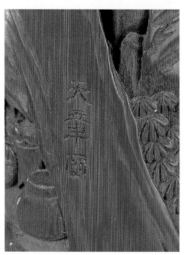

香筒圓口，筒身修長，外壁採用通景方式雕《竹林七賢圖》。圖中奇石
重疊，松樹挺立，松前竹林深遠，七賢中二人對弈，一人旁觀。另外四
人，一人執筆伏案，三人相互交流。石後松下小童正在執扇烹茶。石壁
中部刻陰文"天章"隸書款及"施"字篆書印章款。

此器以鏤雕技法雕成，紋飾精緻細密，佈局章法緊湊，人物神情姿態各
異。

施天章，字煥文，封錫璋的弟子。清雍正年間選入宮廷造辦處，不僅刻
竹而且刻象牙、雕漆、製硯，多才多藝。

竹雕竹林七賢圖香筒　施天章

竹雕牧牛圖筆筒

清中期
高14厘米　口徑9.9/7.6厘米　足徑12.1/9.3厘米
清宮舊藏

Brush holder with design of a boy on the back of a buffalo,
bamboo carving
Middle Qing Dynasty
Height: 14cm　Diameter of mouth: 9.9 x 7.6cm
Diameter of foot: 12.1 x 9.3cm
Qing Court collection

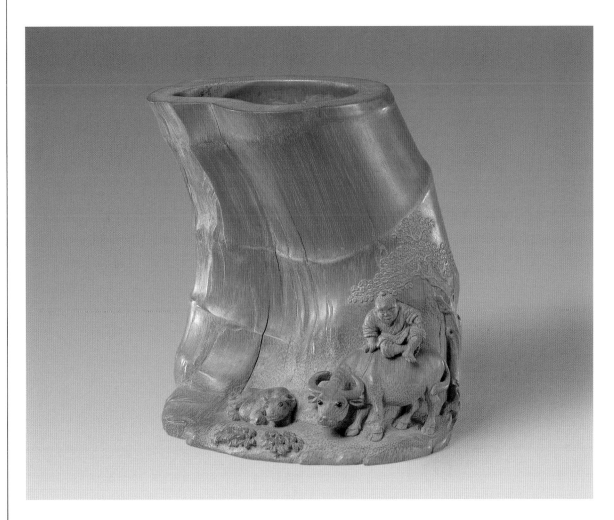

筆筒因勢隨形雕刻而成。外壁以凹凸不平、陡峭如削的山壁為背景，於
山坳之中，老樹之前，刻一頭體魄強壯的水牛，牧童俯身坐在牛背上，
小牛犢臥於前方，牧童與牛的目光交匯一處，似在觀看書房主人伏案，
從而產生畫外有畫的情趣。

此器以圓雕、深雕、留青及浮雕等技法相結合進行雕刻，畫面主次分
明，恰到好處，立體感強，是罕見的竹刻珍品。

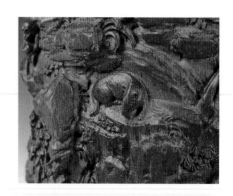

竹雕十二生肖圖筆筒

清中期
通高14.3厘米　口徑13.2/11.9厘米
足徑12.3/10.1厘米

**Brush holder with design of the
Chinese zodiac, bamboo carving**
Middle Qing Dynasty
Overall height: 14.3cm
Diameter of mouth: 13.2 x 11.9cm
Diameter of foot: 12.3 x 10.1cm

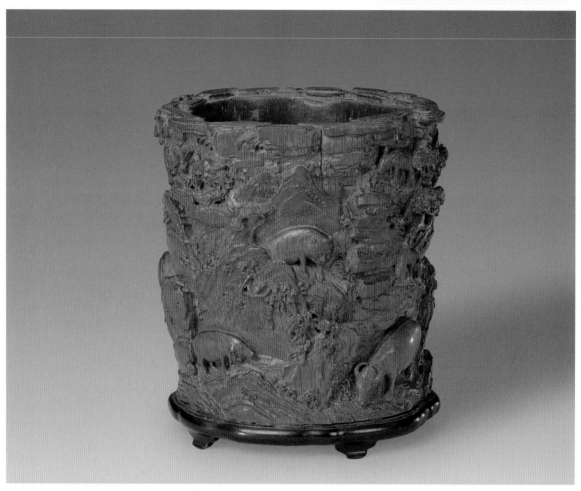

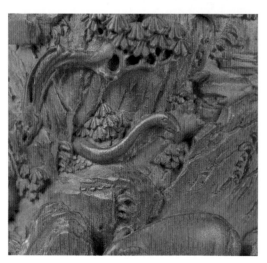

筆筒用竹根隨形雕成，為敞口筒式，鑲紫檀木三矮足底座。外壁雕層巒疊嶂，山谷中清泉奔流，奇石豎立，藤蘿垂掛、楓樹、翠竹、花草羅列於山石之間。鼠、牛、虎、兔、龍、蛇、馬、羊、猴、雞、狗、豬散行其間，或飲水，或伏行，或藏匿，頗為生動。

此器採用立體高浮雕技法，壁厚筋顯，刀工樸素。十二生肖通常作神異之形，而此處只作為山林動物出現，創意獨特。

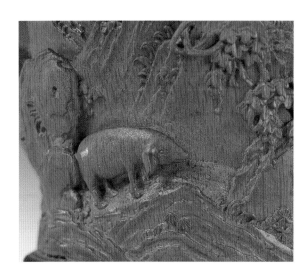 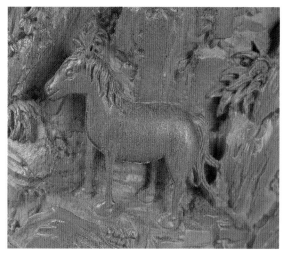

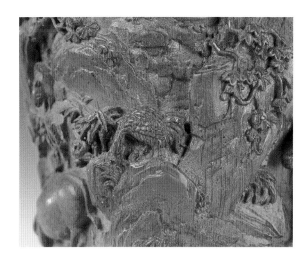 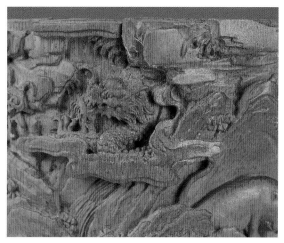

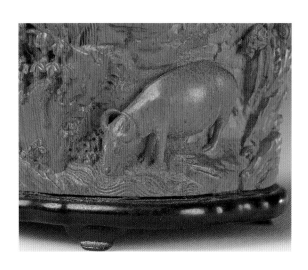 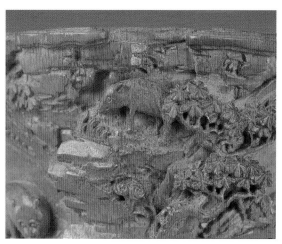

竹雕留青攜琴訪友圖筆筒

清中期
高13.5厘米　口徑9/6.8厘米　足徑8.5/6.5厘米
清宮舊藏

Brush holder with design of figures with a zither visiting
a friend in Liuqing low relief, bamboo carving
Middle Qing Dynasty
Height: 13.5cm　Diameter of mouth: 9 x 6.8cm
Diameter of foot: 8.5 x 6.5cm
Qing Court collection

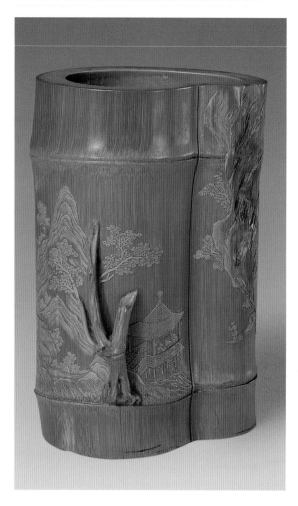 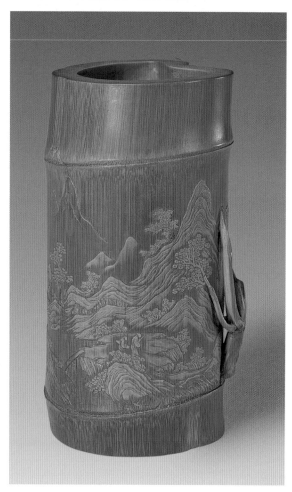

筆筒用竹材隨形雕成。外壁內凹的左側一杈小竹枝附壁向上延伸，借小
竹枝雕出一株古樹，蒼然聳立。內凹的右側刻一座巨崖。兩節之間刻
《攜琴訪友圖》，江面小舟輕蕩，亭樹臨江，亭中高士清談。後面山路
崎嶇，雜樹叢生，一老者扶杖，侍童抱琴，相伴而行。

此器以留青、浮雕和火燙技法相結合，刻工細緻，紋線流暢，古樸典
雅。留青竹刻技法，屬陽刻，通過竹肌與青筠色澤的對比和烘襯，達到
色暈多層次變化的特殊效果。

竹雕留青九獅同居圖筆筒

清中期
高13厘米　口徑8.7厘米
清宮舊藏

**Brush holder with design of nine lions in Liuqing low
relief, bamboo carving**
Middle Qing Dynasty
Height: 13cm　Diameter of mouth: 8.7cm
Qing Court collection

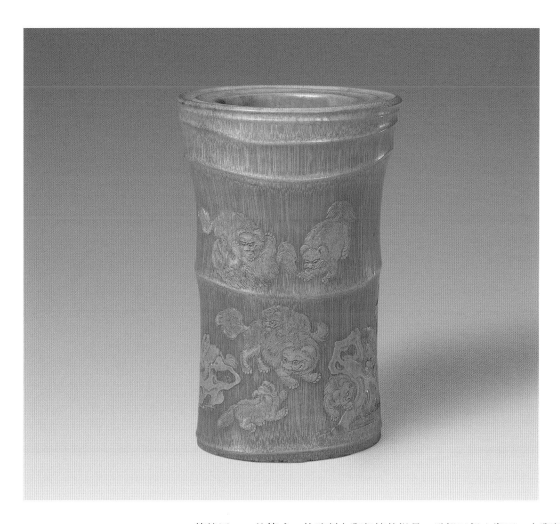

筆筒圓口，竹節式。外壁刻九獅相嬉的場景，點綴以假山湖石。九獅神
態各異，其造型來自傳統形象，與真獅大相徑庭。湖石的雕琢，陰陽向
背判然而別。又利用節痕將圖紋劃分出區域，並以其寬狹之別形成了曲
線變化之美。"九獅同居"諧"九世同居"之音，為寓意吉祥的傳統題
材。

此器以留青法雕成，匠心獨運，技巧高超。

竹根雕麻姑獻壽仙槎

清中期
高13厘米　長30厘米
清宮舊藏

**A raft with a scene depiating Ma Gu
celebrating birthday, bamboo-root
carving**
Middle Qing Dynasty
Height: 13cm　Length: 30cm
Qing Court collection

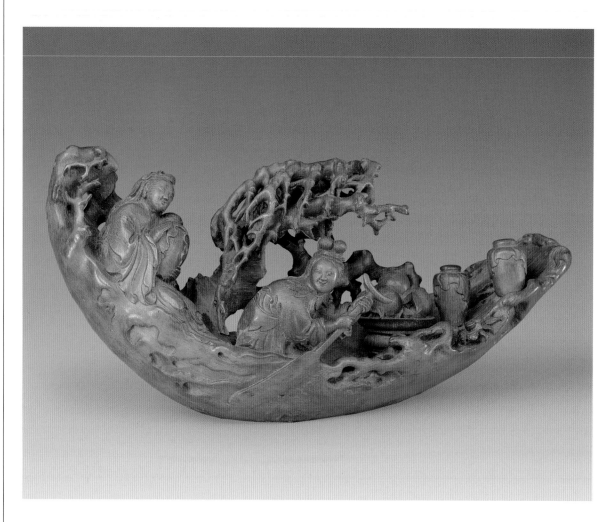

槎以竹根隨形雕成，首尾上翹。一根側枝分成兩杈，一杈伸向舟底，一
杈伸向舟中，彎曲盤結。舟首置兩個酒罈和一盆仙桃，麻姑頭綰雙髻，
身着葉裙坐在船舷右側扳槳，另一女仙懷抱酒罈，坐在船尾的樹幹之
上。麻姑是傳說中的長壽仙人，每當蟠桃盛會時，均以靈芝釀酒作為壽
禮向西王母進獻，後世多以“麻姑獻壽”作為祝壽題材。

槎舟呈深褐色，刻工簡練，刀工圓潤，人物表情刻畫生動，古趣盎然。

竹雕夔龍紋活環提樑扁壺

清中期
通高13.9厘米　口徑4.3/2.9厘米
足徑4.1/3厘米
清宮舊藏

Flask with loop handle with kui-dragon design, bamboo carving
Middle Qing Dynasty
Overall height: 13.9cm
Diameter of mouth: 4.3 x 2.9cm
Diameter of foot: 4.1 x 3cm
Qing Court collection

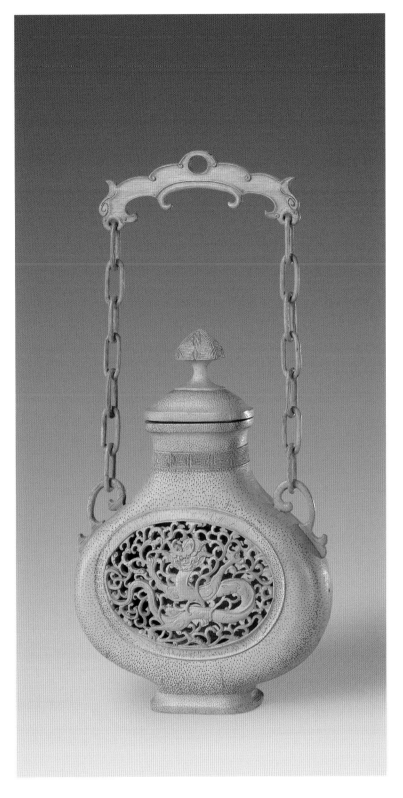

壺以竹根短節處雕成，長圓口，扁腹，黏接雲紋雙耳及活環提樑。長圓
形的蓋上刻蟬紋鈕，頸部雕飾陽文回紋一周，腹部鏤空，在纏枝蓮紋錦
地上盤一身姿雄勁的正面夔龍。

此器造型仿自青銅器，採用鏤雕和浮雕技法，難度極高，構思絕妙，紋
飾工整，古樸莊重，是仿古竹雕的稀有之作。

竹雕饕餮紋活環提樑執壺
清中期
通高22.9厘米　口徑4.9厘米
足徑4.5厘米
清宮舊藏

Ewer with a chain handle and ogre-mask design, bamboo carving
Middle Qing Dynasty
Overall height: 22.9cm
Diameter of mouth: 4.9cm
Diameter of foot: 4.5cm
Qing Court collection

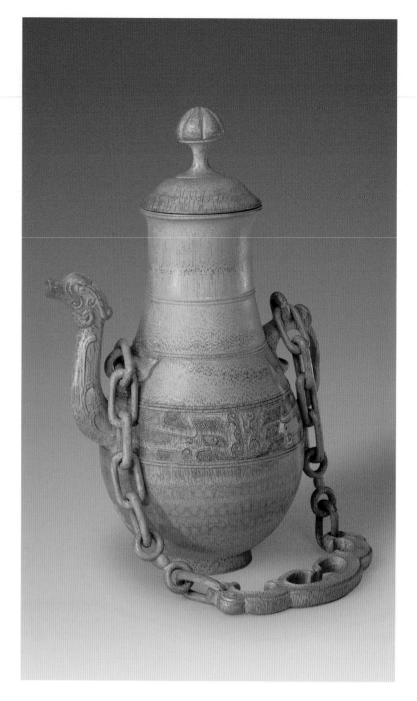

執壺由竹根雕成，束頸闊腹，前有鳳首流，後有執柄，除蓋可開啟拿下外，通體沒有黏接痕跡。頸陽刻有兩道弦紋，壺身弦紋下隱起饕餮紋。提樑由活環套連樑柄，樑柄雕成夔龍狀。

此器造型及紋飾仿自青銅器，採用浮雕、淺刻技法，形態古雅，竹筋自然，是仿古竹雕中的珍品。

竹雕勾蓮紋提樑花籃

清中期
高36.9厘米　口徑20.4/12.7厘米
清宮舊藏

**Basketwork with delineated lotus
design, bamboo carving**
Middle Qing Dynasty
Height: 36.9cm
Diameter of mouth: 20.4 × 12.7cm
Qing Court collection

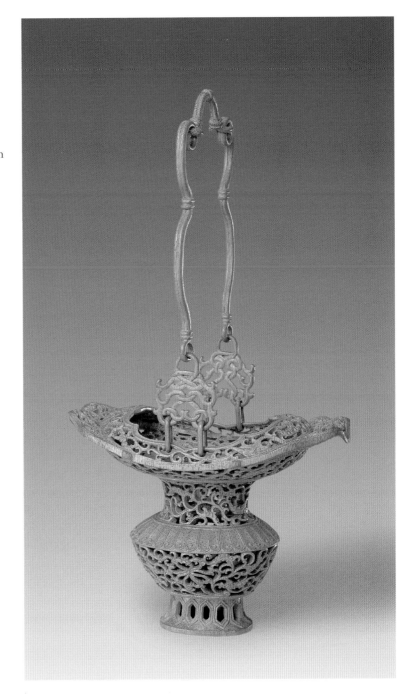

花籃闊口，細頸，削肩斂腹，高圈足。外口沿如一大花瓣，兩端收尖微
微下垂，內口膨起內收，口上有一活環結構的提樑。通體鏤雕勾蓮花葉
紋，唯肩部雕覆蓮紋，足部則透雕龜背紋。

此作品採用鏤雕、浮雕技法，主體由竹根雕成，口沿及提樑則應用了近
根處的竹莖，因而形成了色澤肌理的細微差別。口部與頸、身等部為黏
接而成，其接口黏連緊密，了無痕跡。加之優美的口沿和活環提樑的設
計，使人有耳目一新之感。

棕竹旋紋嵌玉魚戲詩盒
清中期
高7厘米　徑23厘米
清宮舊藏

**Box with spiral design inlaid with jade fish and
inscribed with a poem, bamboo palm carving**
Middle Qing Dynasty
Height: 7cm　Diameter: 23cm
Qing Court collection

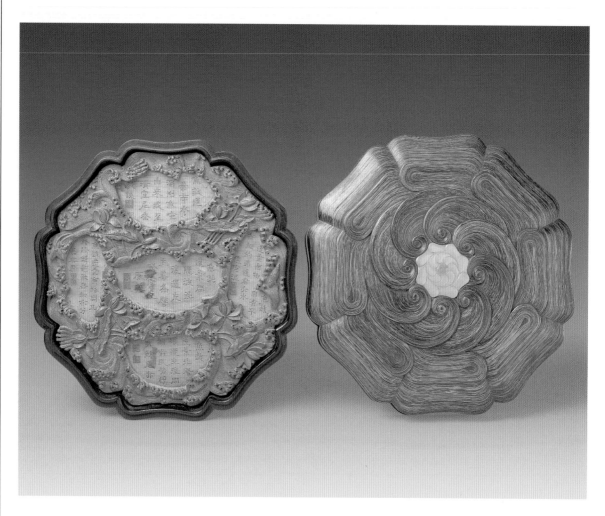

盒呈八瓣委角葵花形。蓋以木為胎，用棕竹片和棕竹絲盤貼成螺旋浪花紋，正中嵌白玉雕花佩。盒內配有檀香木雕碧波蓮花八瓣形盤，荷塘間雕五個魚形凹池，池中各陰刻隸書五言御製詩一首，後刻陰文篆書印章款。

此器盤絲精細，光潔圓潤，蓋、底對稱，接口銜接緊密，是集工藝之大成的作品。此盒是蘇州所進的貢品，清乾隆皇帝令如意館畫工根據盒的形狀繪出圖樣，讓造辦處木作工匠配雁，將御製詩按方位刻在凹槽內，並在凹槽內置古玉魚佩。

66

棕竹雕題詩七佛鉢
清中期
高14.5厘米　口徑23.6厘米
清宮舊藏

Bowl carved with seven Buddhas and inscribed with a
poem, bamboo palm carving
Middle Qing Dynasty
Height: 14.5cm　Diameter of mouth: 23.6cm
Qing Court collection

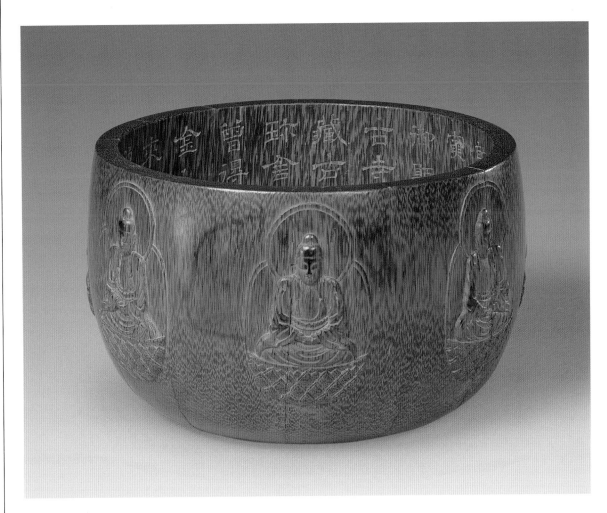

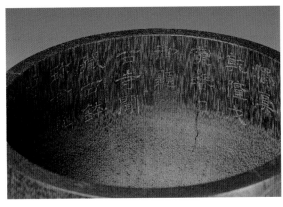

鉢圓形，口微內縮，釜底。外壁凸刻平列一周的七
佛。佛身後有背光，均手持法物，盤膝坐在蓮花座
上。內壁有乾隆御題陰刻填彩七言律詩，並"乾隆戊
寅（1758）春日御題"款及陰文"乾隆宸翰"深紅
色篆書印章款。

此器採用高浮雕技法，色澤深沉光潤，刻工精緻細
膩，是清宮特有的陳設品，為傳世竹刻精品。

御題詩：古寺聞藏古鉢珍，舍離曾得奉金人。何來沙
汭漁家器，又歷風旛海劫春。紀事五言猶憶昨，選材
七佛重傳神。笑予何復勾名像，青石由來半假真。

棕竹絲嵌文竹方屜盒
清中期
高19.5厘米　徑17.5厘米
清宮舊藏

**Square three-drawer box of
bamboo palm strips inlaid with
Zhu Huang**
Middle Qing Dynasty
Height: 19.5cm
Diameter: 17.5cm
Qing Court collection

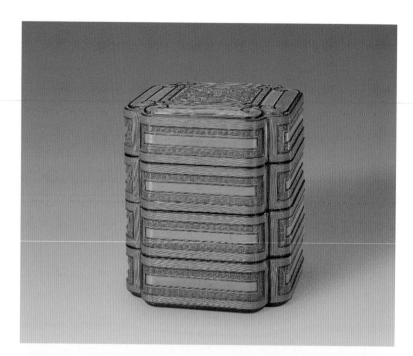

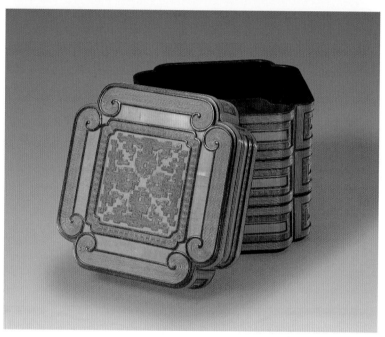

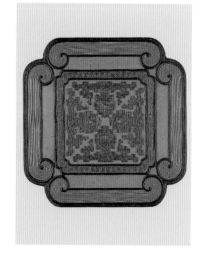

盒委角方形，略呈葵瓣式。外壁露出紫檀胎骨為陽線，鑲貼文竹片、棕竹片及竹絲，構成層次豐富而又井然有序的紋飾。內壁以文竹包鑲，屜板髹黑漆。

方盒的裝飾充分利用了幾何紋樣的變化，將材料的質地、肌理、色澤發揮得淋漓盡致，形成了強烈的裝飾效果。而竹絲的抽劈、彎轉，棕竹的薄雕，文竹的鑲貼等工藝，無一不顯示出製作技巧的嫻熟，表現了文竹雕刻在這一時期取得的突出成就。

文竹芭蕉洞石紋長盒
清中期
通高9.2厘米　長35.6厘米　寬8.6厘米
清宮舊藏

Rectangular Zhu Huang box with banana and rock design
Middle Qing Dynasty
Overall height: 9.2cm　Length: 35.6cm　Width: 8.6cm
Qing Court collection

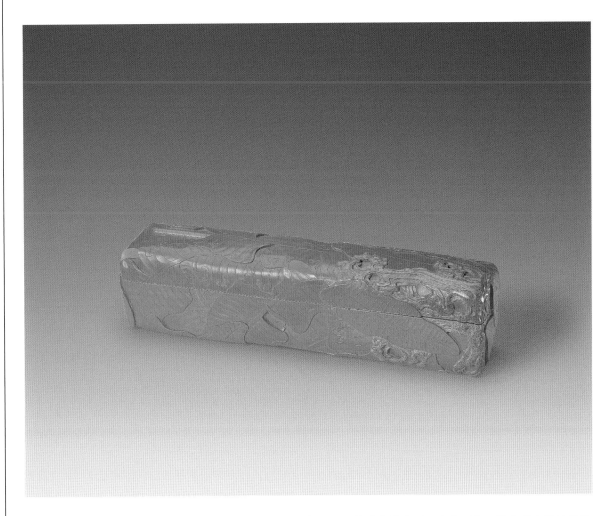

盒的四壁、蓋及底六面通景雕芭蕉壽石。在蓋下方，用去青皮後的竹根雕成洞石，玲瓏秀巧。盒的周身貼刻芭蕉葉，葉紋密不露地，尺許之間，綠意甚濃。蕉葉正反向背，高低起伏，重疊隱現。其上多點綴蟲蝕孔痕，慧心獨運，甚饒畫意。

文竹即竹簧，又稱"翻簧"、"反簧"或"貼簧"，是江浙一代的竹雕絕技。其工藝以大型的南竹為材料，用刀劈去竹青和竹肌，僅留下一層薄薄的竹簧片，經過水煮、晾乾、壓平等工序，然後膠黏於器物上。此盒設計新穎，製作精緻，是文竹雕刻的傑作。

紫檀座竹雕百壽圖插屏
清中期
高155.5厘米　寬98.5厘米
厚40厘米
清宮舊藏

Table screen with a red sandalwood
stand inlaid with bamboo carvings
and decorated with hundred Shou
characters (longevity)
Middle Qing Dynasty
Height: 155.5cm
Width: 98.5cm
Thickness: 40cm
Qing Court collection

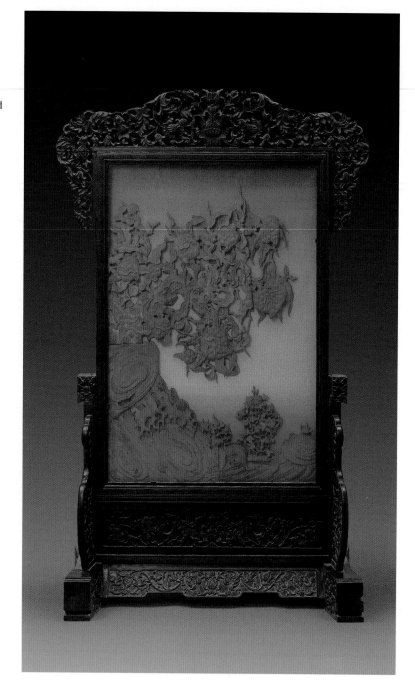

插屏屏心外有玻璃，內為淺藍漆地，上嵌竹雕山石、桃樹，樹上果實滿
枝，寓意長壽。屏背面為黑漆地書百壽字。屏心邊框雕雙層回紋。屏邊
座用紫檀木雕成，站牙、縧環板、披水牙浮雕纏枝蓮紋，屏帽及帽牙鏤
雕纏枝蓮紋。

此屏做工細膩，桃樹的雕刻運用了誇張的手法，具有水墨畫的效果，為
清乾隆時祝壽所用。

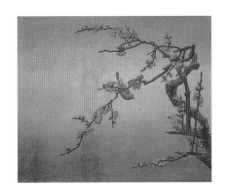

紫檀座嵌竹花鳥圖插屏

清中期
高58厘米　寬53厘米　厚24厘米
清宮舊藏

Table screen with a red sandalwood stand inlaid with
bamboo design of birds and flowers
Middle Qing Dynasty
Height: 58cm
Width: 53cm　Thickness: 24cm
Qing Court collection

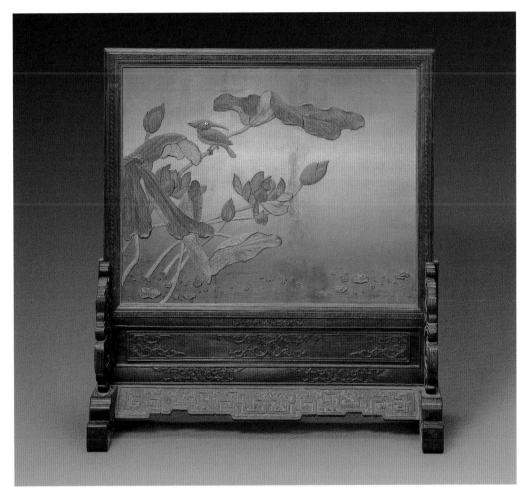

插屏屏心為藍漆地，一面用竹木雕一枝盛開的梅花和落於梅枝的兩隻喜
鵲，寓意"喜上眉梢"。另一面亦為藍漆地，用竹木雕荷花翠鳥，荷葉
翻轉捲折，荷花盛開，寓意"本固枝榮"。屏邊座用紫檀木雕成，屏框
細雕回紋，站牙透雕夔龍紋，縧環板浮雕纏枝蓮紋，披水牙浮雕螭紋，
座墩外側浮雕回紋。

文竹包鑲座花卉圖插屏
清中期
通高71厘米　寬41.5厘米
厚23厘米
清宮舊藏

Table screen with a stand coated with Zhu Huang and decorated with floral design of bark
Middle Qing Dynasty
Overall height: 71cm
Width: 41.5cm
Thickness: 23cm
Qing Court collection

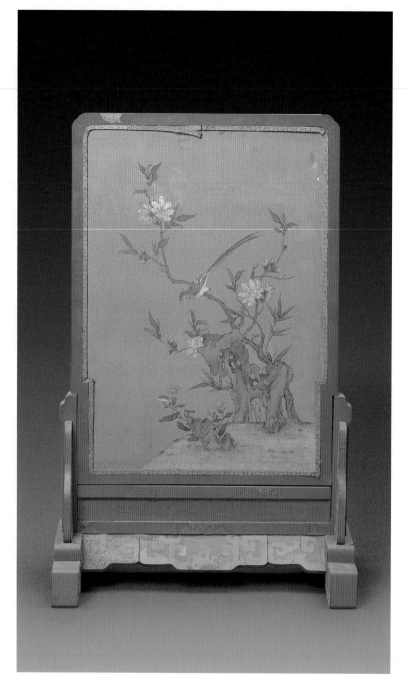

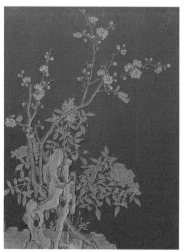

插屏屏心一面為藍絹地，以薄樹皮貼出壽石、臘梅、天竹，諧音"天祝眉壽"。另一面為綠絹地，上繡山石、碧桃、菊花和綬帶鳥，寓意"春秋長壽"。底座、縧環板和披水牙凸起貼竹簧螭紋。

此屏心採用絹地貼樹皮工藝，邊、座以文竹包鑲工藝製成。

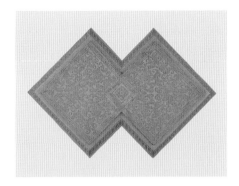

文竹方勝式屜盒

清中期
高11.8厘米　徑23.5厘米
清宮舊藏

Zhu Huang two-drawer box in the shape of rhomb
Middle Qing Dynasty
Height: 11.8cm　Diameter: 23.5cm
Qing Court collection

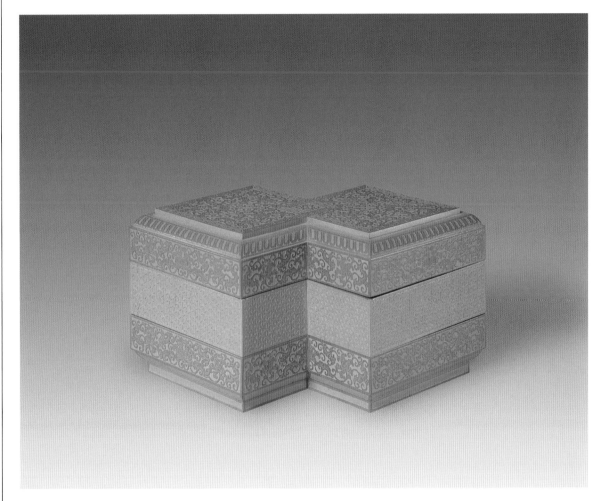

盒呈方勝式，共兩層，上有蓋。表面黏貼深淺兩色竹簧片，淺刻六角錦
紋和纏枝勾連紋。上、下兩層淺黃地上浮起褐色花紋，與中層鵝黃色相
映生輝，顯得十分清爽雅致。

此器先以黃楊木為胎雕出器型，再採用竹簧、淺刻等工藝雕成，包鑲雕
刻極其精密，紋飾佈局勻稱，色調柔和，是江寧織造按照清宮繪出的圖
樣製作後，又進貢的文竹精品。

文竹雕春壽字四子盒
清中期
高11.2厘米　徑19.2厘米
清宮舊藏

Zhu Huang box containing four small boxes carved with
characters Chun (spring) and Shou (longevity)
Middle Qing Dynasty
Height: 11.2cm　Diameter: 19.2cm
Qing Court collection

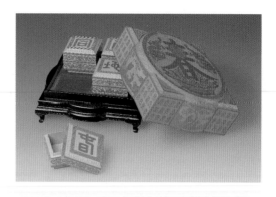

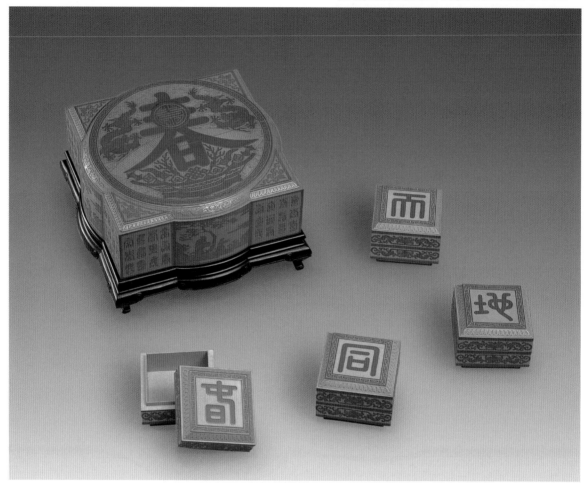

盒呈天覆地式，蓋呈內圓外方形，與古代禮天的玉琮相近。蓋面貼刻雙
龍、聚寶盆，紋樣中心為"春"、"壽"二字。盒四角貼篆書"壽"字
九十六個，配合四幅福壽圖，恰合百壽之數。盒內有四個小方盒，其壁
以回紋、寶相花紋為襯，盒面貼"天"、"地"、"同"、"春"篆
字。整體組合成"春長在，壽百年，寶滿盆"紋飾。

此盒用貼簧工藝雕成，紋飾華麗，工整緊湊，色澤宜人，是江寧織造進
獻的竹雕珍品。

文竹鏤空海棠式罩盒
清中期
高14.5厘米　長22厘米　寬15.5厘米
清宮舊藏

Zhu Huang engraved begonia-shaped box with a lid
Middle Qing Dynasty
Height: 14.5cm　Length: 22cm　Width: 15.5cm
Qing Court collection

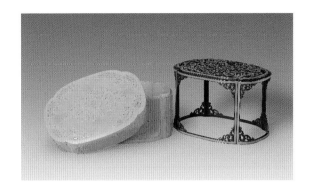

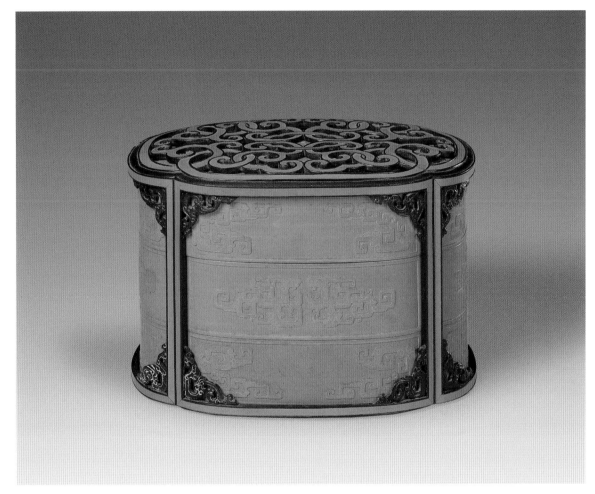

盒呈海棠式，兩層屜，子母口扣合，有蓋。通體飾變形夔紋，陽起較明顯，平底淺圈足。罩架為隨形海棠式，罩面紋飾及架緣均鑲紫檀和竹簧。紫檀凝重，竹簧柔和，二者相輔相成，增其雅潔之氣。

此盒以木為胎，用三重竹簧貼成。其包鑲技術精湛，尤其是罩架所應用的大面積鏤空，難度極高，耗工甚巨，足見當時文竹工藝之發達。

文竹雙蓮蓬式盒
清中期
通高10.2厘米　大蓮口徑10厘米　小蓮口徑5.5厘米
底徑19厘米
清宮舊藏

Zhu Huang box in the shape of double seedpod of lotus
Middle Qing Dynasty
Overall height: 10.2cm　Diameter of bottom: 19cm
Mouth diameter of the big one: 10cm
Mouth diameter of the small one: 5.5cm
Qing Court collection

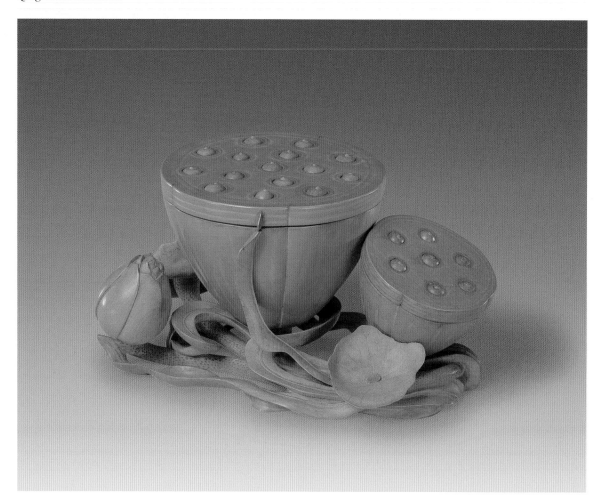

盒呈大小蓮蓬雙連式。大蓮蓬居中仰立，小蓮蓬斜依在旁，莖葉盤連在蓮蓬之下，旁邊點綴一朵含苞待放的荷花，組合頗為自然。大小蓮蓬蓋中所嵌的蓮子用黃楊木鑲成，內髹金漆。

此器呈鵝黃色，以木為胎，採用黏接技法，用竹簧工藝貼製而成。

文竹几式文具匣

清中期
通高23厘米　長20.3厘米　寬13.2厘米
清宮舊藏

**Writing material box of Zhu Huang in the shape of a
small table**
Middle Qing Dynasty
Overall height: 23cm　Length: 20.3cm　Width: 13.2cm
Qing Court collection

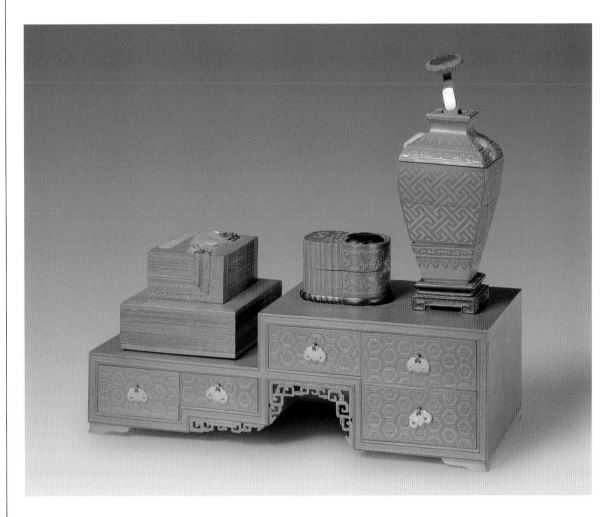

文具匣為五屜小几，上承一瓶式盒，一束腰式盒，一書式盒。於文竹表面嵌貼出以深色棕竹片組成的纏枝花卉、蕉葉紋、水波紋、龜甲紋等圖紋，並兼用竹絲及玉鑲嵌。瓶式盒以肩、腰、腹為界一分為四，均以子母口相合，瓶口斜插的如意為黏接而成，似瓶實盒，頗見巧思。此造型寓意"平安如意"。

此器採用陰刻、鏤空、文竹及鑲嵌工藝雕成，流行於清乾隆時期，可貯小冊頁，或置玉飾件，是案頭文玩清供中很有時代特色和宮廷趣味的器具。

文竹蟬紋方爐
清中期
通高24.1厘米　口徑12.5/9.5厘米　足徑8.9/7厘米
清宮舊藏

Square censer of Zhu Huang quadripod with cicada design
Middle Qing Dynasty
Overall height: 24.1cm
Diameter of mouth: 12.5 x 9.5cm
Diameter of foot: 8.9 x 7cm
Qing Court collection

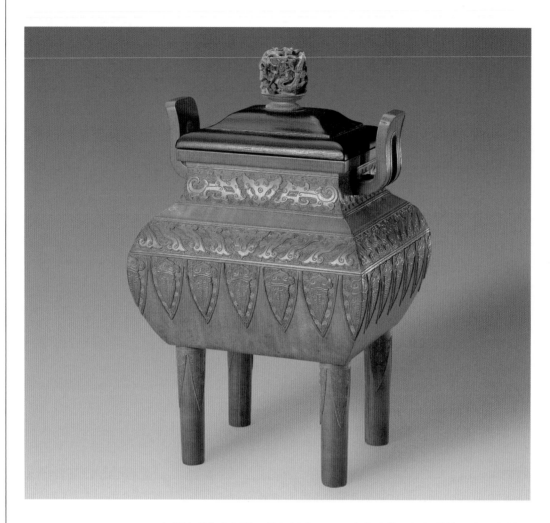

方爐造型仿青銅器，作朝冠式耳，配有嵌雕花竹根鈕紫檀木蓋，在其木胎外壁上貼有二層竹簧，在下層竹簧上以陰線淺刻回紋錦地，採用單線陰刻法刻出繁密的圖紋。在爐的頸、肩、腹部隱起龍紋、雲紋和蟬紋三匝，四足上貼蕉葉紋。

此器以木為胎，採用貼簧工藝雕成。紋飾嚴謹如鑄，規矩致密，樸素清雅，如同剔花圖紋，半浮半沉，有微凸的浮雕感。是清乾隆時期的仿古精品。

竹絲編嵌文竹龍戲珠紋筆筒
清中期
高13.3厘米　口徑9/6.1厘米
清宮舊藏

Brush holder woven of bamboo-strips with design of
dragon playing with a pearl of Zhu Huang
Middle Qing Dynasty
Height: 13.3cm　Diameter of mouth: 9 x 6.1cm
Qing Court colleciton

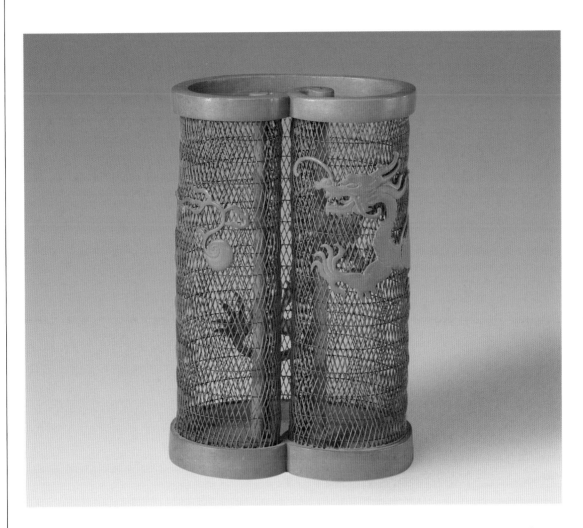

筆筒取兩端對捲式，上口與切地以黃楊木烤曲而成。筒壁以竹絲為經、
金屬絲為緯，編成細密的菱形籬牆紋，上黏貼一條遊龍，龍前有火燄寶
珠，儼然一幅半捲欲展的遊龍戲珠圖卷。

此器以竹絲編嵌文竹工藝雕成，精巧玲瓏，構思新穎，清新別致，竹絲
排列均勻，製作極為精湛。是清雍正時期文竹工藝中的珍品。

黃楊木雕知音圖筆筒　周明
清中期
高10.7厘米　口徑4.7厘米
足徑5.8厘米

Brush holder with a picture depicting Zhong Ziqi listening attentively to the heptachord playing by Yu Boya, boxwood carving
By Zhou Ming
Middle Qing Dynasty
Height: 10.7cm
Diameter of mouth: 4.7cm
Diameter of foot: 5.8cm

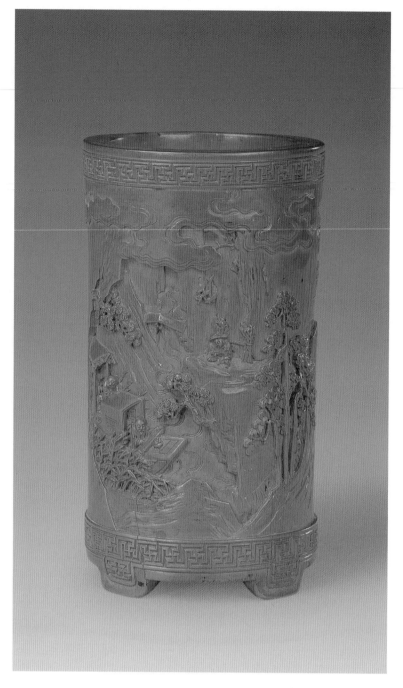

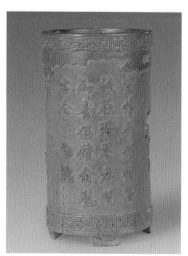

筆筒圓口，筒身修長，有四矮足。口沿及足沿分別飾一周"卐"字紋，外壁刻俞伯牙、鍾子期的知音故事。圖中伯牙坐於船頭專注鼓琴，背後一童烹茶，一童閒坐。岸上子期卸擔佇足，凝神靜聽。背面陽刻行書五言題詩及"壽"、"周明雕刻"篆書印章款。

此器以浮雕工藝雕成，運刀如筆，緣畫入雕。其剔地浮雕應用非常熟練，層次豐富，細部清晰，立體感很強。

題詩：宣情並理性，寄託在瑤琴，為問知音侶，鍾俞冠古今。

黃楊木雕竹林七賢圖筆筒
清中期
高20.6厘米　口徑14.5/11.5厘米
足徑11.8/11.4厘米

**Brush holder with design of Seven
Worthies in Bamboo Grove,
box-wood carving**
Middle Qing Dynasty
Height: 20.6cm
Diameter of mouth: 14.5 x 11.5cm
Diameter of foot: 11.8 x 11.4cm

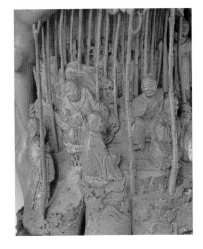

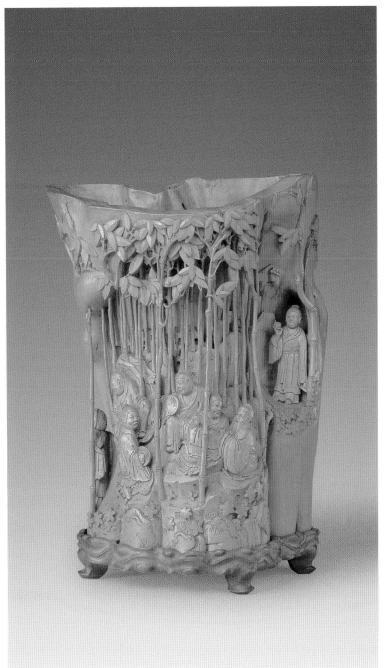

筆筒用黃楊木根隨形雕成，外壁通景刻《竹林七賢圖》。山前竹林深
幽，枝繁葉茂。竹林中奇石疊錯，七賢或立或坐，聚於林間，神態安
詳。

此器採用鏤雕和深浮雕技法，深達十二三層，刻工精湛，鏤出的竹枝細
若粗針，人物眉眼鬚毫必現，點漆的眼睛及衣衫上的花紋，更使人物栩
栩如生。整個畫面情景交融，整體和局部達到了高度的和諧統一。

黃楊木雕仕女
清中期
高6.1厘米　長11.1厘米　寬5.7厘米
清宮舊藏

Classical lady, boxwood carving
Middle Qing Dynasty
Height: 6.1cm　Length: 11.1cm　Width: 5.7cm
Qing Court collection

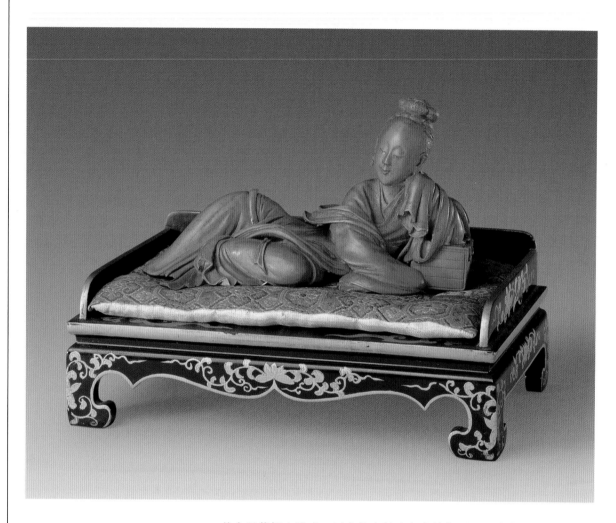

仕女用黃楊木雕成，以唐代女詩人魚玄機為原形，身着長裙，肩披帔帛，倚書而臥，凝眸靜思，一副舒適平穩之態。下配黑漆描金勾蓮紋臥榻及織錦墊褥，更顯精緻秀麗。

此作品呈鵝黃色，採用圓雕技法，雕刻比例協調勻稱，刀法洗練，線條婉轉流暢，人物容貌恬靜端莊，有濃厚的清代中期的仕女特徵。

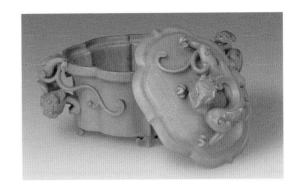

黃楊木雕螭耳海棠式盒

清中期
高9.8厘米　口徑12/10厘米
清宮舊藏

Case in the shape of a begonia with two hydra-shaped ears, boxwood carving
Middle Qing Dynasty
Height: 9.8cm
Diameter of mouth: 12 x 10cm
Qing Court collection

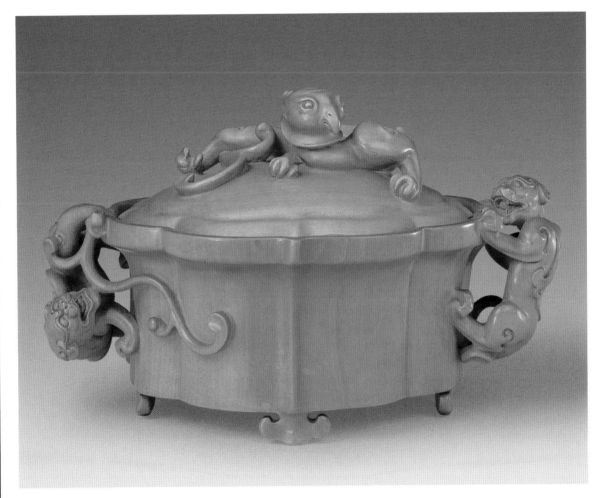

盒呈海棠花式，造型酷似明代銅爐。蓋頂雕一蟠螭鈕，螭頭如鳳，四爪如鸚鵡，甚為怪異。盒左右各刻一螭為耳，螭首如虎，一上一下，打破了傳統的對稱形式。

此器用圓雕技法雕成，細膩圓潤，形態生動，其造型在木雕工藝中殊為罕見，是清代黃楊木雕刻的精品。

黃楊木雕螭耳爐式盒
清中期
高7.8厘米　口徑14.3/9.5厘米
清宮舊藏

Case in the shape of a censer with two hydra-shaped ears, boxwood carving
Middle Qing Dynasty
Height: 7.8cm　Diameter of mouth: 14.3 x 9.5cm
Qing Court collection

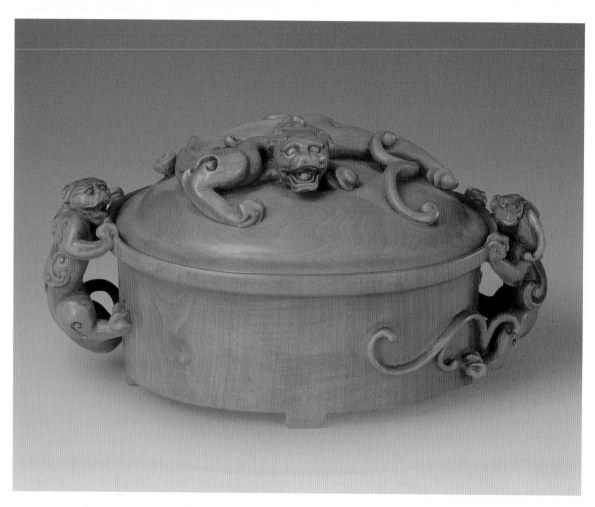

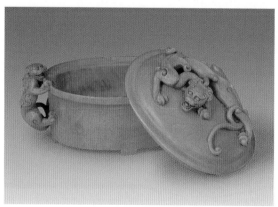

盒橢圓形口，造型酷似明代銅製香爐。蓋頂雕一螭
鈕，張口怒目，兇猛異常，頗具漢代造型藝術之遺
風。盒左右各雕一螭為耳，兩螭對稱，一大一小，意
趣橫生。

此器呈鵝黃色，用圓雕技法雕刻而成，是清代黃楊木
雕的高雅之作。

黃楊木雕蝙蝠葫蘆

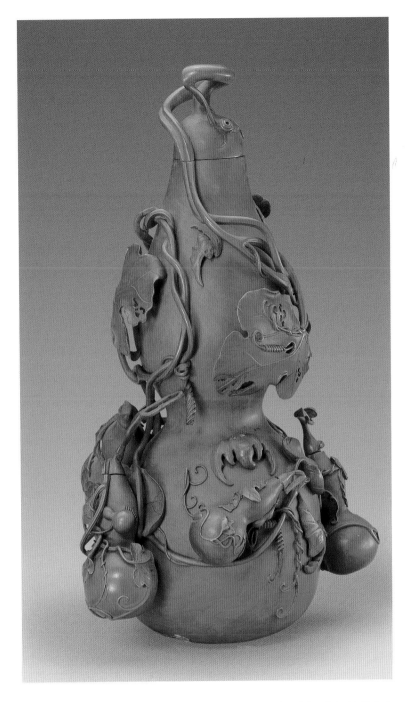

清中期
通高25.7厘米　口徑3.5厘米
清宮舊藏

Calabash with bat design, boxwood carving
Middle Qing Dynasty
Overall height: 25.7cm
Diameter of mouth: 3.5cm
Qing Court collection

葫蘆用徑粗近尺的黃楊木雕成，藤蔓盤曲纏繞，幾隻蝙蝠翔躍於莖葉和五個小葫蘆之間。大小葫蘆腹部均被掏空，內設活環長鏈將底部與蓋口相連。其中大葫蘆口內有數根長鏈，除一根與底部銜接外，其餘均有分杈，每杈尾部又連一個小葫蘆，精巧至極。葫蘆勾藤，有長壽連綿之意，蝠與"福"同音，寓意"福祿萬代"，連綿不息。

此作品呈棕黃色，採用鏤刻圓雕技法，玲瓏剔透，色澤瑩潤，造型自然，是造辦處高手所製，流傳至今僅此一件。

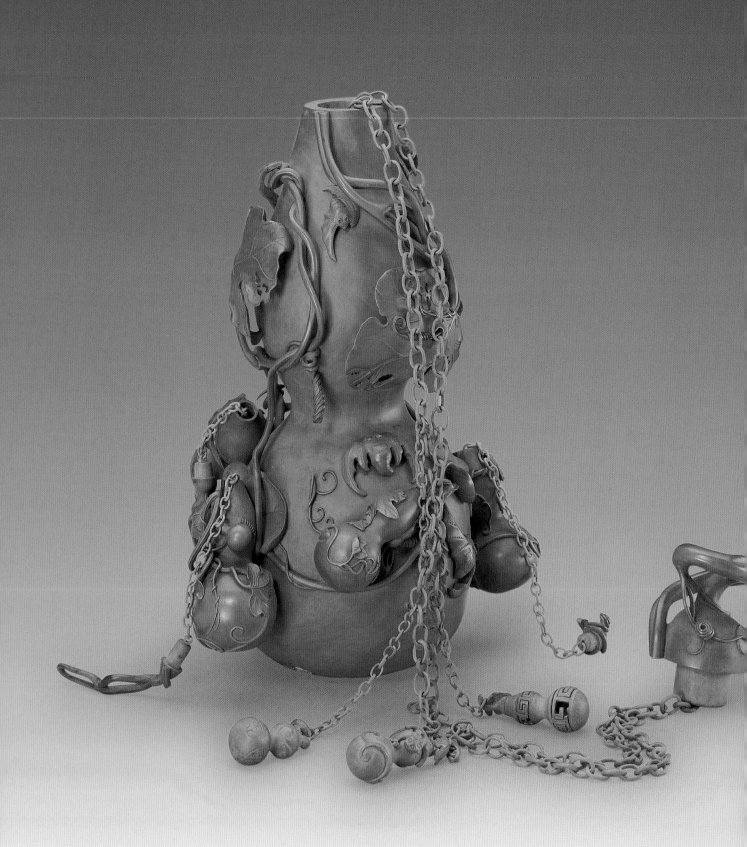

85

紫檀木鏤雕雲蝠紋四足盒
清中期
高16厘米　徑24.5厘米
清宮舊藏

Case with design of clouds and bats,
red sandalwood engraving
Middle Qing Dynasty
Height: 16cm　Diameter: 24.5cm
Qing Court collection

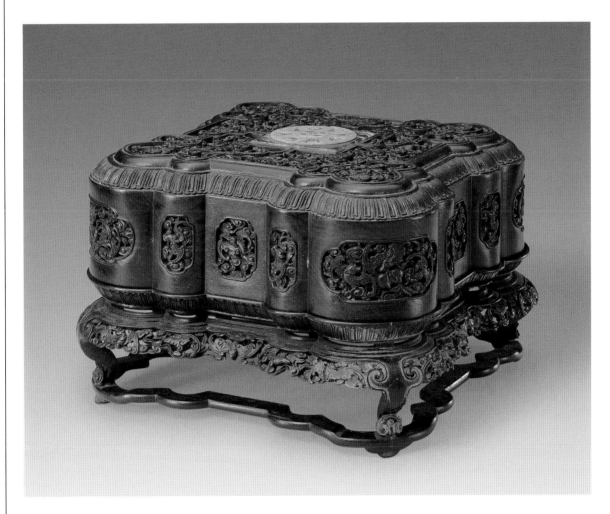

盒用紫檀木雕成，盒面四角均作如意雲頭式，滿雕雲紋，襯托八隻飛舞
的蝙蝠，正中鑲嵌一枚方形墨玉，上有螺鈿團花及紅綠石料裝飾。外壁
鏤空委角開光，內雕雲蝠紋。盒內縖貼一層金絲織品，填補了鏤空處的
空白。盒底下沿微微外翻，雕一周仰蓮紋。盒的下部鏤雕四隻三彎式腿
及花牙、承泥等部件，上飾雲蝠、如意等吉祥紋樣。

鸂鶒木鏤空蒲紋方盒

清中期
通高9.4厘米　邊長13.5厘米
清宮舊藏

Square case of Xichimu engraved with cattail design
Middle Qing Dynasty
Overall height: 9.4cm　Length of brim: 13.5cm
Qing Court collection

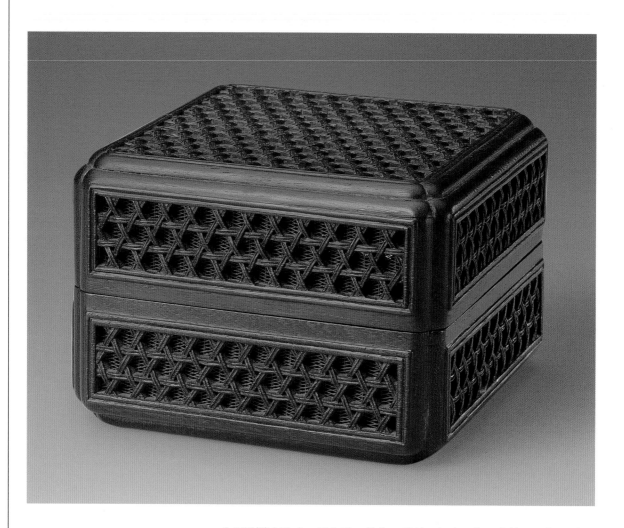

盒用鸂鶒木雕成，長方形，抹角，子母口相合。每面均鏤雕蒲紋，其交疊處的細微起伏表現得絲毫不差，鏤空處由銅絲編織的菱形紋飾若隱若現，內壁鏤空蒲紋與外壁完全吻合。

此盒每面均單獨製作，分內外兩層，銅絲紋飾置於其間，最後再將各部分拼接成完整盒體。鸂鶒木，紋理有如鳥羽，故名。其質地堅密，有"木裏含砂石"之說。《格古要論》中稱此木產於"西番"，其實廣東、海南也有產，但數量稀少，十分珍貴。

椰殼雕雲龍紋香盒
清中期
高7.9厘米　口徑9.4厘米
底徑6厘米
清宮舊藏

**Small incense box with design of
dragon-and-cloud design, coconut
shell carving**
Middle Qing Dynasty
Height: 7.9cm
Diameter of mouth: 9.4cm
Diameter of bottom: 6cm
Qing Court collection

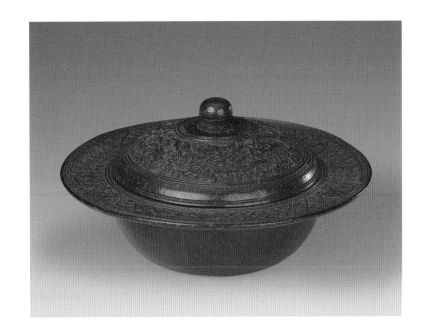

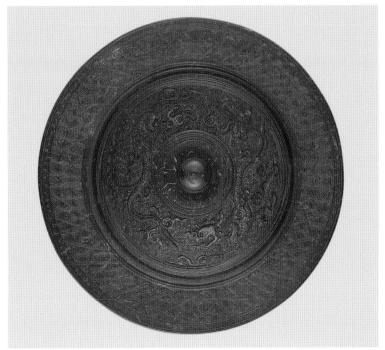

盒是將椰殼從中剖開，在口沿處再鑲接寬沿製作而成。盤口，有蓋。蓋
正中嵌木雕寶珠鈕，繞鈕凸刻二道弦紋，弦紋外以海波紋為地，上雕流
雲及雙龍戲珠紋。盒寬沿上刻菊紋，下刻冰裂紋，餘地光素。

此盒色如蒸栗，採用陰刻和浮雕技巧，製作毫無接痕，壁薄輕巧，當時
便作為"御用"和"御賜"品，代表了清雍正時期的工藝特點。用椰殼
拼製各種器皿，在嶺南地區較為普遍。

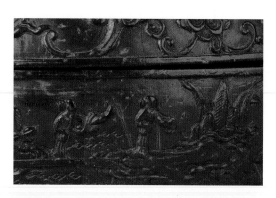

椰殼雕雙龍戲珠紋圓盒

清中期
高7.3厘米　口徑16.5厘米　底徑13厘米
清宮舊藏

**Round case with design of two dragons playing with a
pearl, coconut shell carving**
Middle Qing Dynasty
Height: 7.3cm　Diameter of mouth: 16.5cm
Diameter of bottom: 13cm
Qing Court collection

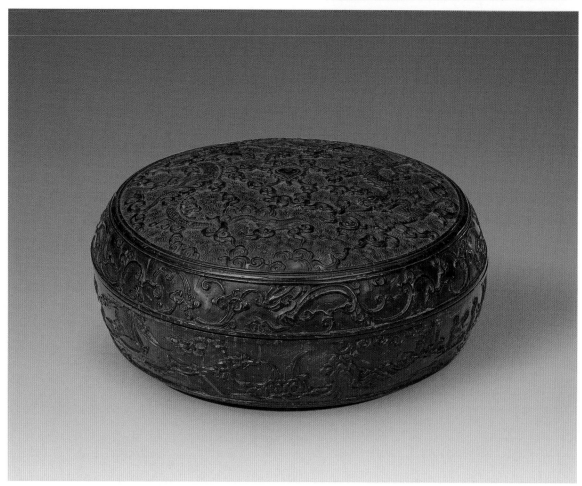

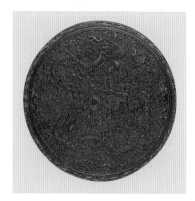

盒呈鼓式，盒口銜接嚴密，凹底。蓋面雕流雲海水，雙龍奔騰，中央為
桃形摩尼寶珠，蓋外壁刻穿花夔龍。盒外壁刻山水人物行舟圖。底髹黑
漆，弦紋內刻冰裂紋。

此盒色如蒸栗，採用陰刻、浮雕技法，用十塊椰殼銜接而成，製作精
細，以表面的花紋巧妙地掩飾了銜接的痕跡，為傳世精品。

椰殼雕雲龍紋碗

清中期
高8.3厘米　口徑17.6厘米　足徑8.6厘米

Bowl with cloud-and-dragon design, coconut shell carving
Middle Qing Dynasty
Heigth: 8.3cm　Diameter of mouth: 17.6cm
Diameter of foot: 8.6cm

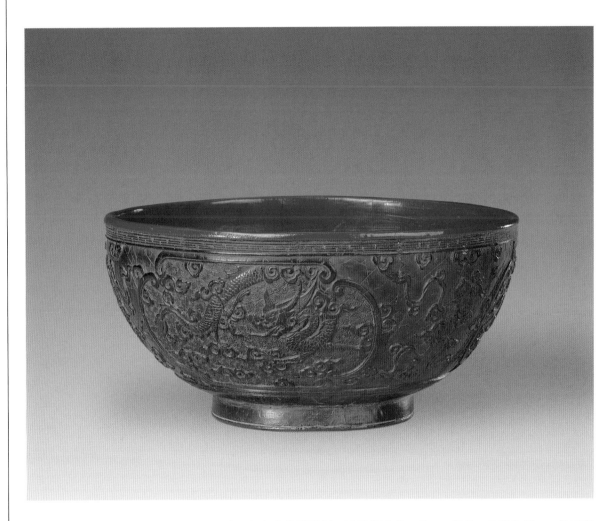

碗以椰殼先分別雕刻，再拼接而成，直口，圈足，內髹朱漆，口沿下刻
弦紋及如意雲頭紋，外壁刻三如意形開光，內刻海水雲龍紋。開光外刻
冰裂紋地，浮雕繡球飄帶。

此器色如蒸栗，採用淺浮雕技法，其製作技巧與雕刻刀法高超，以花紋
掩飾銜接的痕跡，刻工精細，壁薄體輕，是清雍正時期椰殼雕刻工藝中
的精品。

扎古扎雅木碗
清中期
高6厘米　口徑16.3厘米
清宮舊藏

Bowl of Zhaguzhaya wood
Middle Qing Dynasty
Height: 6cm　Diameter of mouth: 16.3cm
Qing Court collection

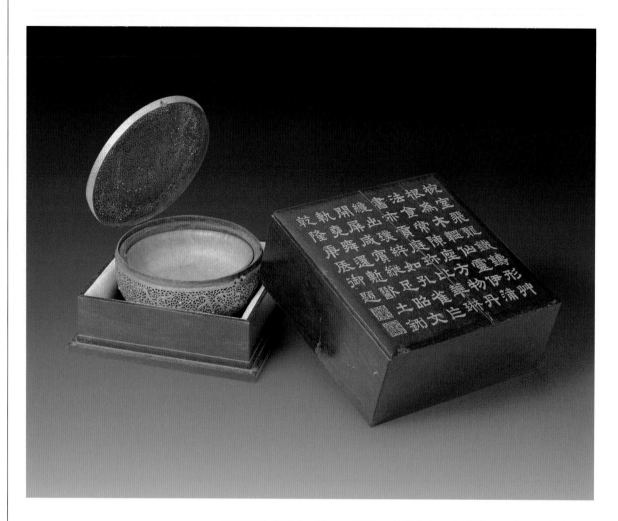

碗用葡萄根雕成，撇口，圈足。裏外光素，木質潤滑不脆，現出奇特的
自然紋理。底刻陽文"乾隆御用"楷書款。足牆上嵌有銀絲隸書五言詩
及"乾隆丙午（1786）春御題"款和嵌金絲篆書"德"字印章款。碗中
有一塊皮箋，上有漢、滿、藏三種文字的記錄："土爾扈特四等台吉晉
巴恭進木碗一個"。外有鐵鋄金碗套，亦稱普修碗套，即"藏式碗套
子"。鐵套口緣部位連結罩蓋，蓋正中嵌有松石寶珠，兩側嵌有提樑扁
方耳，可以繫帶背攜。在套壁和蓋面上鏤刻有勾連、纏枝花卉和雙螭龍
戲珠紋。鐵外套包有金箔，外配乾隆御題詩木函。

此碗俗稱根瘤碗，非常稀少珍貴，是西藏上層人物的用具。

紫檀木雕蘭亭圖插屏

清中期

高83厘米　寬62.5厘米

厚40.5厘米

清宮舊藏

Table screen of red sandalwood carved with a picture of Lanting Pavilion

Middle Qing Dynasty

Heigth: 83cm　Width: 62.5cm

Thickness: 40.5cm

Qing Court collection

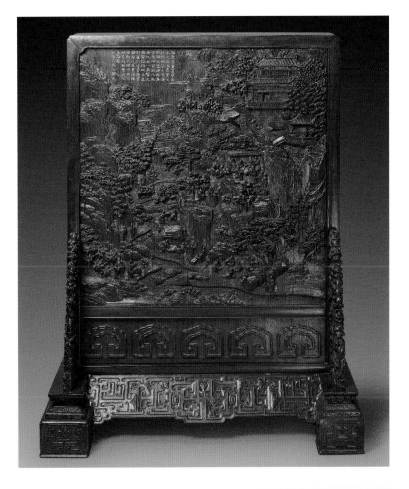

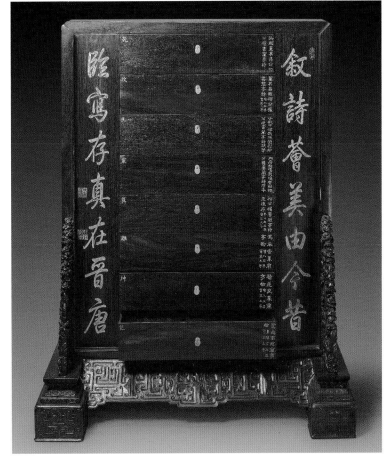

插屏以紫檀木雕成，屏心正面以山水樓閣為背景，刻東晉書法家和詩人王羲之、王獻之、謝安等人在浙江會稽蘭亭舉行聚會的場面。畫面上崇山峻嶺，茂林修竹，溪水湍流，人在其中或曲水流觴，或賦詩題詞。屏心上部有嵌銀字乾隆己亥（1779）御製五言詩一首。屏正面板心可拆下，內有八個抽屜，上標明是存放《蘭亭序》摹本之用，兩側陰刻行書對聯一副。座墩束腰上雕菊花瓣，下雕回紋，四站牙雕祥瑞紋樣，披水牙雕夔龍紋，此屏為清乾隆時期所製精品。

鸂鶒木雕萬年普祝圖插屏
清中期
高185厘米　寬85厘米　厚56厘米
清宮舊藏

**Table screen of Xichimu carved
with auspicious pattern "Wan Nian
Pu Zhu"** (Universal congratulations
on longevity)
Middle Qing Dynasty
Height: 185cm
Width: 85cm
Thickness: 56cm
Qing Court collection

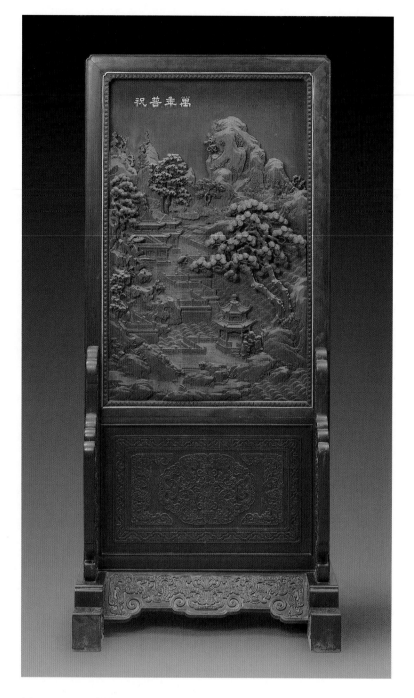

插屏用鸂鶒木雕成，屏心藍色漆地，雕有山巒、流水、梧桐、芭蕉、松樹，露台臨水而建，露台上殿宇聳立，迴廊環繞，仙鶴及小鹿悠閒信步。有亭翼然臨於水上，亭邊有一位仙翁和小童細語。題材寓意"鹿鶴同春"，與屏心上部嵌"萬年普祝"隸書題字相應。屏背板為黑色漆底，描金畫牡丹等花卉紋。屏心邊框內緣細雕回紋，回紋外鑲銅框邊。紫檀木邊框、站牙、縧環板、披水牙均雕捲雲紋，正中浮雕夔龍紋。

此屏為一對，是祝壽之用。

紫檀木雕鏤玉百子圖插屏

清中期
高100厘米　寬100厘米　厚31厘米
清宮舊藏

**Table screen of red sandalwood carved
with a hundred children design of jade**
Middle Qing Dynasty
Height: 100cm　Width:100cm
Thickness: 31cm
Qing Court collection

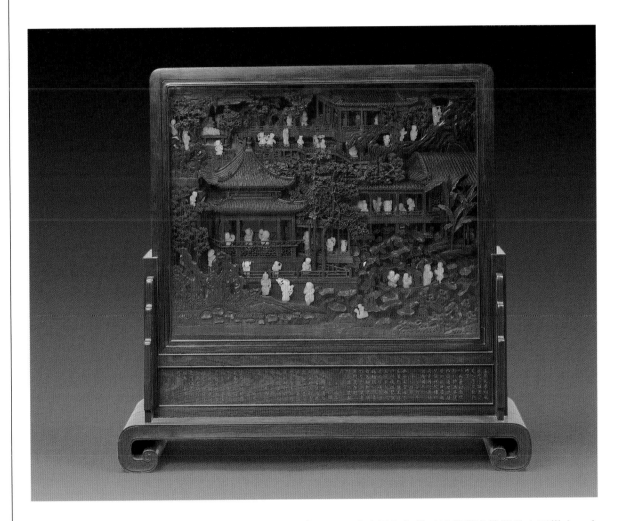

插屏紫檀木雕成，屏心玻璃罩內為雙面透雕殿宇樓閣及山石樹木、小船、荷花、庭園等圖景。其間有白玉雕童子百人，有的登高，有的乘船，有的騎鵝，有的捧蓮，生動活潑，寓意吉祥，有"百子興旺"之意。外框有嵌銀"鏤玉百子屏"楷書題字，屏座外側有清乾隆時大學士王際華等人的題字。

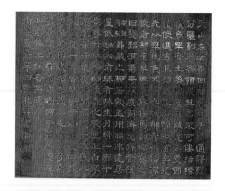

紫檀木座愛烏罕四駿圖插屏
清中期
高38.5厘米　寬32厘米　厚28厘米
清宮舊藏

Table screen with a red sandalwood pedestal carved with design of "Four Aiwuhan Steeds"
Middle Qing Dynasty
Height: 38.5cm　Width: 32cm　Thickness: 28cm
Qing Court collection

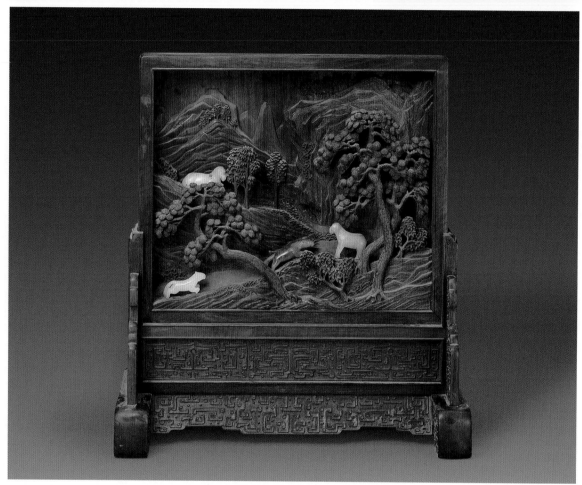

屏心雕山林，層巒疊嶂，古樹長青，景物深遠。山間小道上以白玉雕四匹駿馬，或臥、或奔馳、或跳躍。背面嵌銀《愛烏罕四駿歌》隸書御製詩，下嵌銀"乾"、"隆"兩方篆書印章款。屏座繅環板、披水牙及站牙均浮雕夔龍紋。

愛烏罕為古大月氏地，即今阿富汗一帶。其汗愛哈默特沙遣使朝貢寶刀及四駿馬，得到乾隆皇帝的賞識，賜宴賚予優渥，特作《愛烏罕四駿歌》以示讚譽。

紫檀木座嵌靈芝插屏

清中期

高101厘米　寬95厘米　厚50厘米

清宮舊藏

Table screen with a red sandalwood
pedestal inlaid with magic fungus
Middle Qing Dynasty
Height: 101cm
Width: 95cm
Thickness: 50cm
Qing Court collection

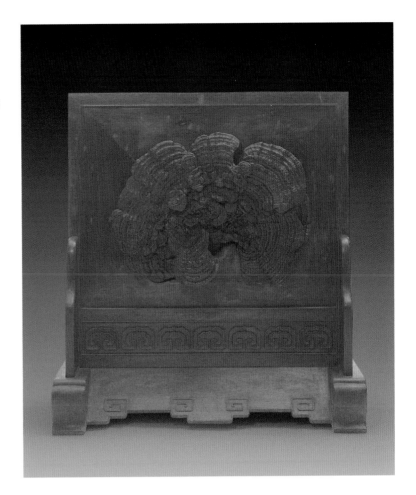

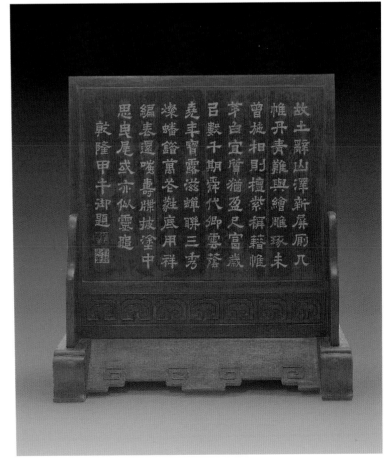

插屏座以紫檀木雕成，屏心正面
嵌一天然靈芝，古人以靈芝為長
生草，故多以其寓意長壽。屏背
為描金隸書乾隆甲午（1774）御
製詠芝屏詩。後有描金篆書印章
款兩方。縧環板雕變形靈芝紋，
披水牙雕回紋。

此屏為宮廷造辦處工匠所造。

御題詩：故土辭山澤，新屏廁幾
幃。丹青難與繪，雕琢未曾施。
相則檀紫稱，藉幃茅白宜。質猶
盈尺富，歲已數千期。舜代卿雲
陰，堯年寶露滋。蟬聯三秀燦，
蟠錯萬花蕤。底用祥編表，還嗤
壽鰈披。塗中思曳尾，或亦似靈
龜。

竹根雕壽星　張宏裕
清中期
通高15.2厘米　底徑13/4.8厘米

The God of Longevity, bamboo-root carving
By Zhang Hongyu
Middle Qing Dynasty
Overall height: 15.2cm
Diameter of bottom: 13 x 4.8cm

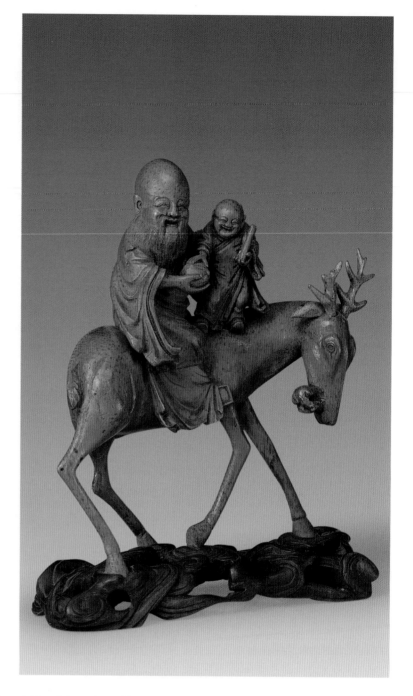

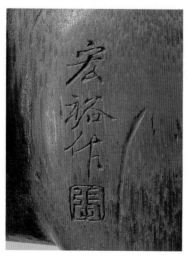

壽星以竹根雕成，啟顏而笑，與小童乘於花鹿背上，一手捧壽桃，一手撫童背。小童捧卷軸而立。花鹿纖長清健，口含靈芝，腳下為紅木雲紋底座。此造型寓意"芝仙祝壽"。花鹿左臀上刻陰文"宏裕作"行書款及"張"字篆書印章款。

此作品採用圓雕和鏤雕技法雕刻，花鹿身體的轉側彎曲，是為適應材料而有意設計，充分顯示出作者的經營之功。

張宏裕，小字百福，嘉定人。初刻花果，後專刻小像。《竹人錄》稱譽他"弄異標新，獨以三寸竹為人鏤照，……自朱氏至今，別開生面矣"。

橄欖核刻詩人物小舟
清中期
高1.6厘米　長3.4厘米
清宮舊藏

Light boat with figures, olive-nut carving
Middle Qing Dynasty
Height: 1.6cm　Length: 3.4cm
Qing Court collection

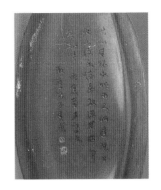

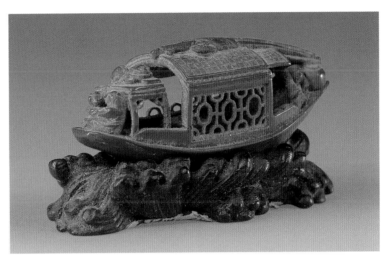

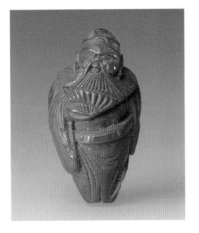 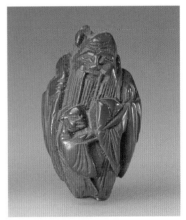

小舟以橄欖核雕成。舟首一老者蹺足而坐，持杯品茗，小童捧壺而立。艙中桌上擺着杯盤菜肴，一老翁憑桌而坐，似在飲酒觀景，旁邊書童憑欄遠望。舟尾小童正在搬弄酒罈。舟底陰刻行書"秋山綠水"詩句，後刻陰文"陳子章製"行書款。

另有橄欖核雕壽星和鍾馗各一件，雕刻精細，小巧別致。橄欖核雕自明代中後期興起之後，被視為至寶"絕技"，作為衣帶和扇附等裝飾品風行一時。

小舟及神仙人物均呈栗色，採用鏤空技法，刻畫精細，韻味厚淳，是不可多得的小型藝術珍品。

檀香木雕八仙慶壽像
清晚期
最大高9.5厘米　最小高7.9厘米
清宮舊藏

**Statues of Eight Immortals celebrating birthday,
sandalwood carving**
Late Qing Dynasty
Highest one: 9.5cm　Shortest one: 7.9cm
Qing Court collection

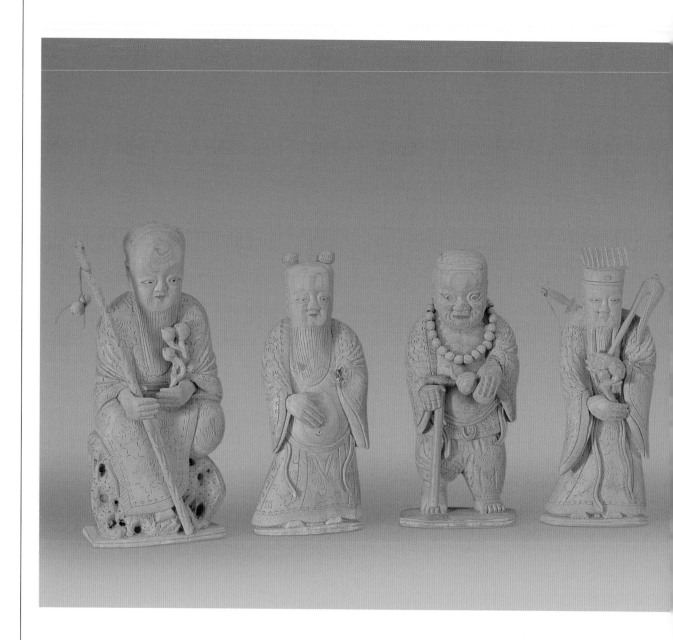

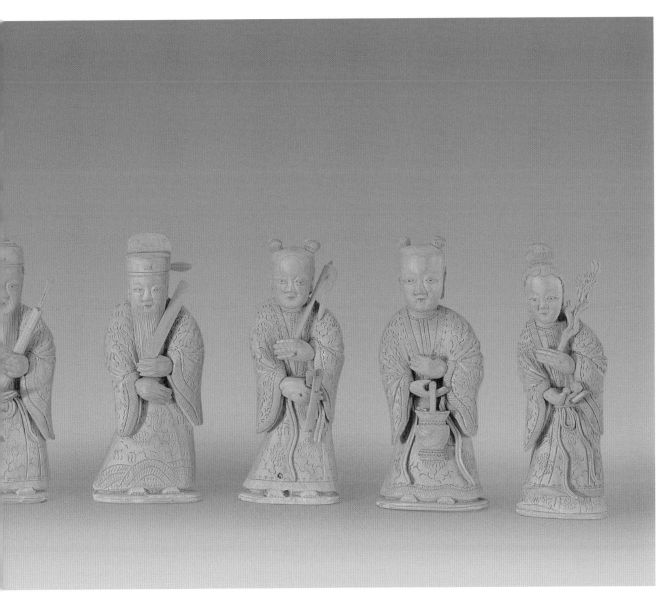

壽星及八仙以檀香木雕成，九位仙人中，壽星略大，坐於假山湖石之
上，八仙大小相仿，皆為扁圓形身體，以黑色點睛，紅色點脣，持物均
為左手在上、右手在下。手部及法器為後黏，均取站立姿態，腳下有橢
圓形底座。壽星杖頭的葫蘆、李鐵拐的念珠、曹國舅的拍板，均以絲線
穿連，可以活動，十分有趣。

九個人物形體小巧，造型稚拙可愛，有濃厚的程式化傾向。

枷楠香木雕花佩

清晚期
徑6.3/4.3厘米　　厚0.8厘米
徑6.3/4厘米　　　厚1厘米
徑5.3厘米　　　　厚0.6厘米
清宮舊藏

**Three pendants with floral design,
agalloch eaglewood carving**
Late Qing Dynasty
Diameter: 6.3 x 4.3cm
Thickness: 0.8cm
Diameter: 6.3 x 4cm
Thickness: 1cm
Diameter: 5.3cm　Thickness: 0.6cm
Qing Court collection

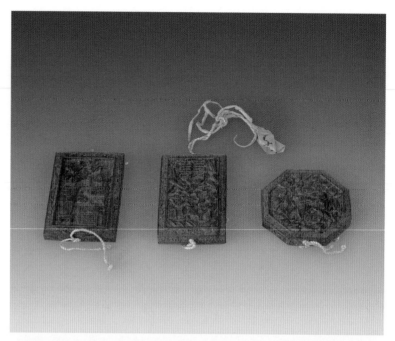

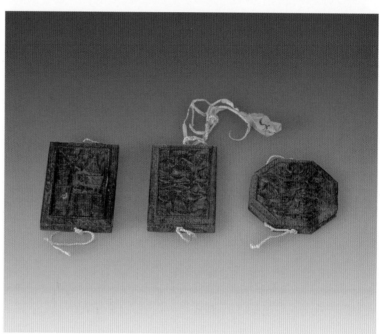

三佩兩塊為長方形，一塊為八角形。長方形佩一塊雙面刻博古圖，另一塊正面刻雙喜字與荷花圖，背面刻《荷花鷺鳥圖》。荷花又名芙蓉，鷺鳥與"路"諧音，紋樣寓意"一路榮華"。八角形佩一面刻荷花，背面刻《蓮花金魚圖》，諧音"連年有餘"。

三佩皆棕褐色，深雕而成。宮中的枷楠香木多來自南方諸國，一般磨粉作為香料和香餅使用，有時也直接刻成物件隨身佩帶。此三佩是宮中嬪妃或皇子攜佩之物。

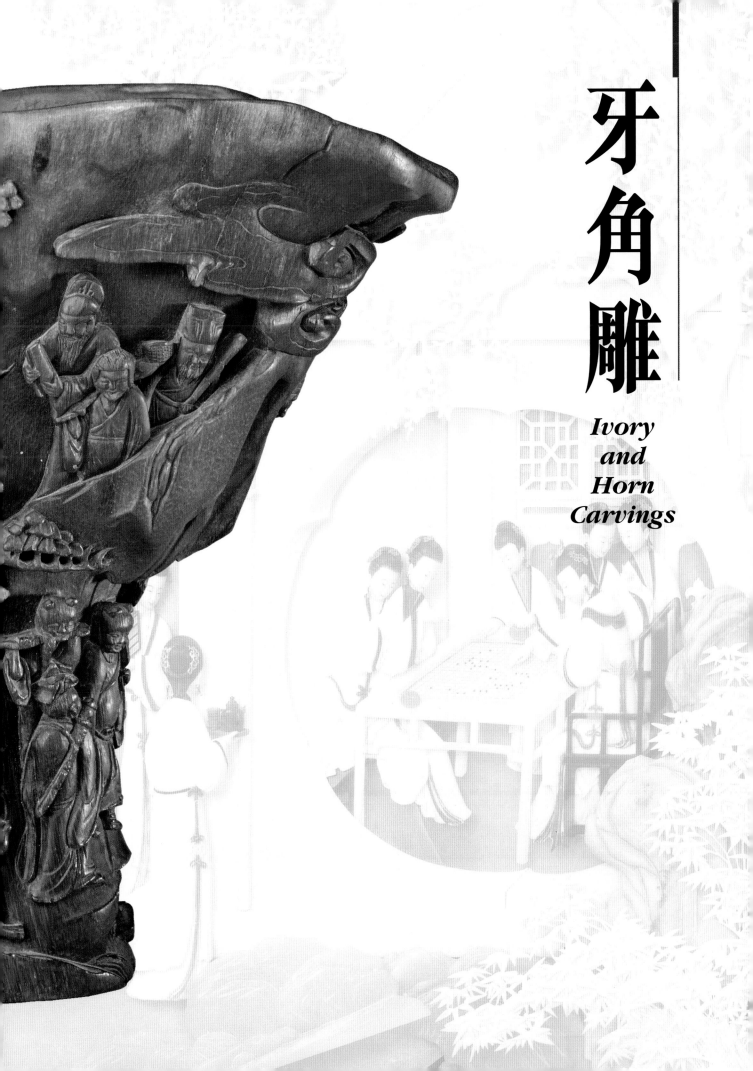

牙角雕

*Ivory
and
Horn
Carvings*

象牙雕山水人物筆筒
明晚期
高14.6厘米　口徑10.8厘米　底徑11.5厘米

**Brush holder with design of landscape and figures,
ivory carving**
Late Ming Dynasty
Height: 14.6cm　Diameter of mouth: 10.8cm
Diameter of bottom: 11.5cm

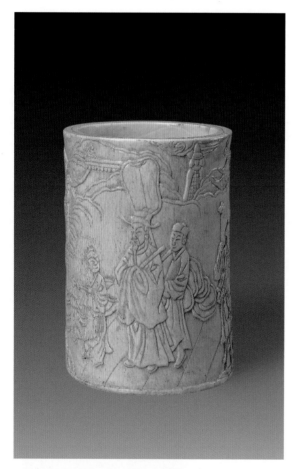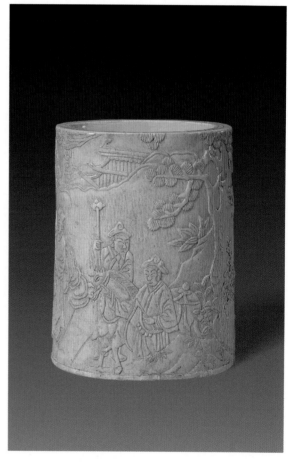

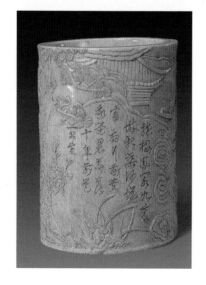

筆筒用象牙雕成，直筒形，外壁雕宰相手捧牙笏，款步徐行，前面小童提燈引路，後面侍從掌扇相隨。其後面雕一青年，牽馬執鞭欲行，老父拄杖，諄諄叮囑。兩圖連續，表達了十年寒窗，一朝得中，即可平步青雲的主題。在背景的煙嵐霧靄中，樓台隱現。背面有陰刻行書題詩。

此器採用淺浮雕技法，其造型、刀法、紋飾乃至細節刻畫都具有明代雕刻工藝的典型風格。

題詩：龍樓鳳閣九重城，新築沙堤宰相行。我貴我榮君莫羨，十年前是一書生。

象牙雕柳蔭弈棋圖筆筒
明晚期
通高14.4厘米　口徑12.7厘米

Brush holder with design of figures playing Weiqi under
the shade of a willow tree, ivory carving
Late Ming Dynasty
Overall height: 14.4cm　Diameter of mouth: 12.7cm

101

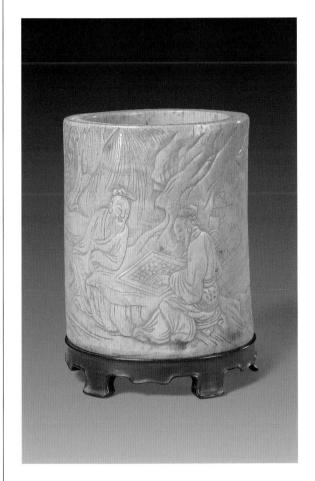 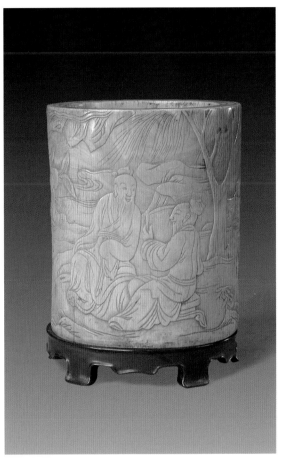

筆筒直筒形，無底，口沿厚而底沿薄。外壁雕四位老者坐於溪岸柳蔭之
下，二人於石上對弈，其一斜坐，另一落子；另二人相對而坐，一人展
卷，品評書畫，旁有桃花、仙鶴為伴，意態陶然。下配四足紅木底座，
中心鏤空如璧形，陰刻有收藏銘文：“道光丙午（1846）夏五月味古齋
主人陳醇士珍藏”並刻“味古齋”篆書印章款。

筆筒以陰刻配合淺浮雕工藝雕成，雅拙率意，寥寥數刀，勾勒大意而
已。

象牙雕雲龍紋筆筒
明晚期
高15.5厘米　口徑10.3厘米　底徑10.8厘米

Brush holder with cloud and dragon design, ivory carving

Late Ming Dynasty
Height: 15.5cm　Diameter of mouth: 10.3cm
Diameter of bottom: 10.8cm

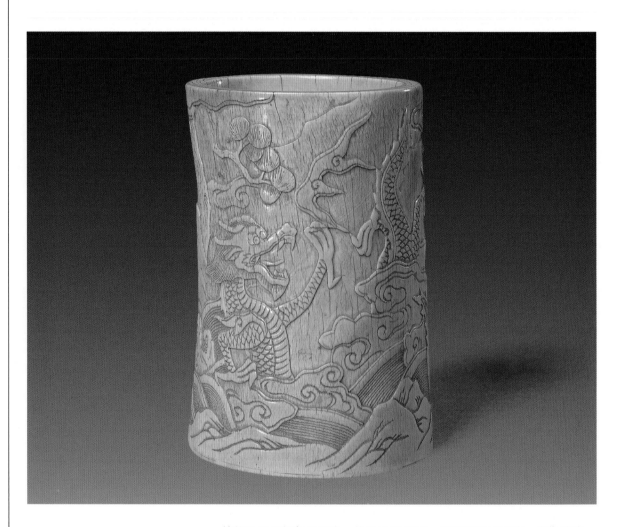

筆筒取近根部象牙雕成,外型不很規矩,口壁厚而足壁薄,底為後嵌。
外壁雕二龍翻騰於雲水間,襯有雲氣、山崖,並雕虬松勁挺。筆筒因年
深日久而佈滿裂細小紋。底陰刻一周花草紋,十分隨意。

筆筒以淺浮雕為主,造型及紋飾具有鮮明的明代工藝特點,於粗獷中蘊
含着質樸。

象牙雕鳳凰牡丹圖筆筒
明晚期
高14.2厘米　口徑10.5厘米　底徑11.4厘米

**Brush holder with design of phoenixes and peonies,
ivory carving**
Late Ming Dynasty
Height: 14.2cm　Diameter of mouth: 10.5cm
Diameter of bottom: 11.4cm

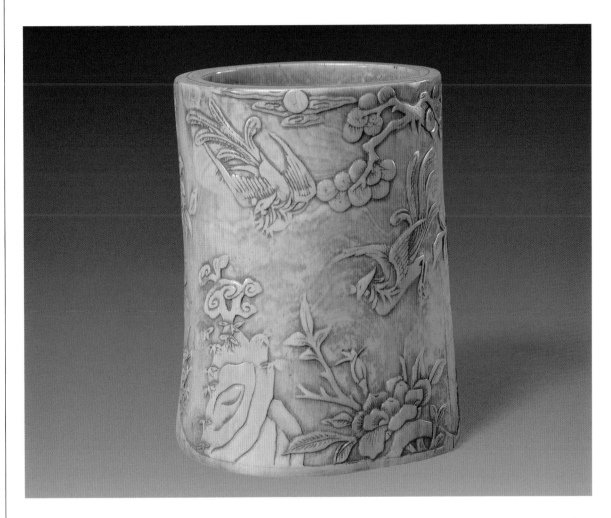

筆筒直筒形，外壁雕雙鳳展翅低徊，上有紅日雲翳，下有牡丹、靈芝，並雕松樹、怪石、蔓草等紋飾為點綴。"丹鳳朝陽"是傳統題材，寓意吉祥、美好、幸福。

此器以淺浮雕技法雕成，紋飾處理極具程式化傾向，如鳳之頭、冠，都以三角形表示；松針陰刻"米"字；石頭只存形而不刻肌理。其刻畫於自然之中凸現祥和氣氛。

象牙雕海水雙龍紋筆架
明晚期
通高9厘米　底徑16/4.5厘米

Brush rest with design of double dragon in waves, ivory carving
Late Ming Dynasty
Overall height: 9cm
Diameter of bottom: 16 x 4.5cm

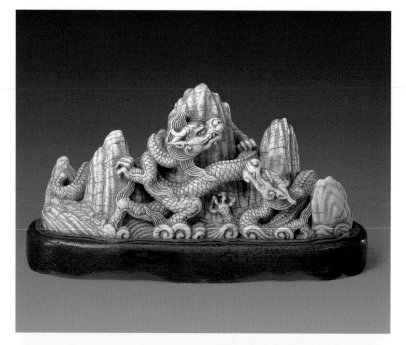

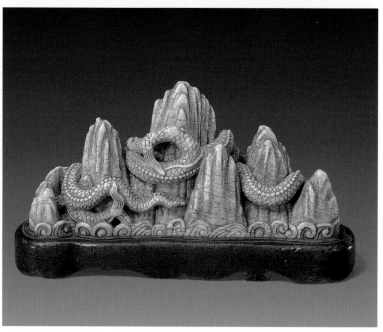

筆架呈山字形，雕雙龍盤繞於五峰之間，海水波濤翻捲，江崖峻秀挺拔，氣勢雄偉。

此器以圓雕技法雕成，刀鋒剛勁有力，造型莊重、渾厚、樸實，顯出典型的明代牙雕藝術風格。

象牙雕荔枝紋方盒
明晚期
高8.1厘米　徑7.5厘米

Square box with litchi design, ivory carving
Late Ming Dynasty
Height: 8.1cm　Diameter: 7.5cm

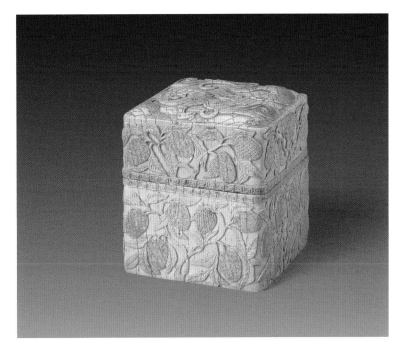

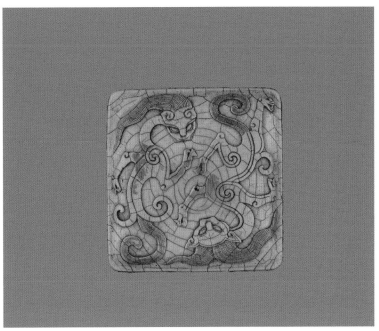

方盒用象牙雕成，蓋頂雕雙螭，器和蓋壁四周以荔枝圖紋為主要裝飾紋樣，並利用簡與繁、整與碎的對比，在大面積荔枝圖紋下襯以細密、規整的幾何形、菱形、六角形及圓形等紋飾。

此盒採用淺浮雕技法，刀法圓潤細膩，製作嚴謹，主體紋樣十分突出，細部花紋富於變化。是明代嘉靖、隆慶年間的製品。

象牙雕麒麟鈕印章
明晚期
高8.9厘米　底徑8.8/5.4厘米

Seal with a unicorn-shaped knob, ivory carving
Late Ming Dynasty
Height: 8.9cm　Diameter of bottom: 8.8 x 5.4cm

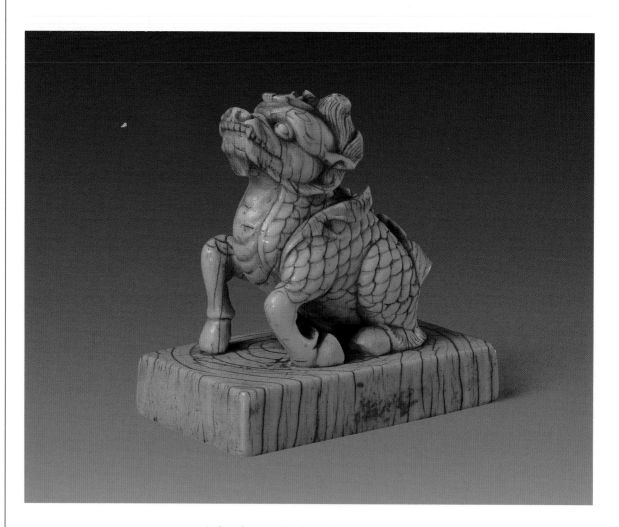

印章用象牙雕成，麒麟跪坐於長方形基座上，昂首、凸睛、闊口、頸鬣上揚，肩披火燄，背棘如戟，尾若分瓣。傳説中之麒麟龍首、鹿身、體披鱗甲，為祥瑞異獸。它有種種神通，而又性情溫良，"不履生蟲，不折生草"，是"仁"的象徵。麒麟在世間出現被認為是太平盛世的瑞兆。因此，在古代裝飾藝術中常見麒麟的形象。

此作品採用圓雕技法，具有明代麒麟形象的一般特徵。

象牙雕魁星
明晚期
高16.3厘米　底徑5厘米

**Statue of Kuixing (the god of
literature), ivory carving**
Late Ming Dynasty
Height: 16.3cm
Diameter of bottom: 5cm

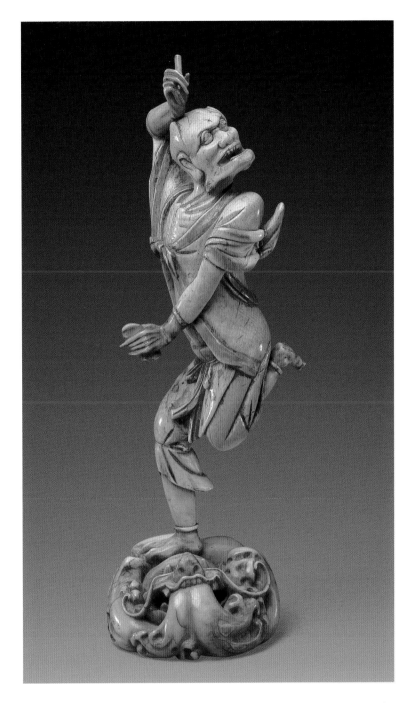

魁星用象牙雕成，一手握筆、一手持墨，圓睜雙目仰望上空，左足上揚
作踢斗狀，右足下踏站於鰲頭之上，寓意"魁星點斗"、"獨佔鰲
頭"。奎星是二十八宿之一，是北斗的第一星，民間供奉奎星是為了保
祐科場及第，名列前茅。將奎星寫為魁星，亦取科舉奪魁之意。

此作品採用圓雕工藝雕刻，刀法犀利深峻，紋飾精湛，意境新奇，造型
生動傳神，是明代後期的牙雕精品。

犀角雕折枝花卉紋三足杯
明早期
高16.7厘米　口徑13.6/10.5厘米
清宮舊藏

Cup with three feet and floral design, rhinoceros horn carving
Early Ming Dynasty
Height: 16.7cm　Diameter of mouth: 13.6 x 10.5cm
Qing Court collection

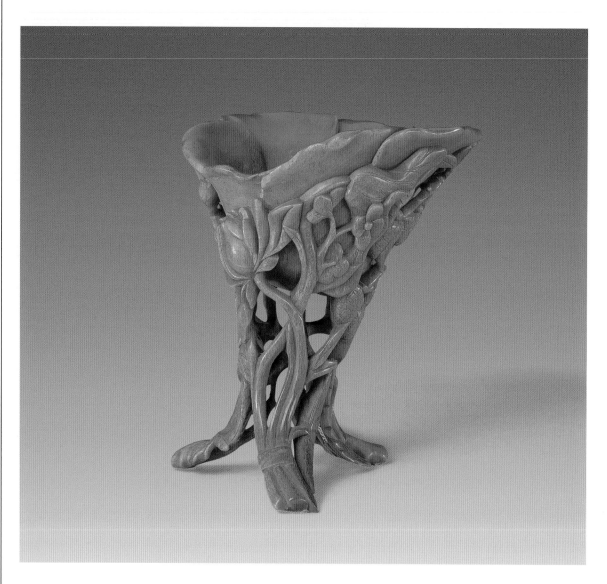

杯以犀角雕成，杯口如同一朵盛開的花，外壁雕荷花、海棠、蜀葵、荔枝，寓意吉祥。枝葉花果開闔仰俯，疊壓穿插，姿態生動。三足雕成三束折枝花果形，枝蔓交錯，托抱杯體。

此器採用鏤雕工藝，角的尖端一分為三，經加熱處理後外撇成足，增添了輪廓線的變化。杯體經雕刻研磨，更顯出材質之美，如膏如玉，光韻內斂，加之紋飾清雅精緻，使此杯成為犀角雕刻中的佼佼者。

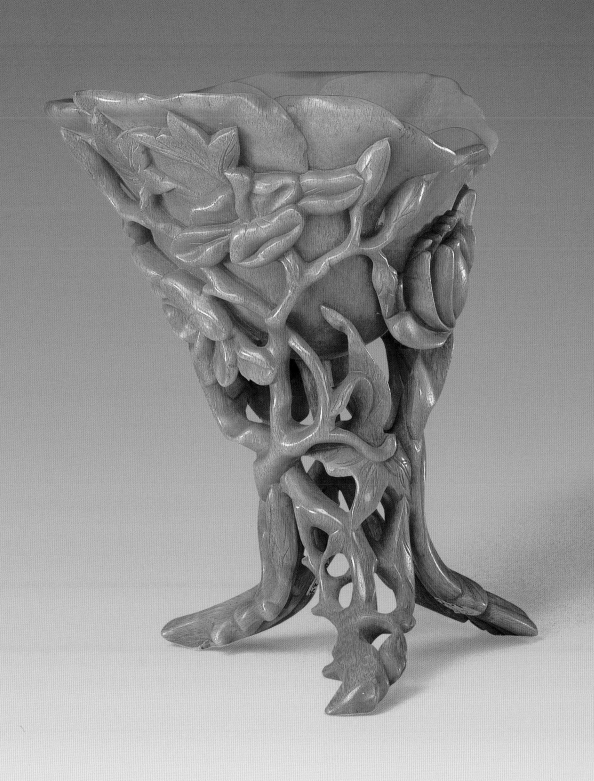

犀角雕折枝葵花形杯
明早期
高39.7厘米　口徑14.6/11.8厘米
清宮舊藏

Mallow-shaped cup, rhinoceros horn carving
Early Ming Dynasty
Height: 39.7cm　Diameter of mouth: 14.6 x 11.8cm
Qing Court collection

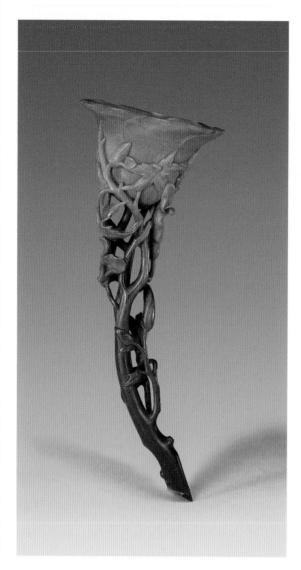
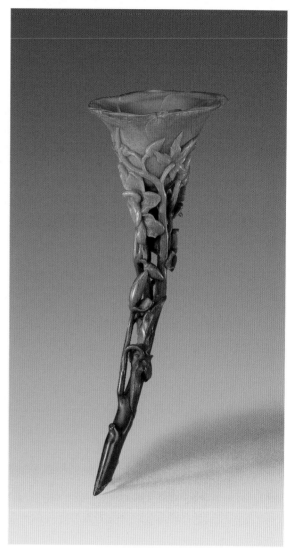

杯以非洲犀角雕成折枝蜀葵，杯口雕作花頭，花瓣呈螺旋式，杯底挖出
花蕊。枝葉、花苞的彎曲向背均略作誇張。主枝於杯口處合抱，至腰處
分裂為二，又有數條小枝盤繞其間，穿插轉折。蜀葵開花在夏末，明清
時以花卉為題材的器物，時常用它來暗示季節的更替。

此器採用鏤雕、浮雕、淺刻等技法，並略施染色，在古雅中見妍媚。

非洲犀角也稱廣角，色澤比亞洲犀角淺淡，紋理粗，但形體較大，適合
雕刻較大的仿古器皿。

犀角雕玉蘭花形杯
明早期
高9.5厘米　口徑16.5/10.5厘米

Cup with magnolia design, rhinoceros horn carving
Early Ming Dynasty
Height: 9.5cm　Diameter of mouth: 16.5 x 10.5cm

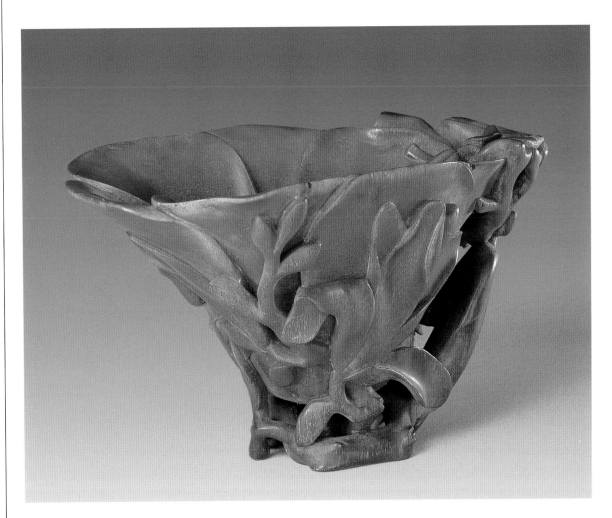

杯截取一段犀角雕成玉蘭花形，杯口橢圓。杯體上雕刻枝、葉和玉蘭花
瓣，花、葉與杯融為一體，狀若花叢之中怒放一朵大花，清雅可愛。

杯呈棕紅色，採用深、淺浮雕技法，線條流暢，運用疏密、繁簡的對
比，使形象極富立體感。

111

犀角雕花卉紋碗
明早期
高8厘米　口徑18.7/14.9厘米　足徑9.1/8.9厘米
清宮舊藏

Bowl with flower design, rhinoceros horn carving
Early Ming Dynasty
Height: 8cm　Diameter of mouth: 18.7 x 14.9cm
Diameter of foot: 9.1 x 8.9cm
Qing Court collection

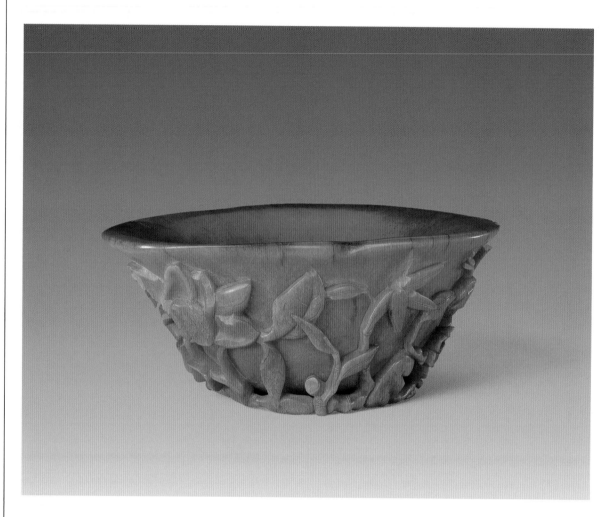

碗敞口，圓腹，形如倒盔。因材所限，口沿一端窄，一端闊；一端稍圓，一端略方。外壁雕玉蘭、竹、桃花、桃實、靈芝等花果枝葉。底雕植物枝幹為足，內底雕刻小朵靈芝。此紋飾寓意"芝仙祝壽"。

此器採用高浮雕和鏤雕技法雕成，敦實厚重，紋飾較為疏放，花葉間有大面積留白，沉穩之中憑添幾分生氣。

犀角雕玉蘭花果紋杯

明早期
高8.1厘米　口徑16.8/12.2厘米　足徑7.8/7厘米

Cup with design of magnolia and fruits, rhinoceros horn carving

Early Ming Dynasty
Height: 8.1cm　Diameter of mouth: 16.8 x 12.2cm
Diameter of foot: 7.8 x 7cm

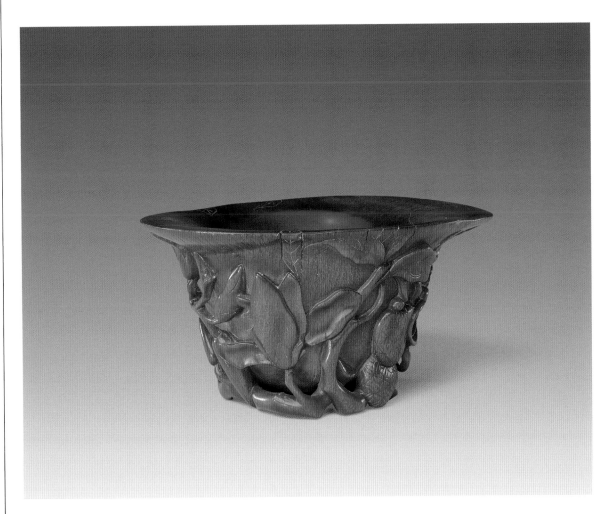

杯撇口，形如倒盔。外壁滿雕扶疏婀娜的玉蘭花、豐滿碩大的荔枝、晶瑩剔透的葡萄等花果，並以其枝葉圍成圈足。

此器採用浮雕、鏤雕技法，技藝純熟，造型渾圓厚重，不愧為一件藝術精品。

犀角雕桃實紋杯
明早期
高9.2厘米　口徑10.5厘米　足徑4.7厘米
清宮舊藏

Cup with peach design, rhinoceros horn carving
Early Ming Dynasty
Height: 9.2cm　Diameter of mouth: 10.5cm
Diameter of foot: 4.7cm
Qing Court colleciton

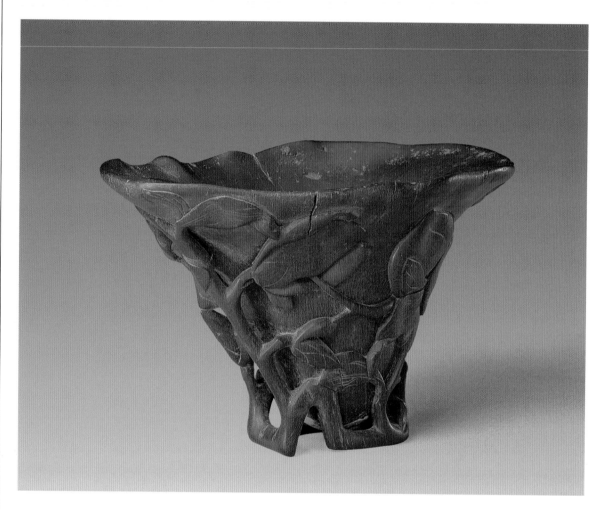

杯敞口，作花瓣狀，外壁為花枝環抱，前面為桃枝，其上結桃實、開桃
花。後面橫檔是玉蘭花枝，上雕玉蘭數朵，含苞欲放。杯以鏤空的枝幹
為鋬把，足部亦由鏤雕花果枝幹組成。明清時期以玉蘭和桃的組合紋樣
寓意"春壽"。

此器以鏤雕為主，雕、刻、鏤技藝嫻熟，遊刃有餘，風格古樸。曾經染
色的效果清晰可辨，歷經歲月的侵蝕，色澤已似紅木，別有一番韻味。

犀角雕螭柄葡萄紋杯
明早期
高8.9厘米　口徑17.1厘米　足徑4.3厘米
清宮舊藏

**Cup with a hydra-shaped handle and grape design,
rhinoceros horn carving**
Early Ming Dynasty
Height: 8.9cm　Diameter of mouth: 17.1cm
Diameter of foot: 4.3cm
Qing Court collection

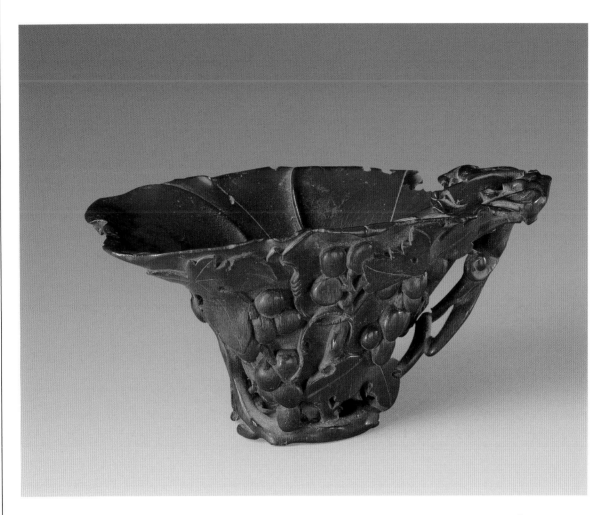

杯用犀角雕成一片捲曲的葡萄葉狀。內壁刻葉筋，外壁滿雕葡萄及枝葉，果實飽滿，杯耳由葡藤鏤空而成，上攀一螭，探首直入杯內。杯身鏤雕葡萄枝葉伸至杯底構成底足。

此器採用淺刻、鏤空等技法，刀法粗獷，紋飾簡單質樸，構思巧妙，透露出時代的氣息。

犀角雕折枝荷葉形杯
明早期
高15.8厘米　口徑19.3/13.8厘米
清宮舊藏

Cup in the shape of lotus leaf, rhinoceros horn carving
Early Ming Dynasty
Height: 15.8cm　Diameter of mouth: 19.3 x 13.8cm
Qing Court collection

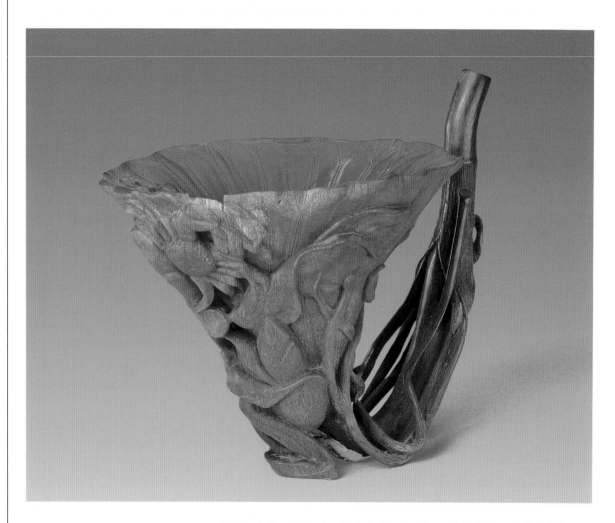

杯以一隻整角雕作"一把蓮"式。杯身為一枝大荷葉，雕數小枝盤環旋繞，並雕蓮葉、蓮蓬、蓮花、花苞及一莖蓼草作為襯托。近口沿處雕一螃蟹，以螯剪荷莖，憨態可掬，饒有生趣。杯流中空，一直貫穿至杯身，暗合"心有靈犀"的詩意。

此器採用鏤雕、浮雕等技法，先取一大犀角施以雕刻，再慢慢加熱，使其彎轉，加工而成。杯流稍高於杯口且微曲，使作品更顯纖秀。

犀角雕雲紋盒
明早期
高1.8厘米　徑4.4厘米
清宮舊藏

Box with cloud design, rhinoceros horn carving
Early Ming Dynasty
Height: 1.8cm　Diameter: 4.4cm
Qing Court collection

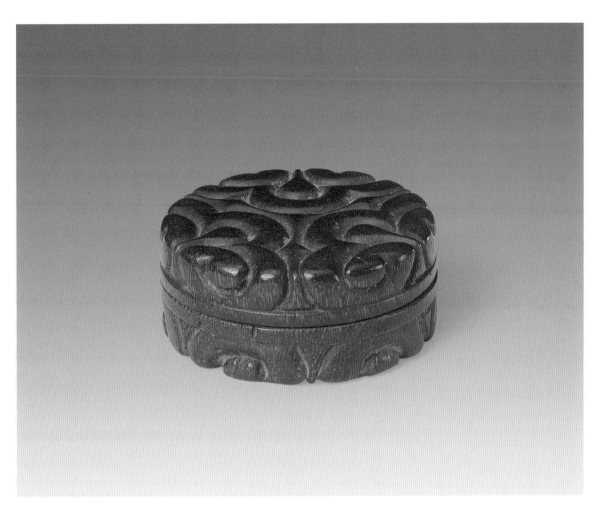

盒用犀角雕成，圓形，有蓋，子母口相合。蓋面與外壁各剔刻三朵如意雲頭紋，小巧玲瓏，頗為可愛。這種小盒一稱"牛眼盒"。

此器模仿漆器工藝中的剔犀技法，精心打磨，線條圓轉流利，刀鋒泯然無痕。

犀角雕雙螭紋執壺　鮑天成
明晚期
通高13厘米　口徑15/7.8厘米

Ewer with double-hydra design, rhinoceros horn carving

By Bao Tiancheng
Late Ming Dynasty
Overall height: 13cm
Diameter of mouth: 15 x 7.8cm

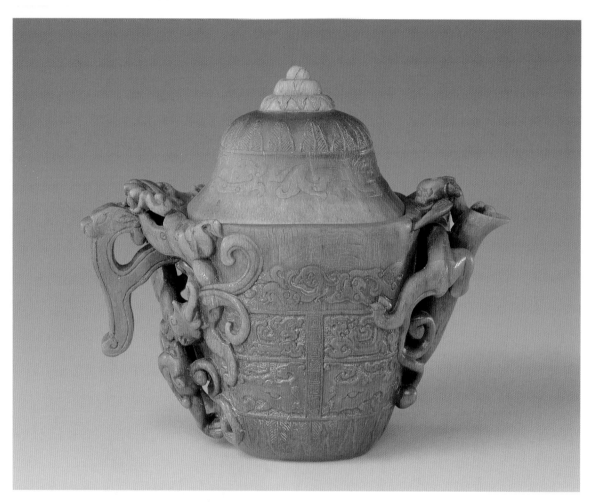

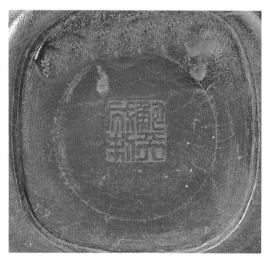

執壺用兩隻亞洲犀角合併雕成。小犀角為蓋，大犀角為壺身。蓋為盔形，上陽刻蕉葉紋，頂嵌回文鈕。壺身兩側出脊，隱起蟠夔紋、獸面紋、蕉葉紋。壺前一螭緣流攀繞，窺視流口。後為執柄，有三條蟠螭繞柄嬉戲。底刻陽文"鮑天成製"篆書印章款。

此器採用鏤刻、圓雕和淺浮雕技法，造型優美精巧，色澤光潤細膩，紋飾清晰流暢，是犀角雕中的珍品。

鮑天成是江蘇一帶的雕刻能手，擅長犀角、象牙、紫檀雕刻。

犀角雕雙螭紋執壺　鮑天成

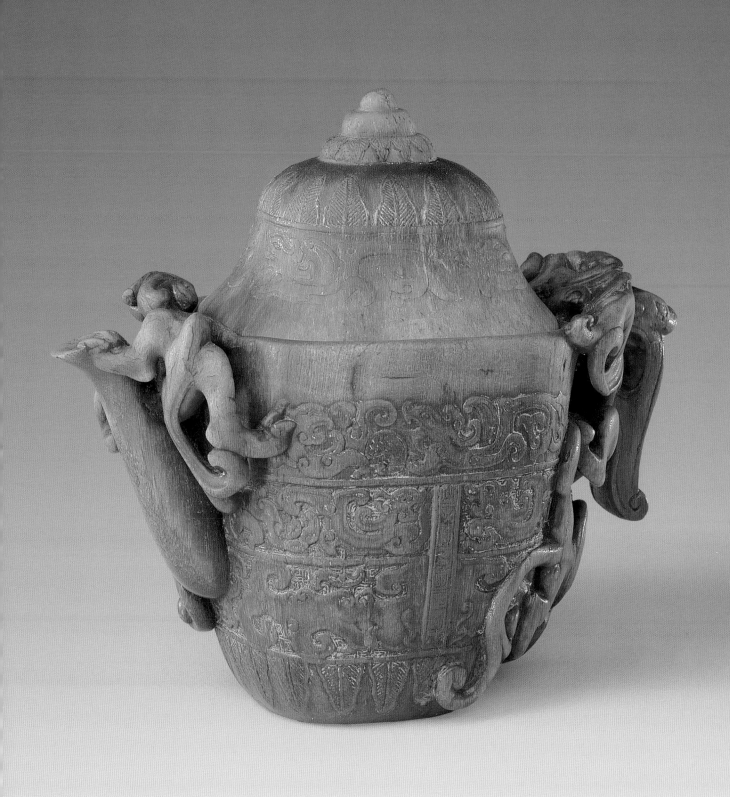

犀角雕仙人乘槎杯

明晚期
高11.1厘米　長21.1厘米　寬6.6厘米
清宮舊藏

Cup in the shape of an immortal on a raft, rhinoceros horn carving
Late Ming Dynasty
Height: 11.1cm　Length: 21.1cm　Width: 6.6cm
Qing Court collection

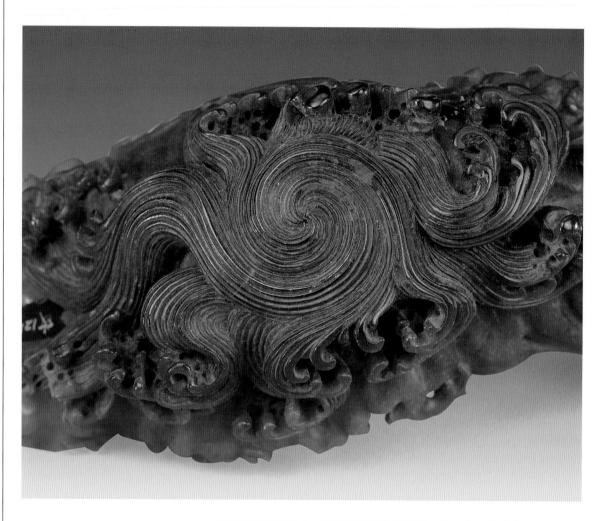

槎杯斜剖犀角雕成，呈瘦節纍纍的枯樹形，內中空。槎首淺平，槎尾枯枝翹起，一長髯老人身着長衫，頭戴素巾，手持經卷，面帶微笑，坐於槎中。槎下波浪翻湧，底刻旋渦。此題材出自張騫乘槎尋河源的典故。

此器色如淺栗，採用圓雕、浮雕等技法，刻工精練，人物刻畫細膩，將仙人險水行舟猶如閒庭信步的神態細緻地展現出來。

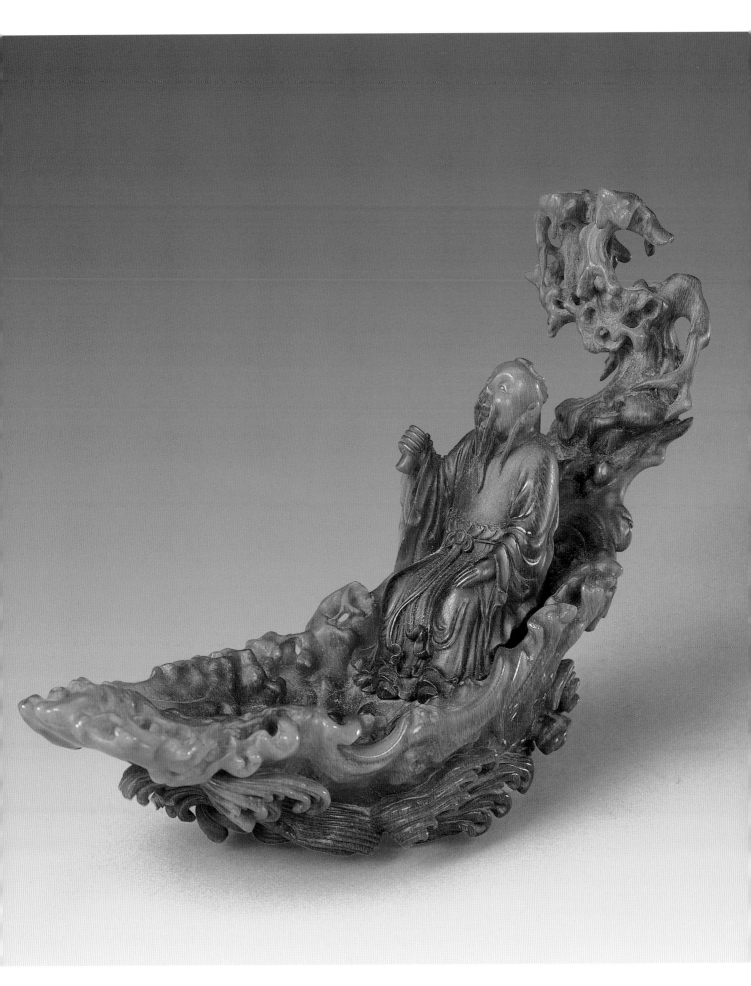

131

犀角雕帶流仙人乘槎杯　尤通
明晚期
高11.7厘米　長27厘米　寬8.7厘米
清宮舊藏

Cup with a spout in the shape of depicting an immortal
on a raft, rhinoceros horn carving
By You Tong
Late Ming Dynasty
Height: 11.7cm　Length: 27cm　Width: 8.7cm
Qing Court collection

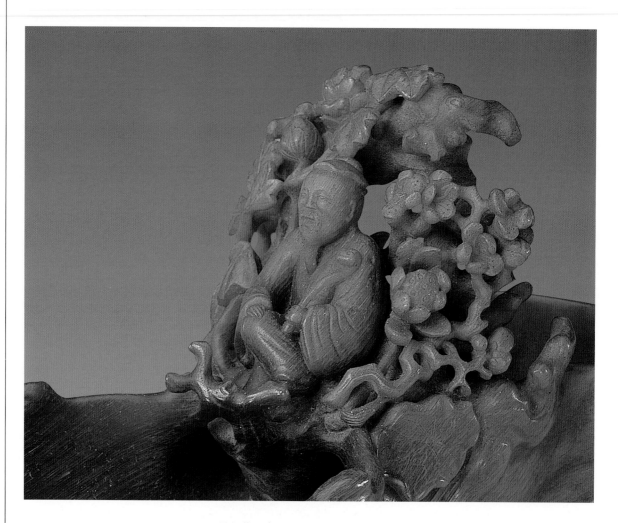

槎杯依犀角的斜剖面雕成，形如古木中空。槎首有流，槎後雕梅花、牡
丹、荷花相擁，仙人手持如意，倚坐於花木間。寓意"富貴相傳"、
"如意長壽"。杯腹陰刻楷書乾隆御題詩，詩後刻二方陰文"比德"、
"朗潤"篆書印章款。槎尾陰刻篆書"再來花甲子"、"尤通"題字及
陰文"雨源"篆書印章款。杯底有一圓洞與槎內吸孔相通，底刻水浪
紋，

此器採用圓雕技法，形制自然，角質瑩潤，是犀角雕中的珍品。

尤通，字雨源，無錫人，擅刻犀角杯，時人稱為"尤犀杯"，此槎杯為
其晚年的代表作。

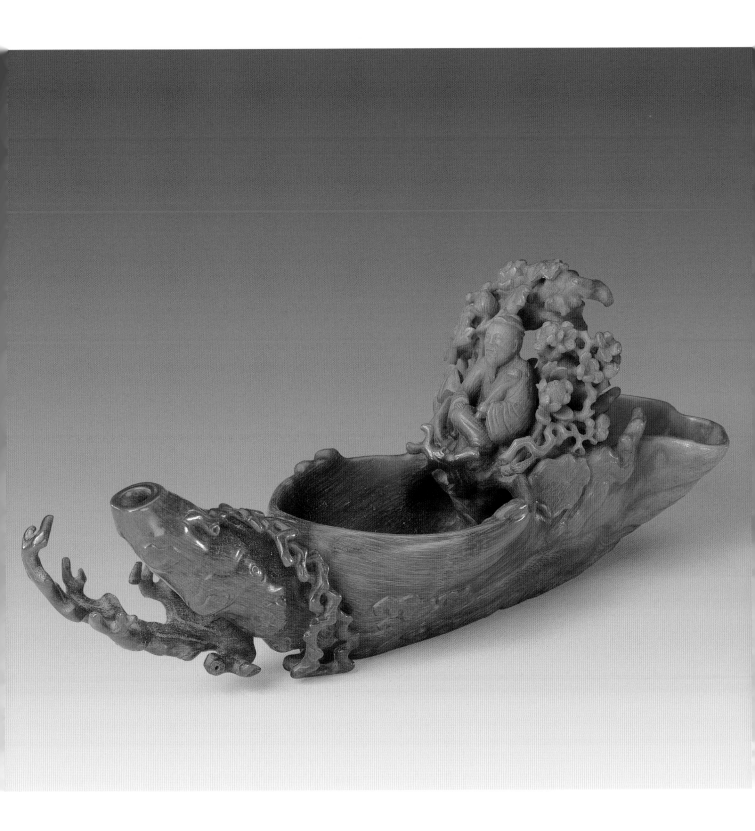

犀角雕仙人乘槎杯
明晚期
高11.7厘米　長27厘米　寬8.7厘米
清宮舊藏

**Cup in the shape of an immortal on a raft,
rhinoceros horn carving**
Late Ming Dynasty
Height: 11.7cm　Length: 27cm　Width: 8.7cm
Qing Court collection

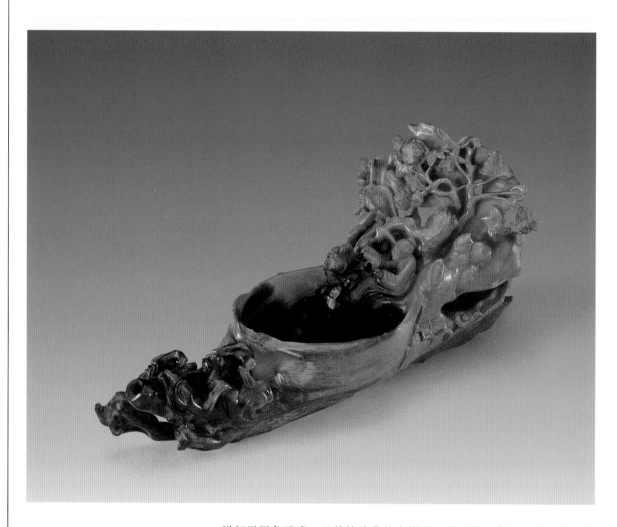

槎杯用犀角雕成，呈前枝後葉的古樹形。槎首枝杈穿孔，槎上靈石疊
立，牡丹、荷花交相掩映，繁花怒放，寓意吉祥。一仙人長髯垂胸，背
倚山石，翹足展卷誦讀，神情十分專注。槎底鐫刻水浪紋。

此器深褐色，利用犀角的自然形態巧施刀鑿，古雅精緻。據清宮進單記
載："乾隆五十五年（1790）八月二十日，紀昀進舊犀角博望仙槎一
件"，當是此件作品。

犀角雕松鹿筆架
明晚期
高5.5厘米　長9.5厘米　寬3.5厘米
清宮舊藏

Brush rest with design of pine and deer, rhinoceros horn carving
Late Ming Dynasty
Height: 5.5cm
Length: 9.5cm
Width: 3.5cm
Qing Court collection

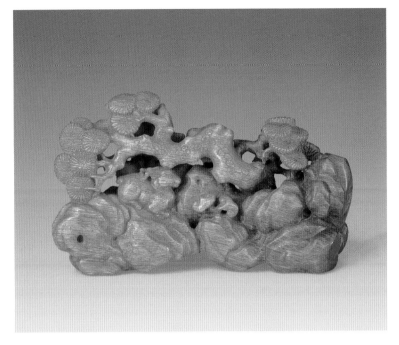

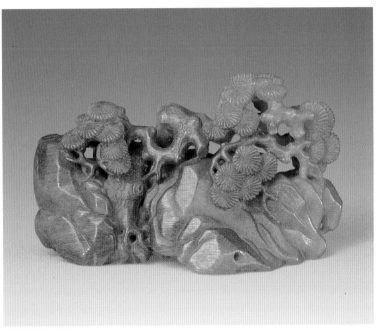

筆架用犀角雕成，下雕怪石嶙峋的嶒岩，上雕枝繁葉茂的古松，松蔭下，靈芝叢生，一鹿俯臥。在很小的範圍內區分出數個層次，營造出深遠的意境。

此器以鏤雕為主，造型渾厚可愛，刀法質樸簡練，將岩石的體積感和松樹旺盛的生命力準確地表現出來，是一件很有個性的藝術品。

犀角雕仙人乘槎筆架　尤雷復
明晚期
通高6.4厘米　長10厘米
清宮舊藏

**Brush rest in the shape of an immortal on a raft,
rhinoceros horn carving**
By You Leifu
Late Ming Dynasty
Overall height: 6.4cm　Length: 10cm
Qing Court colleciton

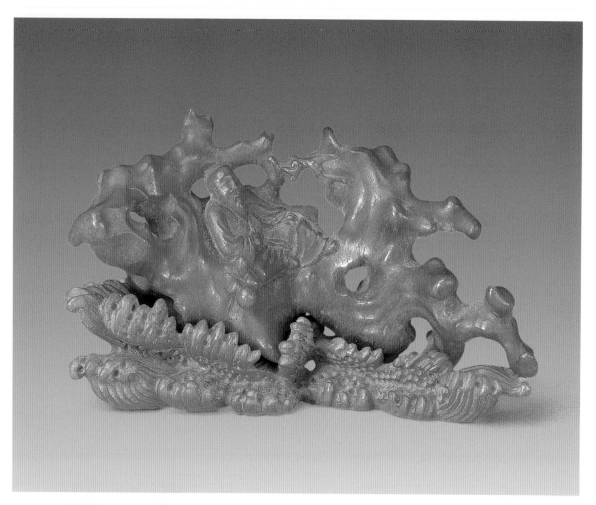

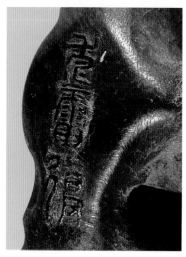

筆架雕作一截老樹形槎，枝杈屈曲。上臥一長髯仙人，寬服，手執拂塵，神情閒適，秀骨清相。底有刻陽文"尤雷復"篆書款。下配染色象牙底座，雕染成碧波翻捲，襯托仙槎人物，頗為傳神。

此筆架採用鏤雕和浮雕技法，構思巧妙，利用有限的材質創造出豐富的形象。

123

犀角雕碗
明晚期
高6.8厘米　口徑16.1厘米　足徑8.3厘米
清宮舊藏

Bowl, rhinoceros horn carving
Late Ming Dynasty
Height: 6.8cm　Diameter of mouth: 16.1cm
Diameter of foot: 8.3cm
Qing Court collection

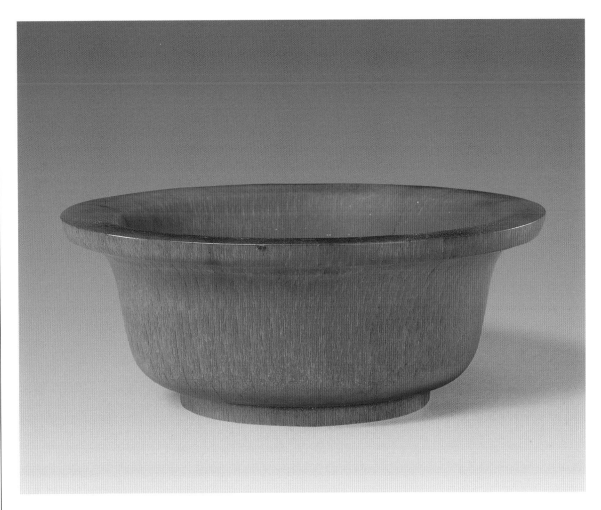

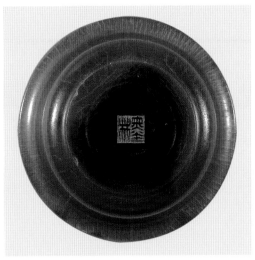

碗用犀角雕成，方脣，折沿，玉璧形底。通體光素無紋，
凸現出犀角本身的質地紋理。底刻陽文"墨林"篆書印章
款。

此器造型穩重大方，入手圓潤，磨工極佳。犀角是珍貴材
料，得之者往往殫精竭慮，極盡雕鏤之能事。而此碗不加
雕刻，以天然為本，顯示出不俗的品味。

犀角雕仿古蓮紋爵杯

124

明晚期
高10厘米　口徑14.1/8.5厘米
清宮舊藏

Cup with lotus design in the style of an ancient Jue
(wine vessel), rhinoceros horn carving
Late Ming Dynasty
Height: 10cm　Diameter of mouth: 14.1 x 8.5cm
Qing Court collection

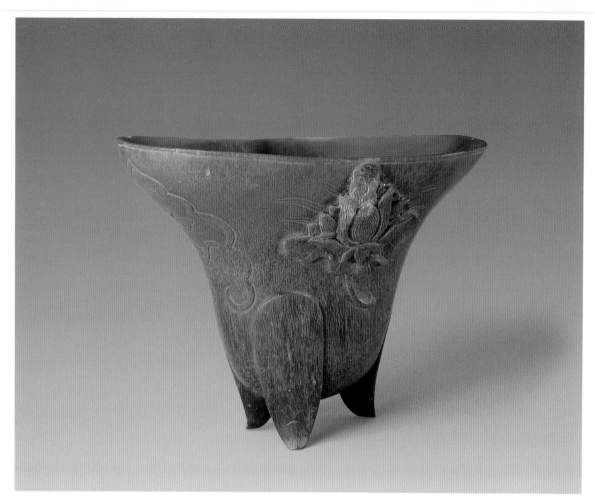

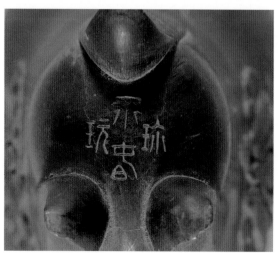

杯用犀角雕成，造型仿自商周青銅爵，有流有尾，口
圓脣，腹下有三足。口部俯視呈束腰葫蘆形，曲線流
暢。杯側口沿下雕一朵蓮花，流、尾刻如意金錢紋及
靈芝紋，寓意"富貴連爵"。三足如三片花瓣，尖端
微外撇。底刻陽文"永春珍玩"篆書款。

此器以浮雕、陰刻為主，造型頭大身小，敦實古樸。
此類仿古爵杯在明代的瓷器中多有製作。

犀角雕雙應龍紋板飾

明晚期
長15厘米　寬11.8厘米　厚1.1厘米
清宮舊藏

Plaque with design of dragons and clouds, rhinoceros
horn carving
Late Ming Dynasty
Length: 15cm　Width: 11.8cm　Thickness: 1.1cm
Qing Court colleciton

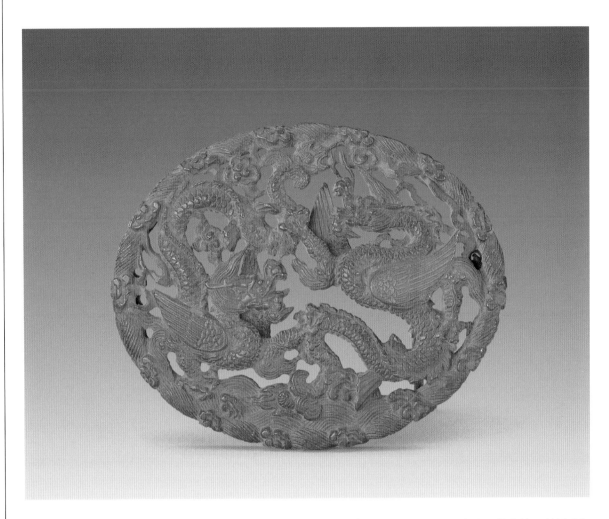

板飾用一塊縱切的非洲犀角雕成，橢圓形，是盒具上的嵌件。環周雕海
水紋邊框，框上為雲靄，下為波濤，雲海中兩條應龍展翼伸爪，相對騰
躍。神話中說應龍曾助大禹治理水患。

此飾件切口淡黃，正面染成棕紅色，採用鏤雕技法雕刻，造型渾厚，古
色古香，表現出明代的雕刻技巧和時代風格。

126

犀角雕虯龍紋板飾
明晚期
長10厘米　寬7.2厘米　厚1.5厘米
清宮舊藏

Plaque with dragon design, rhinoceros horn carving
Late Ming Dynasty
Length: 10cm　Width: 7.2cm　Thickness: 1.5cm
Qing Court collection

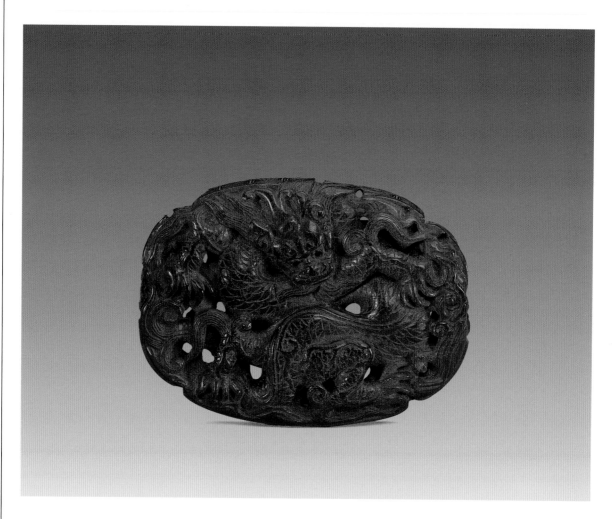

板飾以犀角板雕成，橢圓形，是如意柄首上的嵌件。邊飾回紋，面上雕虯龍紋，龍呈正首臥式，圓首獨角，怒髮後飄，軀幹回轉盤繞，四足伸展，蒼勁有力。龍的四周浮雕海水紋。

此飾件採用圓雕鏤空等技法雕成，雕刻刀法細膩，圖紋設計獨特。紋飾仿自宋代虯龍，加之色澤沉穩，更顯古色古香。

犀角雕過枝芙蓉鴛鴦紋杯　尤侃

明晚期
高8.3厘米　口徑12/8厘米　足徑4.5/3厘米

**Cup with design of mandarin ducks and lotus,
rhinoceros horn carving**
By You Kan
Late Ming Dynasty
Height: 8.3cm　Diameter of mouth: 12 x 8cm
Diameter of foot: 4.5 x 3cm

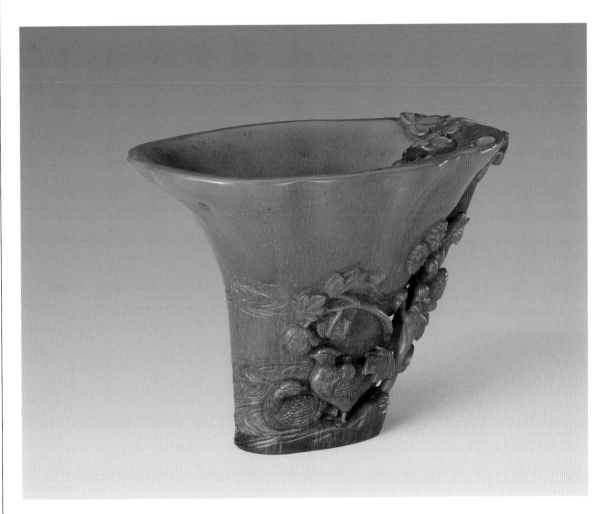

杯敞口，平底。外壁雕芙蓉、鴛鴦，芙蓉花枝上挺，垂入杯口之內，山石花幹組成杯柄。一對鴛鴦相伴棲於花莖之下，溪水漣漪。底刻陽文"直生"、"尤侃"篆書印章款。紋飾寓意夫妻和睦、恩愛。

此器採用鏤刻、浮雕技法雕成，色澤瑩潤，紋飾生動傳神。

尤侃，一作尤通，無錫人，是明末清初著名的雕刻家，他刻的犀角製品，被世人視為至寶。

犀角雕松舟人物圖杯
明晚期
高13.6厘米　口徑16.5/11.1厘米
足徑5/4.1厘米

Cup with design of a pine tree and
a scholar in a boat, rhinoceros horn
engraving
Late Ming Dynasty
Height: 13.6cm
Diameter of mouth: 16.5 x 11.1cm
Diameter of foot: 5 x 4.1cm

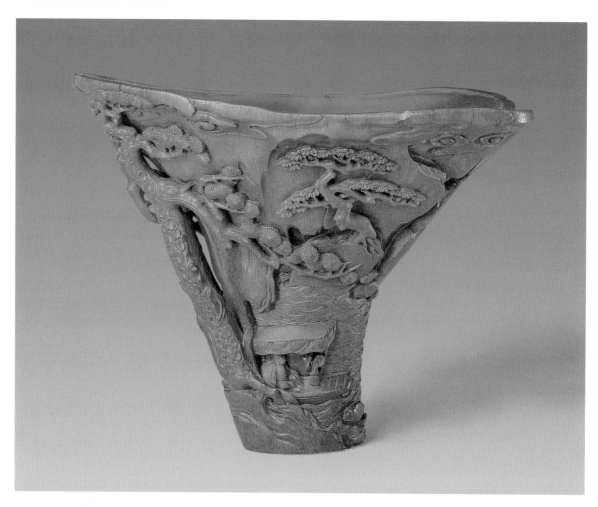

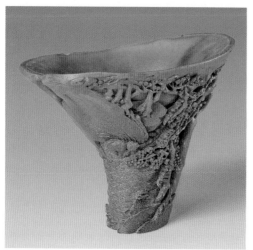

杯敞口，平底，雕松、柏各一株，由底至口沿形成杯鋬。外壁雕山水人物，山崖突兀、怪石橫生，岩間有流水潺潺，堤岸上雲霧繚繞，林木疏朗。波光瀲灩中，一文士泛舟而行，意態閒適。舟有篷帷，前立古瓶，滿插蓮荷，意境深幽。

此器以浮雕、鏤雕技法雕成，工藝精良，層次清晰，以水紋最淺，樹木較深，構圖完整。

犀角雕過枝花蝶紋杯

明晚期
高12.8 厘米　口徑16.2/9.2厘米
足徑5.4/4.2厘米
清宮舊藏

Cup with design of flowers and butterflies, rhinoceros horn carving

Late Ming Dynasty
Height: 12.8cm　Diameter of mouth: 16.2 x 9.2cm
Diameter of foot: 5.4 x 4.2cm
Qing Court collection

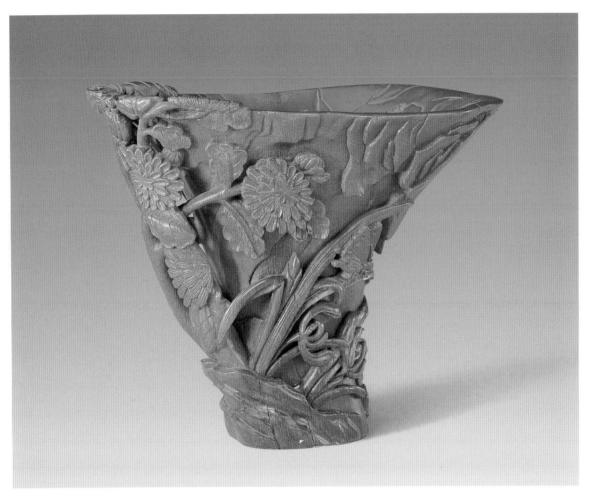

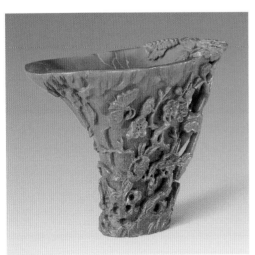

杯敞口，杯體弧線修長優美，杯底收小。外壁通體雕菊、蘭、梅、茶等花卉，花葉扶疏，湖石相襯。菊莖於石中生出，相互糾纏，花、葉、蕾旁逸斜出，組成杯鋬，菊花的枝葉垂入杯口。一蝶飛舞於花叢間，一蝶憩息於蘭葉上。內壁刻山石紋理，裏外紋飾形成整體。

此器採用高浮雕、鏤雕、陰刻等技法雕成，紋飾滿密，宛然如生。

130

犀角雕葡萄花果紋杯
明晚期
高21厘米　口徑17.7/11厘米

Cup with design of grapes and other fruits, rhinoceros
horn carving
Late Ming Dynasty
Height: 21cm　Diameter of mouth: 17.7 x 11cm

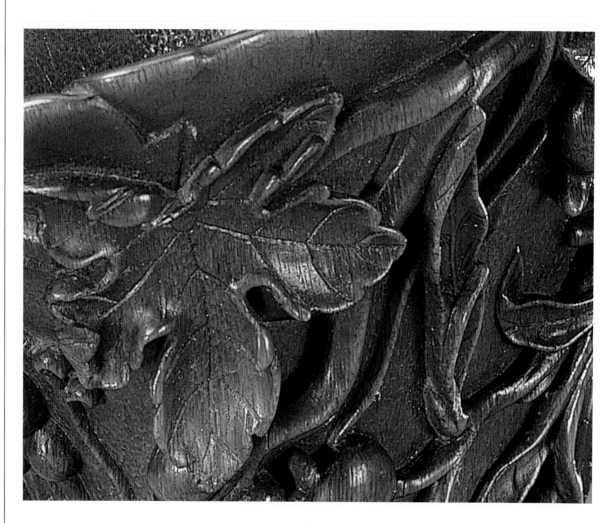

杯以亞洲犀角隨形雕成，葡萄葉疊成葵花式口，上寬下尖。通體雕葡萄、壽桃、石榴、枇杷等花果，鬚藤縈繞，枝葉繁茂，碩果纍纍，生氣益然。杯下握柄由葡萄珠組成。紋飾寓意"多子多壽"。

此器呈棕色，採用鏤刻浮雕技法製成，紋飾繁縟，雕工細潤瑩澤，是明代晚期犀角雕中的傑作。

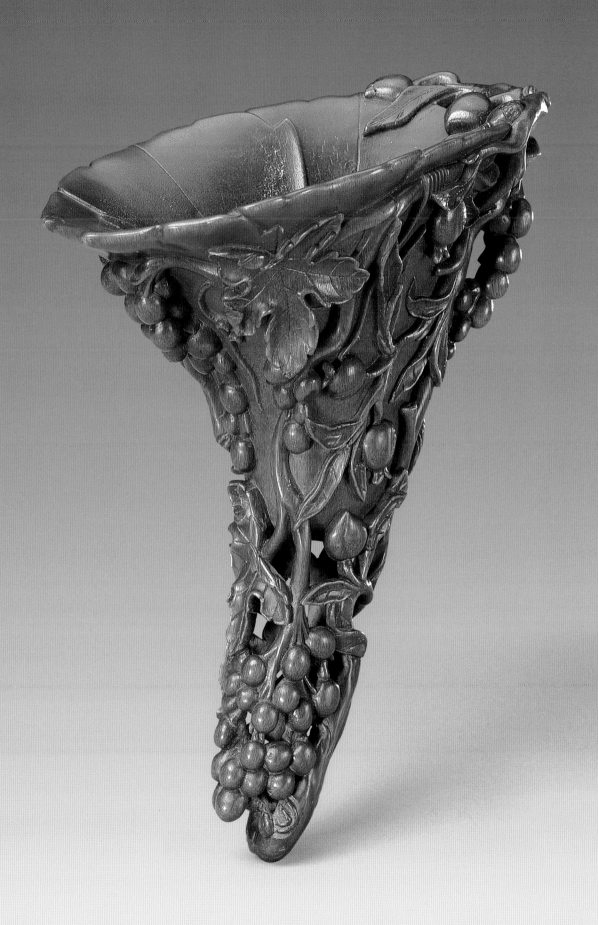

犀角雕蘭亭修禊圖杯

明晚期
高37.4厘米　口徑17.8厘米
清宮舊藏

**Cup with a scene depicting scholars gathering at
Lanting Pavilion, rhinoceros horn carving**
Late Ming Dynasty
Height: 37.4cm　Diameter of mouth: 17.8cm
Qing Court collection

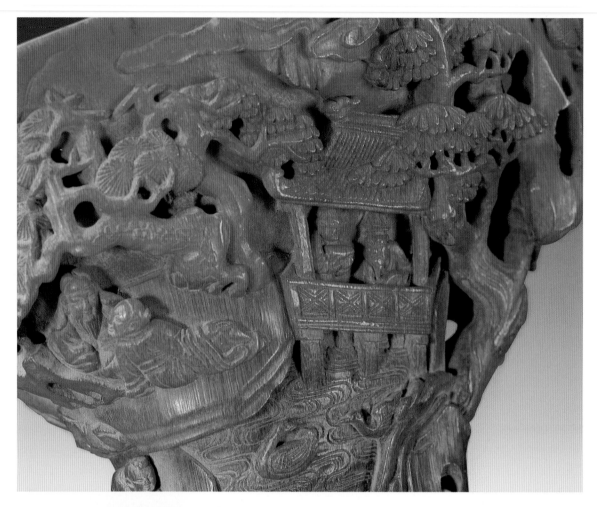

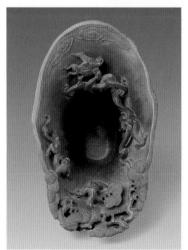

杯以廣角雕成。外壁採取螺旋式構圖，雕東晉時期王羲之等人在蘭亭歡聚宴飲的故事。由下而上，刻劃了姿態各異的二十三個人物，襯以崇山峻嶺，茂林修竹，小橋亭榭，曲水白鵝。口內雕祥雲螭龍紋。

此杯上部主要於內外壁浮雕紋飾，下部則純用鏤雕，刀法曠達有力，紋飾層次分明，立體感很強。

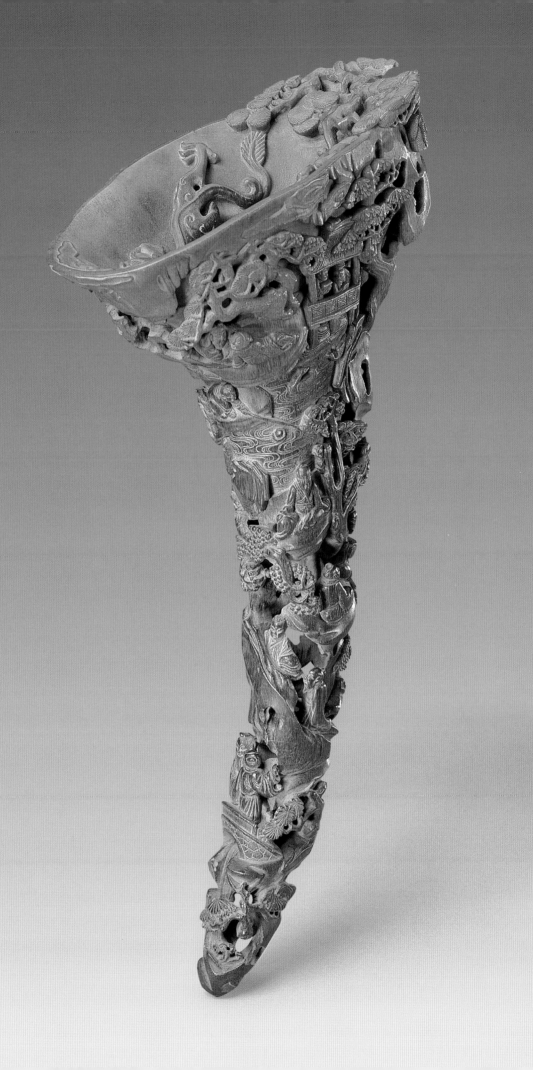

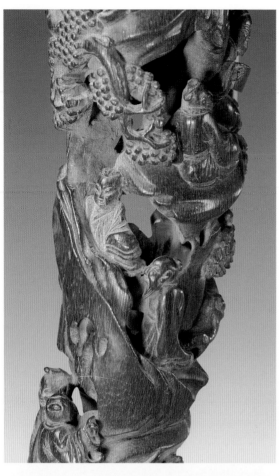
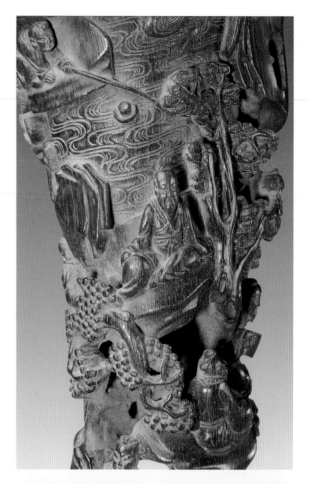
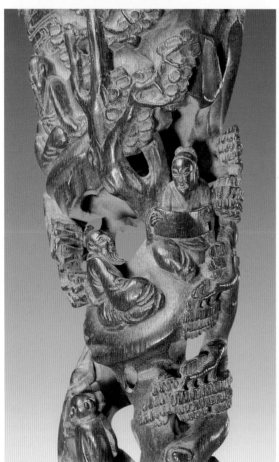
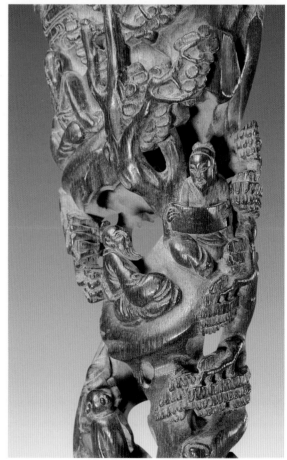

犀角雕鷹熊合巹杯
明晚期
高13.2厘米　口徑15/6.7厘米　足徑10.4/3.4厘米

Nuptical cup with design of eagle and bear, rhinoceros horn carving
Late Ming Dynasty
Height: 13.2cm　Diameter of mouth: 15 × 6.7cm
Diameter of foot: 10.4 × 3.4cm

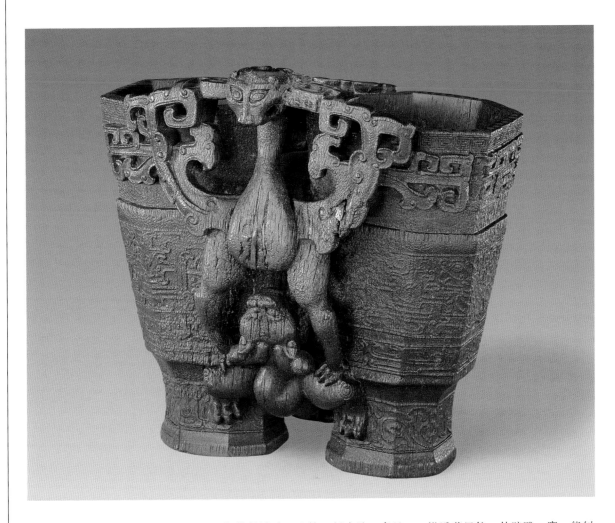

杯作雙連式，八棱，斜直壁，高足。口沿雕夔鳳紋，外壁雕一鷹一熊糾結於杯間以為連屬，諧"英雄"之音。鷹獸面有耳，雙翅展開如雲，尾羽修長，捲曲於杯後，鷹爪下攫一熊，熊頭生雙角，頸長而彎，前足力撐，身體旋轉一周探出於杯後。合巹是古時成婚的一種儀式，合巹杯一般為連體雙筒形，取其二杯相連，永不分離之意。

此杯採用浮雕、圓雕、鏤雕等多種技法雕成，造型特異，裝飾詭奇，染色沉暗，古色古香，是仿古犀雕中的精品。

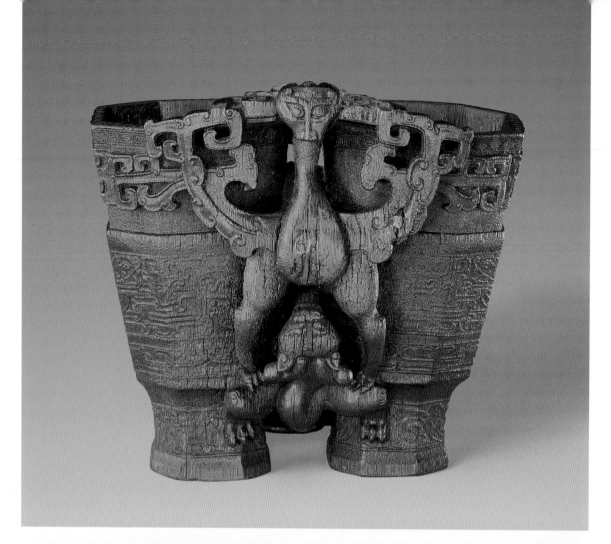

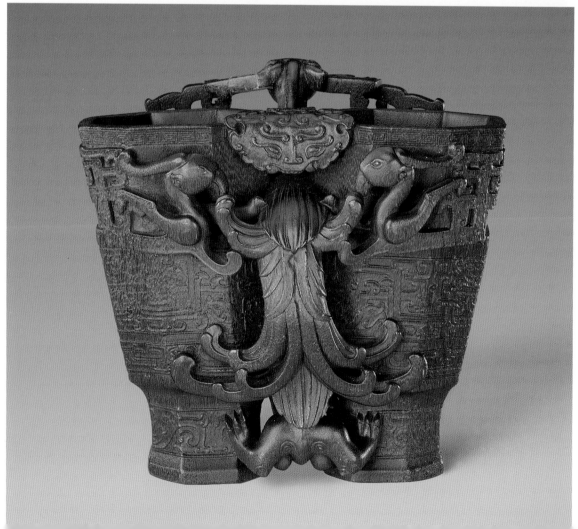

犀角雕蟠螭紋耳流口杯

明晚期
高11.2厘米　口徑17.5/10.1厘米　足徑4.8/4.7厘米
清宮舊藏

Cup with interlaced hydra design, rhinoceros horn carving
Late Ming Dynasty
Height: 11.2cm
Diameter of mouth: 17.5 x 10.1cm
Diameter of foot: 4.8 x 4.7cm
Qing Court collection

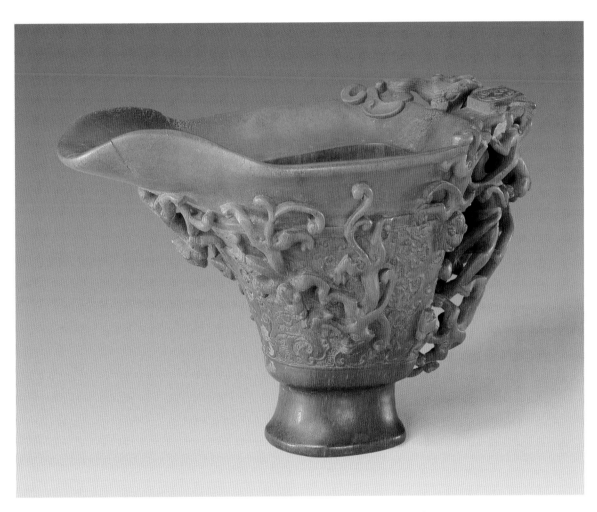

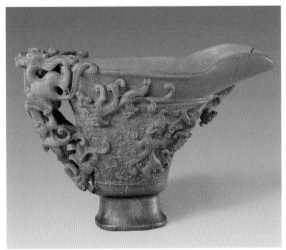

犀角雕蟠螭紋耳流口杯

杯用犀角雕成，口寬大，前有長流，杯耳扁方，雕五
螭合抱，高圈足微外撇。杯身以回紋為地，上刻變形
夔紋，並雕七螭，姿態各異。

此杯採用鏤雕、浮雕等技法雕成，造型吸收了商周時
期爵、匜等青銅器的因素，又加以融合變異而成。

犀角雕蟠螭紋耳流口杯　胡星岳
明晚期
高10.7厘米　口徑13.9/8.9厘米　足徑4.5/4.1厘米
清宮舊藏

Cup with interlaced hydra design, rhinoceros horn carving
By Hu Xingyue
Late Ming Dynasty
Height: 10.7cm　Diameter of mouth: 13.9 x 8.9cm
Diameter of foot: 4.5 x 4.1cm
Qing Court collection

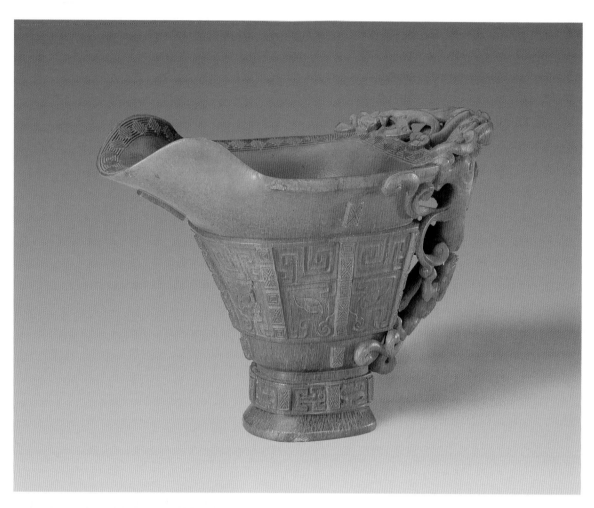

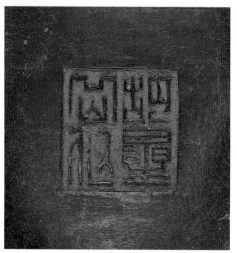

犀角雕蟠螭紋耳流口杯　胡星岳

杯用犀角雕成，大口沿，一側翻捲成流，口沿內飾有回紋裝
飾帶。杯耳由一探至口沿的大螭和盤繞其首尾的小螭構成。
杯身猶如抹角方斗，環周有八道出脊，滿飾仿青銅器的饕餮
紋和變形夔紋。杯下承高圈足，足外牆刻夔紋。足內底刻陽
文"胡星岳作"篆書印章款。

此器為仿古造型，紋飾複雜，反映出作者深厚的文化底蘊和
高超的雕刻技藝，表現出宮廷藝術追求精緻的特質。

犀角雕過枝桃花紋觚式杯

明晚期

高8.4厘米　口徑9.8/6厘米　足徑3/2.7厘米

Cup in the shape of Gu (wine vessel) with peach blossom design, rhinoceros horn carving

Late Ming Dynasty

Height: 8.4cm　Diameter of mouth: 9.8 × 6cm

Diameter of foot: 3 × 2.7cm

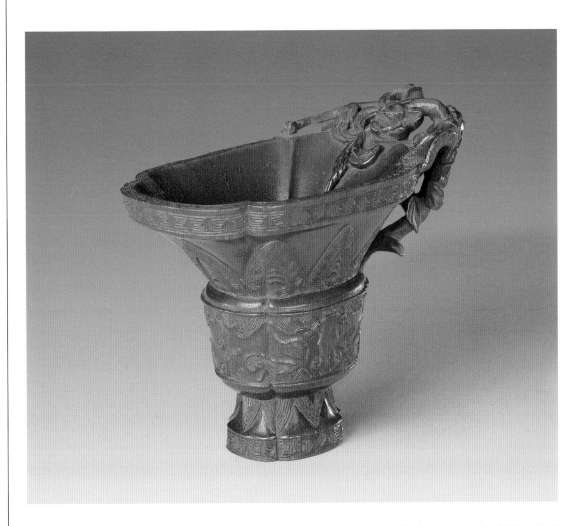

杯用犀角雕成，仿古代青銅觚的造型。花瓣式口，方脣，長頸，微鼓腹，高足外撇。鏤雕桃花交疊成鋬，花枝垂於口內。外腹以回紋作地，用線勾勒出獸面紋，頸刻蠶紋，足外牆刻蕉葉紋。

觚是商周時飲酒器，後世製為杯者甚少。此器造型別致，紋飾考究，尤為難得。

犀角雕螭紋爵杯
明晚期
高12.8厘米　口徑14/8.1厘米　足徑8.2/7.5厘米
清宮舊藏

**Cup in the shape of Jue (wine vessel) with hydra
design, rhinoceros horn carving**
Late Ming Dynasty
Height: 12.8cm　Diameter of mouth: 14 x 8.1cm
Diameter of foot: 8.2 x 7.5cm
Qing Court collection

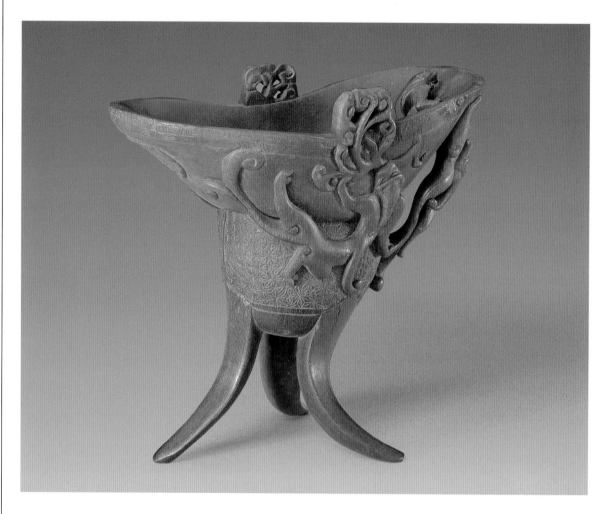

杯以亞洲犀角雕成，仿古代青銅爵造型。口兩端上翹略呈前流後尾形，
口沿刻雷紋，口內雕一條小螭。腹刻菊紋，並雕三條蟠螭，其中一條躬
腰昂首，鏤空成鋬。另兩條蟠螭，口銜靈芝向杯口攀爬，靈芝伸出杯口
成為兩隻鏤空的柱。杯下承三足外撇。

此杯淺棕色，採用陰刻、鏤雕、浮雕等技法，構思巧妙，造型新穎，紋
飾寓意吉祥，既有古韻，又不落俗套，是仿古器中的佳作。

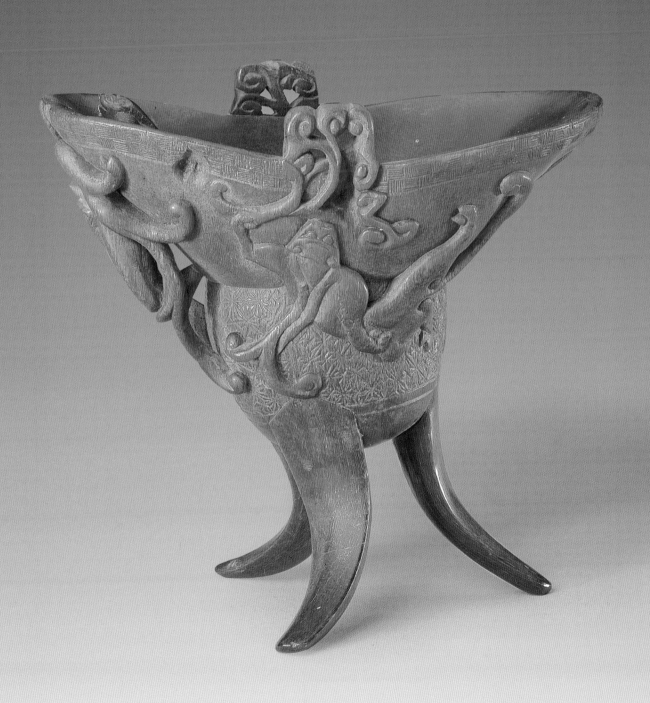

犀角雕文殊菩薩
明晚期
高12.2厘米　底徑11.5/9厘米

Statue of Bodhisattva, rhinoceros horn carving
Late Ming Dynasty
Height: 12.2cm　Diameter of bottom: 11.5 x 9cm

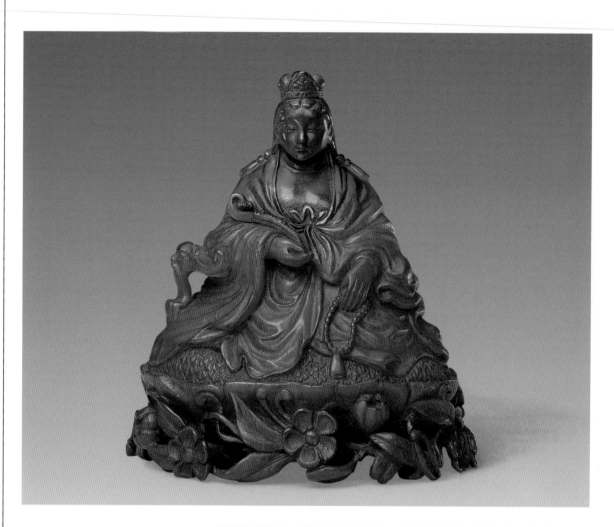

菩薩像用廣角，即非洲犀角雕成。文殊是眾菩薩之首，他頭戴寶冠，身
披廣袖天衣，微閉雙目，左手數珠，右手托如意，盤坐於蓮花座上。衣
紋飄逸自然，表情細膩。座上雕葉紋，下以桃花枝穿插，托起蓮座，華
麗而端莊。

此作品採用圓雕技法，刻工細緻，線條流暢，由於廣角整體色澤較淺
淡，與角尖深棕色相差較大，因而用染色法將色澤加深，使整體色調協
調，是明代晚期犀角雕刻工藝中的佳作。

犀角雕布袋僧
明晚期
高7.9厘米　底徑15.3/10厘米

A monk with a sack, rhinoceros horn carving
Late Ming Dynasty
Height: 7.9cm　Diameter of bottom: 15.3 x 10cm

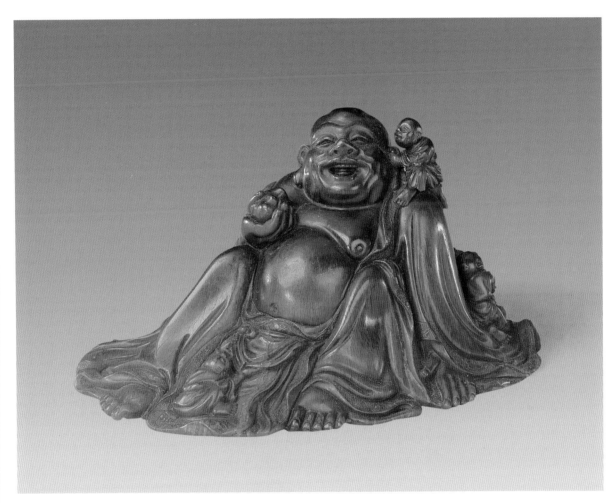

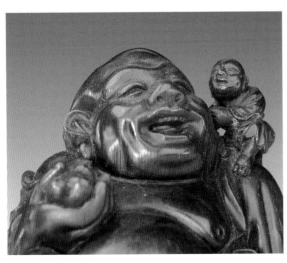

布袋僧像用亞洲犀角雕成，滿臉笑容，身體矮胖，着廣袖長衣，赤足曲肱，仰首倚袋而坐，其前後還有四個小童，有的給他抻衣，有的給他掏耳撓癢。底凹處填有木片以保護其微薄的邊角。布袋僧傳為五代時人，中國信眾認為他是彌勒轉世。

此作品色如蒸栗，上深下淺，採用圓雕技法，人物刻畫既憨態可掬，又有仙者的風貌，惟妙惟肖，趣味十足。

象牙雕黑漆地花卉紋筆筒

清早期

高14厘米　口徑11.5/10.2厘米

清宮舊藏

**Brush holder with floral design over a black lacquer
ground, ivory carving**

Early Qing Dynasty

Height: 14cm　Diameter of mouth: 11.5 x 10.2cm

Qing Court collection

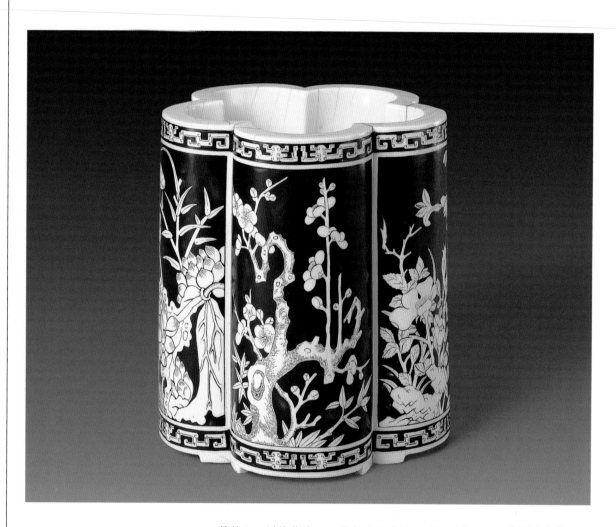

筆筒呈五瓣梅花式，口及底沿刻夔紋。五瓣形外壁上，分別雕水仙、山
茶、荷花、梅花、月季等四季花卉，寓意"四季榮華"。花卉之外減地
塗黑漆為地。底中央有圓形補痕，四周承委角六矮足。

此器採用減地陽紋雕成，圖紋外平平鏟掉一層，填黑漆為地，使畫面黑
白相間，色彩對比鮮明，如同工筆畫，是一件以刀代筆的雕刻作品。

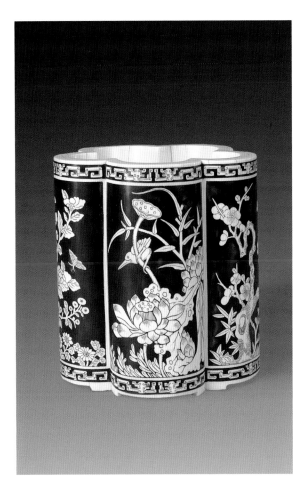
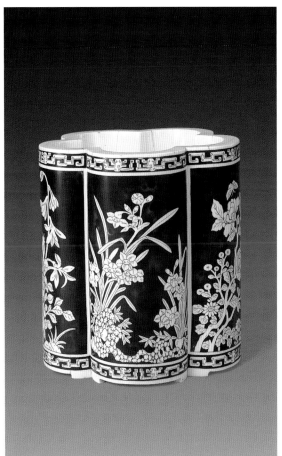
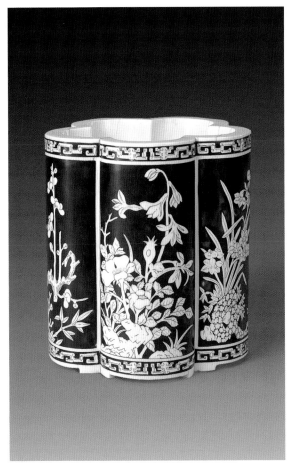
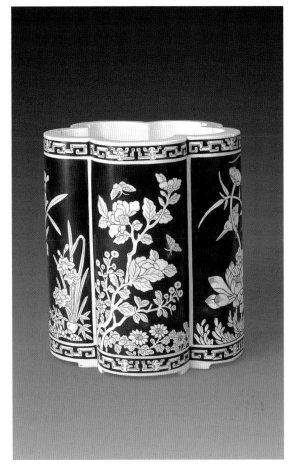

象牙雕松梅圖筆筒
清早期
通高15.1厘米　口徑12.4厘米　足徑13.5厘米

Brush holder with pine-and-plum design, ivory carving
Early Qing Dynasty
Overall height: 15.1cm　Diameter of mouth: 12.4cm
Diameter of foot: 13.5cm

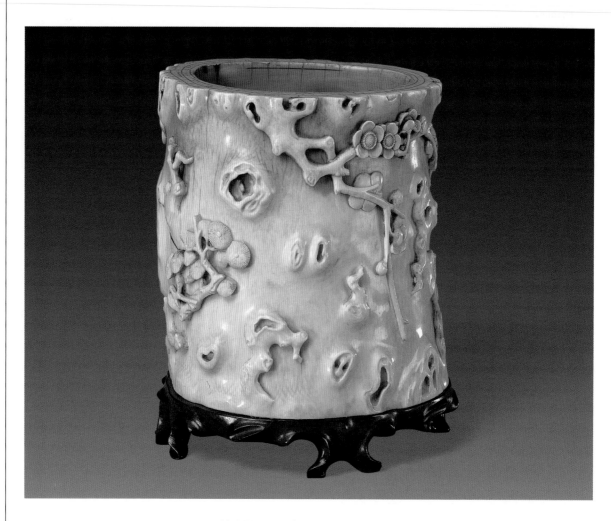

筆筒截取一段象牙隨形雕成。外壁雕成古樹幹狀，其上密佈瘦節疤痕。
口沿下雕一折枝梅花，競相開放。口沿及底沿雕出松枝，松針茂密如
笠，生意盎然。筆筒無底，底座為後配，由紅木雕成。

此器分別採用陷地深刻和減地浮雕法來表現樹瘦、枝杈。在對梅花的雕
刻上，主要通過鏟出花瓣的傾斜度，以突出花蕊，顯示立體效果。

象牙雕四季花卉圖方筆筒
清早期
高12.1厘米　口徑9.3厘米
足徑8厘米
清宮舊藏

Square brush holder with design of
flowers in four seasons, ivory
carving
Early Qing Dynasty
Height: 12.1cm
Diameter of mouth: 9.3cm
Diameter of foot: 8cm
Qing Court colleciton

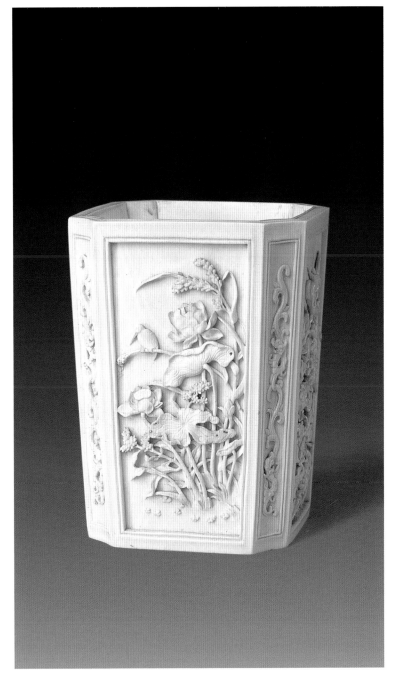

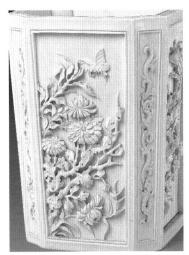

筆筒用象牙雕成，上寬下窄呈折角四方形。四外壁開光內雕牡丹、荷
花、菊花和梅花四季花卉，象徵春、夏、秋、冬，花繁葉茂，翻捲自
如，宛若天生。圖中分別以蝴蝶、蜜蜂、鷺鷥、翠竹為點綴，寓意吉
祥。在折角處條形開光內刻夔鳳紋。

此器潔白瑩潤，清麗精雅。風格受竹刻影響，採用高浮雕技法，構圖規
整，刀法精細，線條婉轉流暢，工藝水平極高。

象牙雕松蔭高士圖筆筒
清早期
高13.7厘米　口徑10.4厘米
清宮舊藏

Brush holder with design of noble scholars under a pine tree, ivory carving
Early Qing Dynasty
Height: 13.7cm　Diameter of mouth: 10.4cm
Qing Court collection

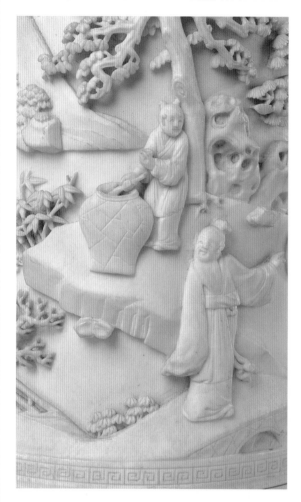

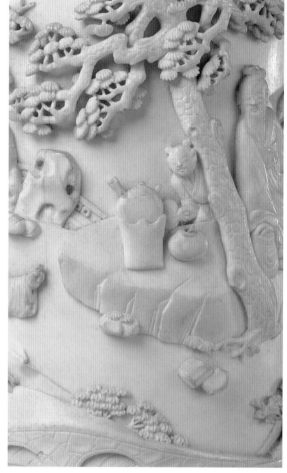

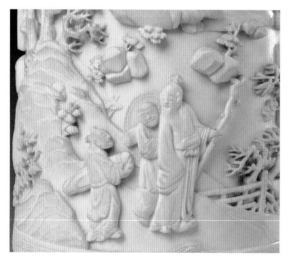

筆筒直筒形，口沿及足沿各有一周雲雷紋裝飾帶，外壁鏟平底面，雕林木蒼翠之間，有老者拄杖徐行，小童抱琴背囊相隨。另一老者立於橋上，駐足回首，指示前方。前有二老者正在觀書，忽有所聞，扶案張望。松下小童忙於烹茶、䁔酒。

此器以減地深浮雕為主，並結合淺浮雕、鏤空等刀法雕成，利用筆筒的圓周鋪排情節，步步設景，使每一角度均有獨立景觀，而又有整體的內在聯繫，極具匠心。

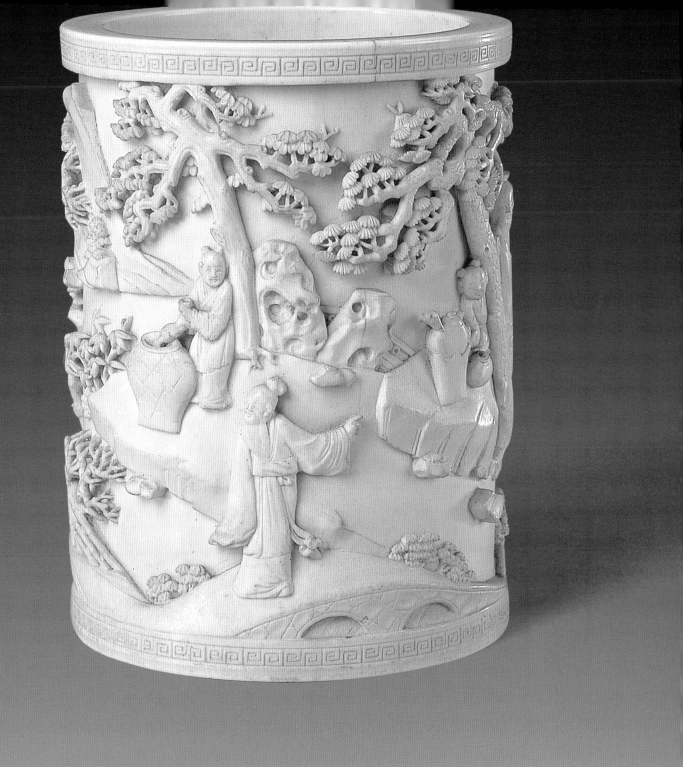

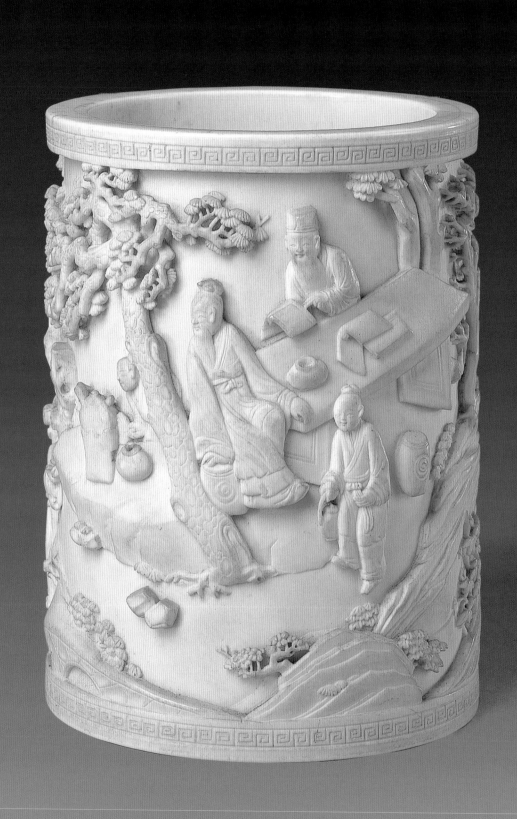

象牙雕歸舟圖銀裏碗
清早期
高5.3厘米　口徑9.2厘米　足徑4.3厘米
清宮舊藏

Bowl with design of returning boat and with inside-wall
mounted with silver, ivory carving
Early Qing Dynasty
Height: 5.3cm　Diameter of mouth: 9.2cm
Diameter of foot: 4.3cm
Qing Court collection

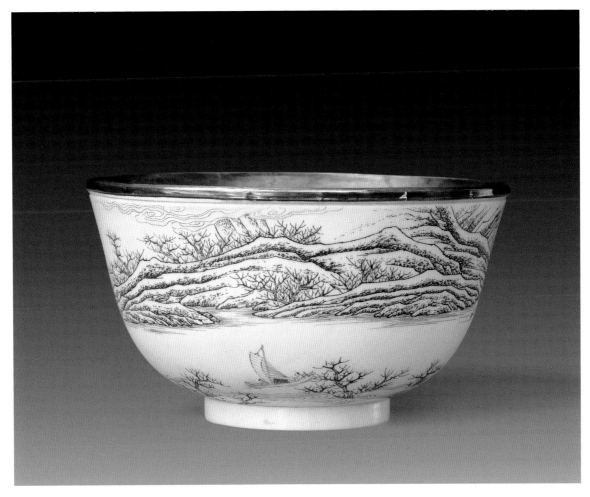

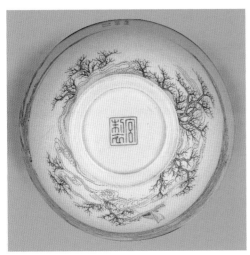

碗以象牙雕成。敞口，圈足，內鑲銀裏。外壁刻《揚帆歸舟圖》，二人泛舟江上，山岩夾岸，煙霧繚繞，無邊花木，逢春待發。圖後陰刻楷書題詩："花從銀閣度，絮繞玉窗飛。"並陰文"式如玉"篆書填紅小印。底刻陰文"宮製"篆書印章款。

此器牙質瑩白，紋理細膩均勻，刻線纖細，圖紋清晰，在刻線上塗有黑漆，是廣東進獻的貢品，其圖紋則是根據旨意在宮廷造辦處刻製的。

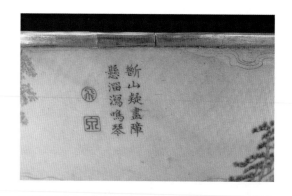

象牙雕撫琴圖金裏碗

清早期
高5.3厘米　口徑9.2厘米　足徑4.3厘米
清宮舊藏

Bowl with design of playing the zither and with inside-
wall mounted with gold, ivory carving
Early Qing Dynasty
Height: 5.3cm　Diameter of mouth: 9.2cm
Diameter of foot: 4.3cm
Qing Court collection

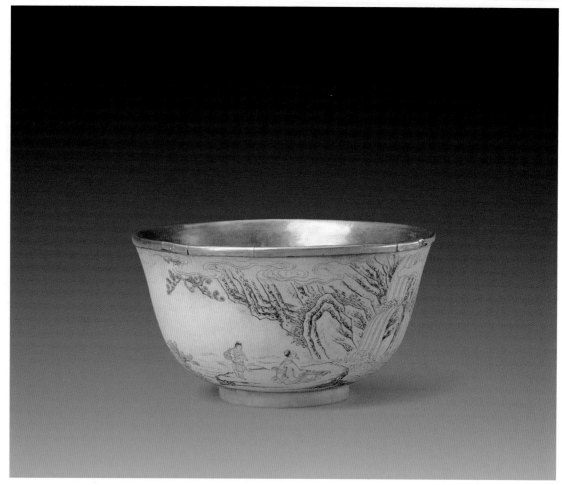

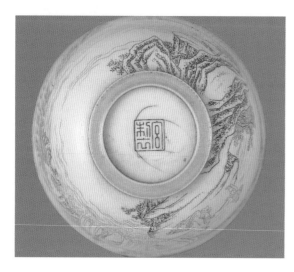

碗以象牙雕成。敞口，圈足，內鑲金裏。外壁刻
《觀瀑撫琴圖》，一高士盤腿坐於石台之上撫
琴，面前瀑布飛流直下，似奏高山流水之音，一
小童背負書卷，臨風侍立。圖後陰刻楷書題詩：
"斷山疑畫障，懸溜瀉鳴琴。"並刻陰文
"飛"、"泉"字篆書填紅小印。底刻陰文"宮
製"篆書印章款。

此器與銀裏碗同是廣東進獻的貢品，其圖紋亦是
根據旨意在宮廷造辦處刻製的。

145

犀角雕西園雅集圖杯
清早期
高13.9厘米　口徑15.8/10.2厘米
足徑4.8/4.3厘米

Cup with design of landscape and figures, rhinoceros horn carving
Early Qing Dynasty
Height: 13.9cm
Diameter of mouth: 15.8 x 10.2cm
Diameter of foot: 4.8 x 4.3cm

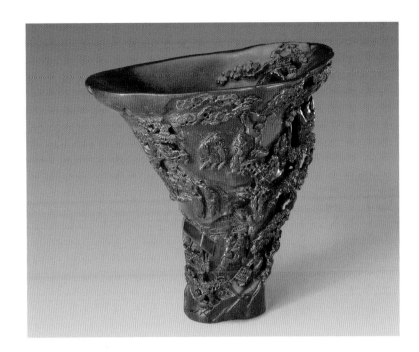

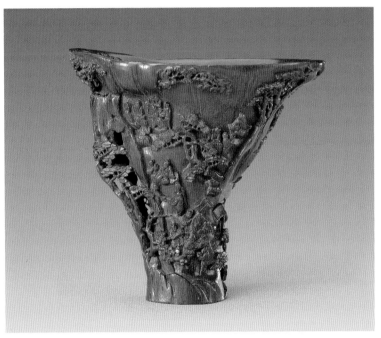

杯用亞洲犀角雕成，敞口斂足。外壁以"西園雅集"為題材，雕雙樹為
鋬。山上松柏楓桐穿插掩映，山間溪流蜿蜒，小橋平架，景色幽靜，十
六位人物或飲酒、或相迎、或高談闊論、或奮筆疾書。"西園雅集"是
明清時期常見的繪畫和雕刻題材，表現的是北宋時蘇軾、蘇轍、王詵、
黃庭堅、李公麟、晁補之、張耒、鄭靖老、秦觀、陳景元、米芾、王欽
臣、劉涇、蔡肇、李之儀、圓通大師等人在西園集會的情景。

此器棕色，採用鏤刻高浮雕技法雕刻。

犀角雕狩獵圖杯
清早期
高13.5厘米　口徑16.6/11.2厘米　足徑6.2/4.8厘米
清宮舊藏

Cup with design of hunting, rhinoceros horn carving
Early Qing Dynasty
Height: 13.5cm
Diameter of mouth: 16.6 x 11.2cm
Diameter of foot: 6.2 x 4.8cm
Qing Court colleciton

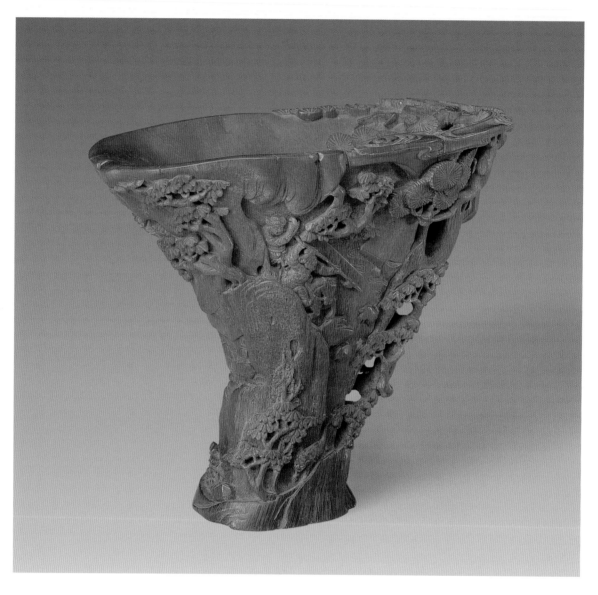

杯用亞洲犀角雕成，敞口斂腹，足底內空微外撇，雕樹木山石為鋬。外
壁雕林木蓊鬱，溪澗湍急，林藹蔽日，有狩獵人物貫穿於景物間。一獵
手縱馬舞矛於前，一獵手駕鳶高呼在後，另有二人從隱身的巨岩後躍馬
而出，馬前一兔狂奔，一虎慌不擇路。

此器採用鏤雕、浮雕技法雕成，將狩獵時的壯闊場景含蓄精煉地表現了
出來。清代統治者本為北方游牧狩獵民族，入關之初，尚武精神不退，
常以狩獵題材製器。

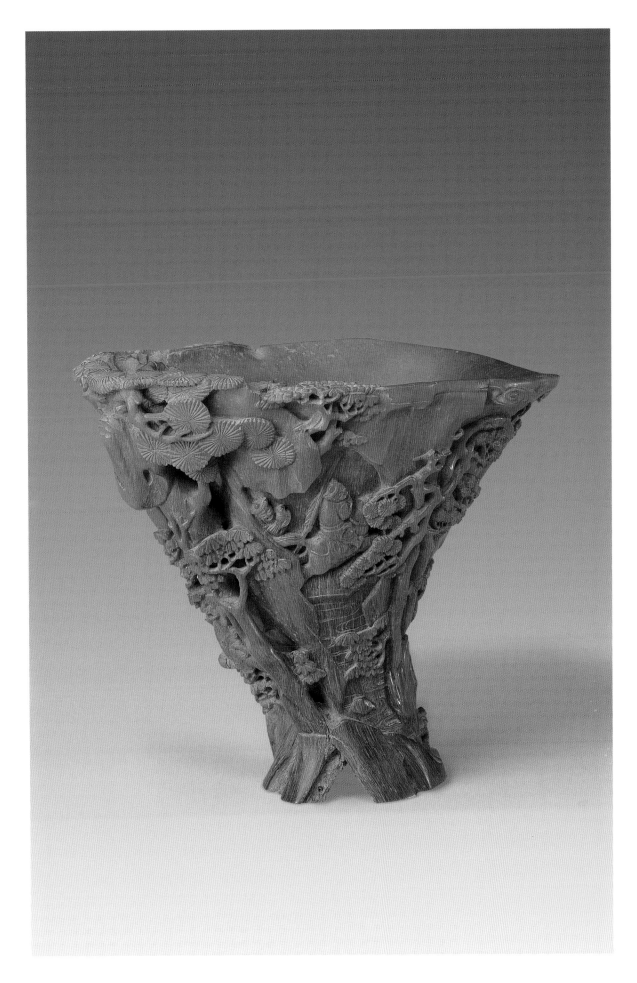

犀角雕山水人物圖杯
清早期
高13.7厘米　　口徑17.9/10.4厘米　　足徑6/3.9厘米
清宮舊藏

**Cup with design of landscape and figures, rhinoceros
horn carving**
Early Qing Dynasty
Height: 13.7cm　　Diameter of mouth: 17.9 x 10.4cm
Diameter of foot: 6 x 3.9cm
Qing Court collection

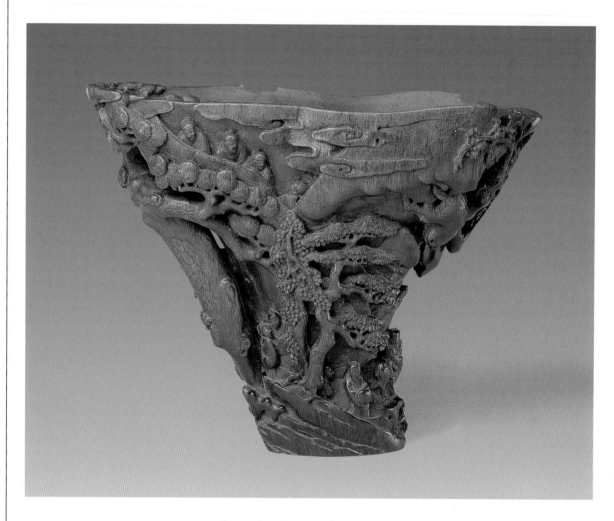

杯用犀角雕成，敞口斂足，雕松樹為鋬。口內雕山岩松枝，外壁雕山水
人物，取螺旋式構圖，十八個人物散佈於石隙中、松柏後、溪橋上，或
乘馬、或步行、或攀爬。人小如豆，卻眉目清晰，神情依稀可辨。

此器高浮雕、鏤雕技藝嫻熟，圖紋層次分明，代表了當時犀角雕工藝的
水平。

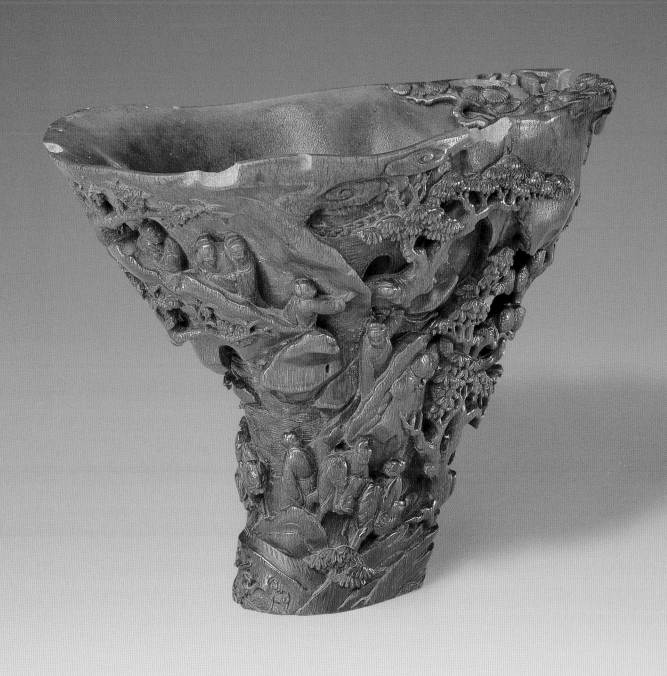

148

犀角雕八仙慶壽圖杯
清早期
高17.3厘米　口徑20.1/12.5厘米
足徑6.8/4.4厘米
清宮舊藏

Cup with design of the Eight Immortals celebrating
brithday, rhinoceros horn carving
Early Qing Dynasty
Height: 17.3cm　Diameter of mouth: 20.1 x 12.5cm
Diameter of foot: 6.8 x 4.4cm
Qing Court collection

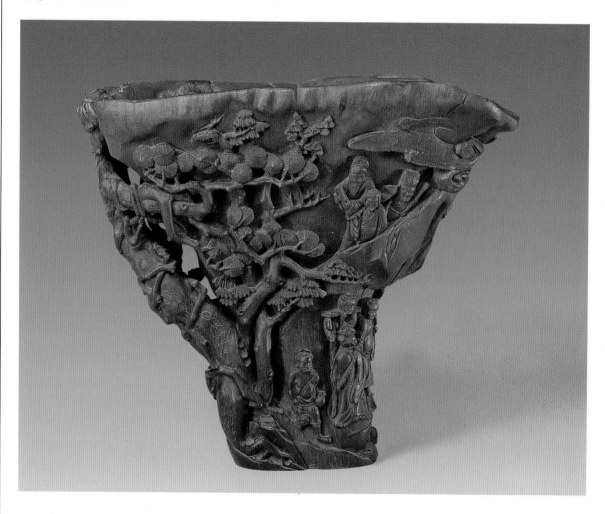

杯用犀角雕成，敞口斂足，口沿不甚圓滑。自底至口雕虬松巨幹，其枝
葉伸至杯口之內，藤蘿纏繞樹身。外壁一側雕八仙立於林木之間，另一
側雕壽星盤膝而坐，手捧如意，身旁立二童，一老者坐於石上問道。流
口之下雕溪橋遠崖，白鶴翔舞，劉海金蟾等圖紋，將兩側畫面巧妙相
聯。所刻畫的情景含祈福祝壽之意。

此器形體碩大，雄渾樸拙。採用高浮雕、鏤雕等工藝雕成，在構圖滿密
之處幾不可容針，而疏曠的地方則鏟出大片的空白。其刀法質樸有力，
氣魄不凡，很能顯示這一時期工藝的特點。

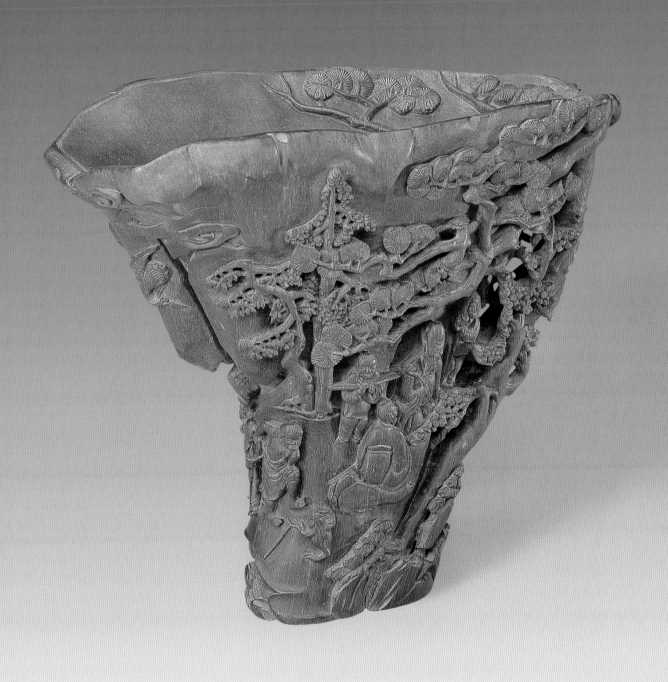

犀角雕萬福來朝圖杯
清早期
高11.1厘米　口徑14.4/9.1厘米　足徑5.9/5厘米
清宮舊藏

**Cup with auspicious design of bats, rhinoceros
horn carving**
Early Qing Dynasty
Height: 11.1cm　Diameter of mouth: 14.4 x 9.1cm
Diameter of foot: 5.9 x 5cm
Qing Court collection

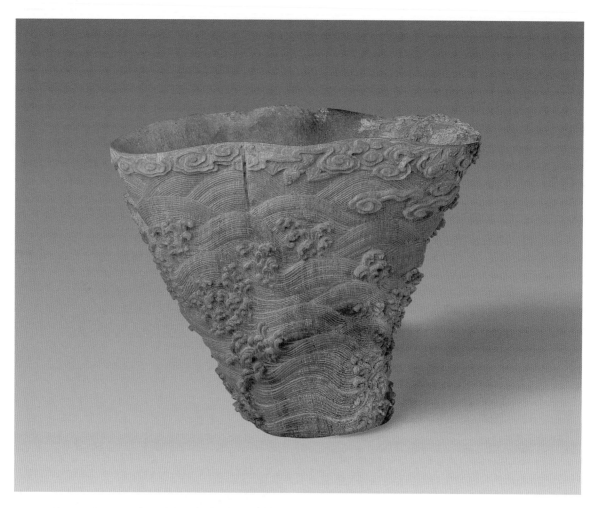

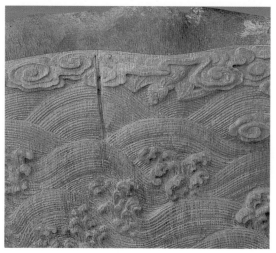

杯用犀角雕成，敞口斂足，口沿打磨極薄，呈現不規
則的連弧狀。外壁通體雕波濤雲氣紋，每一條波紋都
細如髮絲，而且在波動中又有碰撞、疊壓的變化，產
生浪花飛濺的動勢。近足處雕礁石。口內雲紋上雕蝙
蝠，寓"萬福來朝"之意。

此器採用淺浮雕技法雕成，運刀如筆，立意獨特，意
到筆成，實屬難能可貴。

鹿角椅
清早期
高130厘米　寬91厘米
厚75.5厘米
清宮舊藏

Chair of deerhorn
Early Qing Dynasty
Height: 130cm　Width: 91cm
Thickness: 75.5cm
Qing Court collection

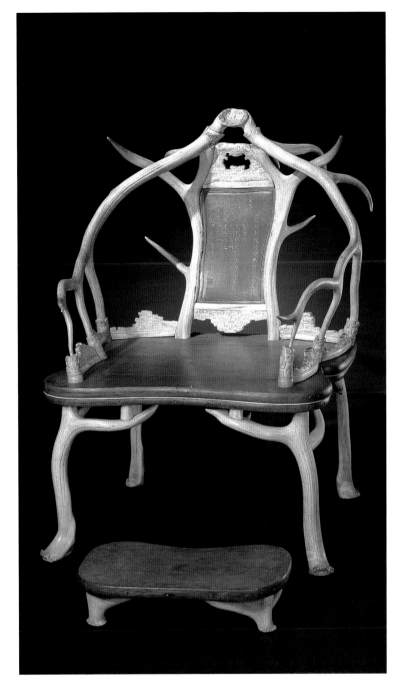

椅用鹿角拼接而成，造型別致。座面下為連接頭蓋骨的鹿角，根部以紫檀木包裹並雕飾雲紋，角叉外翻向下，樣似鼓腿，末梢為足，連接紫檀木托泥。椅背以鹿角為框，鑲紫檀木背板，正中刻乾隆御題《恭詠皇祖鹿角椅》詩，落款"乾隆癸未（1763）夏六月御題"及"乾隆宸翰"印文。此椅為清康熙年間所製。

御題詩：大獮年年幸塞沙，詰戎深意警荒遐。虞人惟許獻三殺，匠氏因教製八叉。既樸而淳供憩息，匪雕以飾戒奇衺。昭哉白水欽前跡，鄙矣青甎詡舊家。

象牙雕漁樵耕牧圖筆筒
清中期
高14厘米　口徑11.2厘米　足徑10.8厘米
清宮舊藏

Brush holder with design of fisherman, woodcutter,
farmer and buffalo boy, ivory carving
Middle Qing Dynasty
Height: 14cm　Diameter of mouth: 11.2cm
Diameter of foot: 10.8cm
Qing Court collection

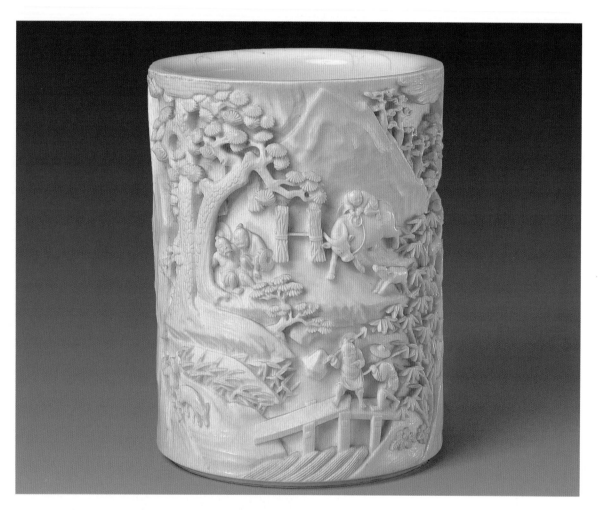

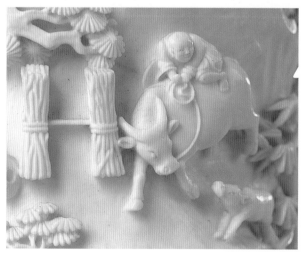

筆筒用一截象牙雕成，直筒形。外壁雕漁樵耕牧，水邊柳畔停舟，一船上老翁撒網捕魚，另一船上老婦扶着攀上篷頂的小童，老翁盤坐回首，似在呵斥頑童。對岸山間小猴攀騰跳躍，雙鶴翔飛，樵夫肩挑柴擔盤山而下。竹林橋上，農夫荷鋤出耕，橋下溪水激流。岸邊松下，樵夫停擔休息，牧童騎牛放牧，山羊悠閒覓食，顯出一派太平祥和的景象。

此器採用高浮雕技法，刻工細膩，技法與竹刻相同，是清乾隆年間宮廷造辦處的佳作。

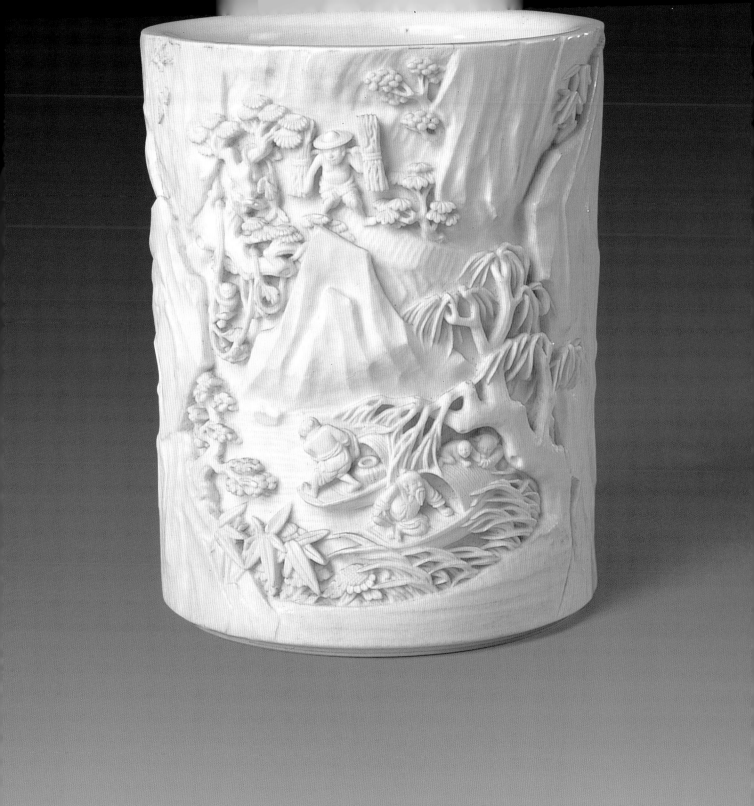

象牙雕開光山水人物圖筆筒
清中期
高13厘米　口徑9.3厘米
清宮舊藏

Brush holder with design of landscape and figures
within reserved panels, ivory carving
Middle Qing Dynasty
Height: 13cm　Diameter of mouth: 9.3cm
Qing Cout collection

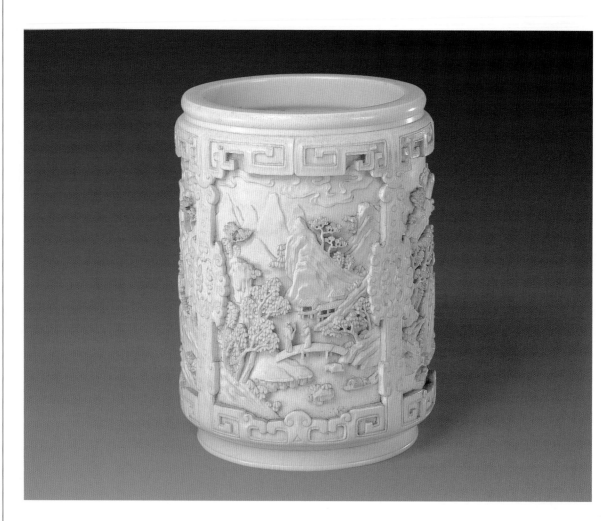

筆筒呈凸腹圓柱形，口沿、底足光素。外壁以雙線蟠螭紋分為四個長方
形開光，開光內分別雕攜琴訪友、小橋相會、泛舟及觀瀑四圖。圖中山
巒疊翠，流雲環繞，古木聳立，亭閣依山而築，小橋橫跨水面，景色綺
麗，氣勢巍峨。

此器以淺雕和高浮雕工藝雕成，技藝精湛，圖紋精細，佈景巧妙古雅，
如同四幅筆墨濃韻的山水畫，堪稱牙雕精品。

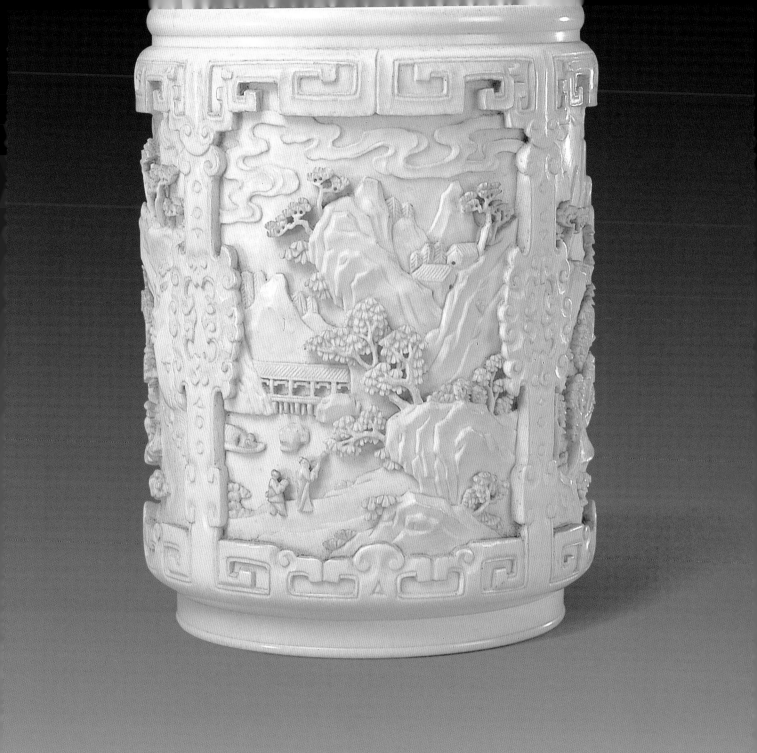

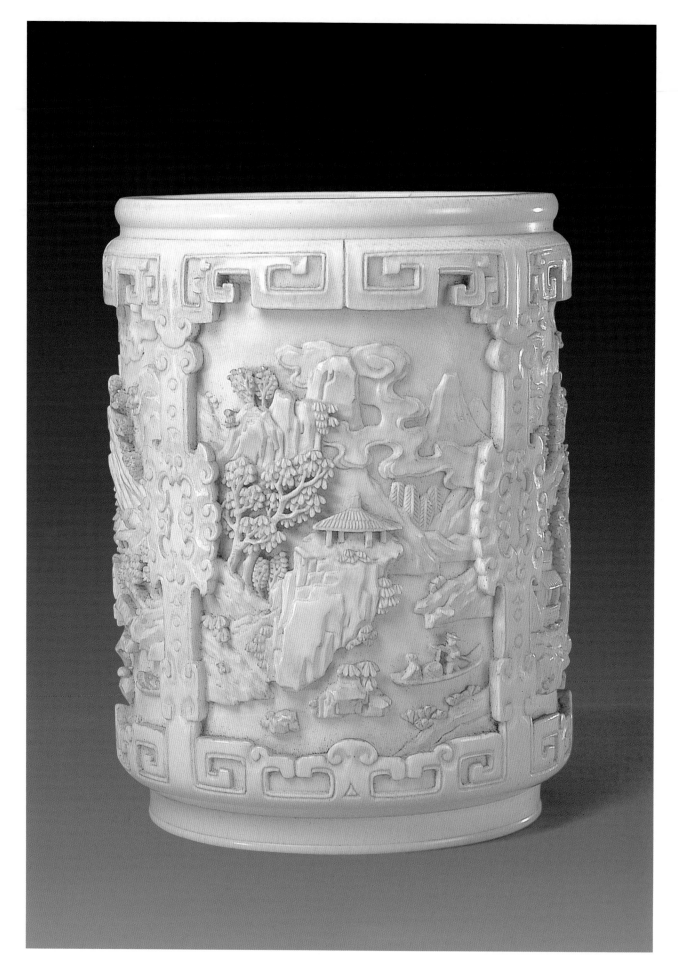

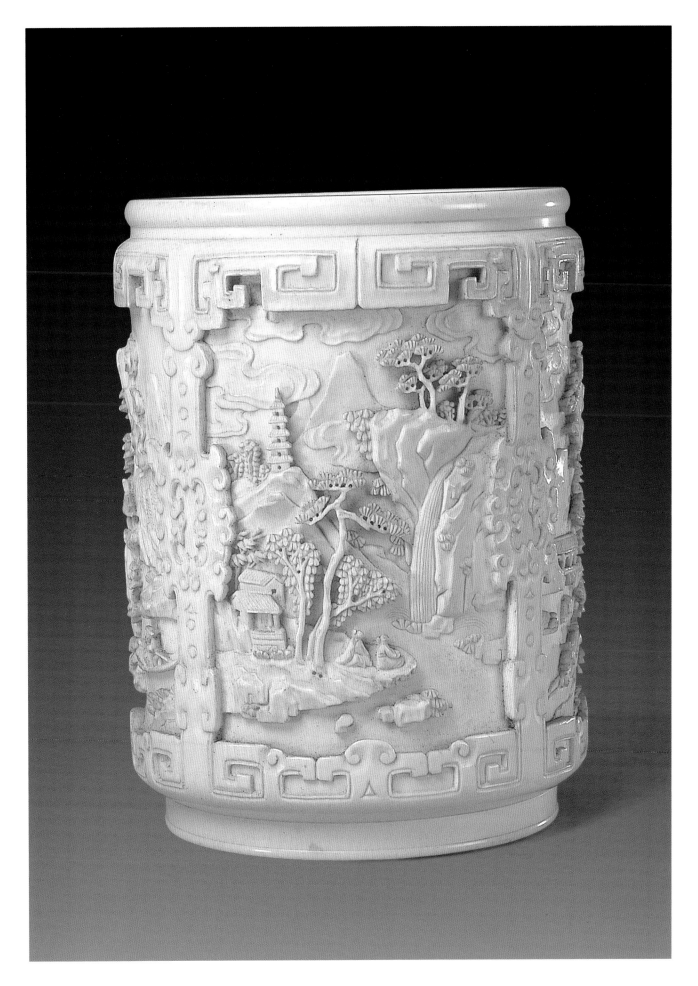

象牙雕漁家樂圖筆筒　黃振效
清中期
高12厘米　口徑9.7厘米
清宮舊藏

Brush holder with design of a joyful family of a fisherman, ivory carving
By Huang Zhenxiao
Middle Qing Dynasty
Height: 12cm　Diameter of mouth: 9.7cm
Qing Court collection

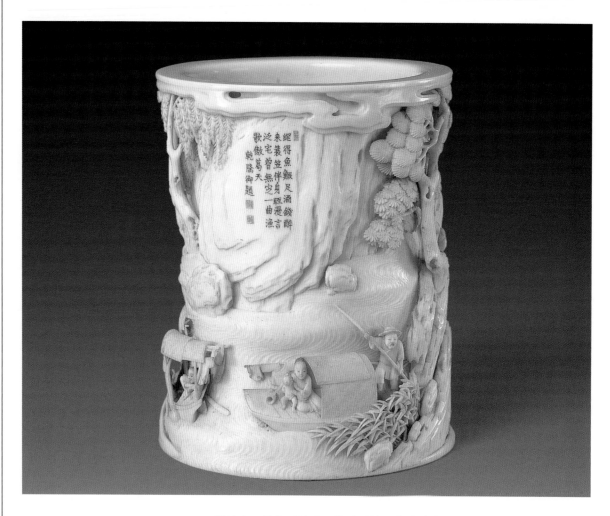

筆筒由一截象牙雕成。外壁雕柳溪停舟漁樂圖，圖中山石聳立，槐柳成蔭，幾位漁人圍坐在松樹下開懷暢飲。蘆蕩風起，漁婦抱兒依坐船頭。山壁一側陰刻楷書御題七言詩一首，詩後刻陰文"乾隆御題"款及"宸"、"翰"字篆書印章款。近足處刻陰文"乾隆戊午（1738）長至月　小臣黃振效恭製"楷書款。

此器採用高浮雕技法，構圖嚴謹，既表現了宮廷藝術的格調，又展示出清代雕刻頂峰時期牙雕工藝獨特的藝術魅力。

黃振效是廣州著名牙雕匠師，於清乾隆二年（1737）被召入宮廷造辦處牙作。

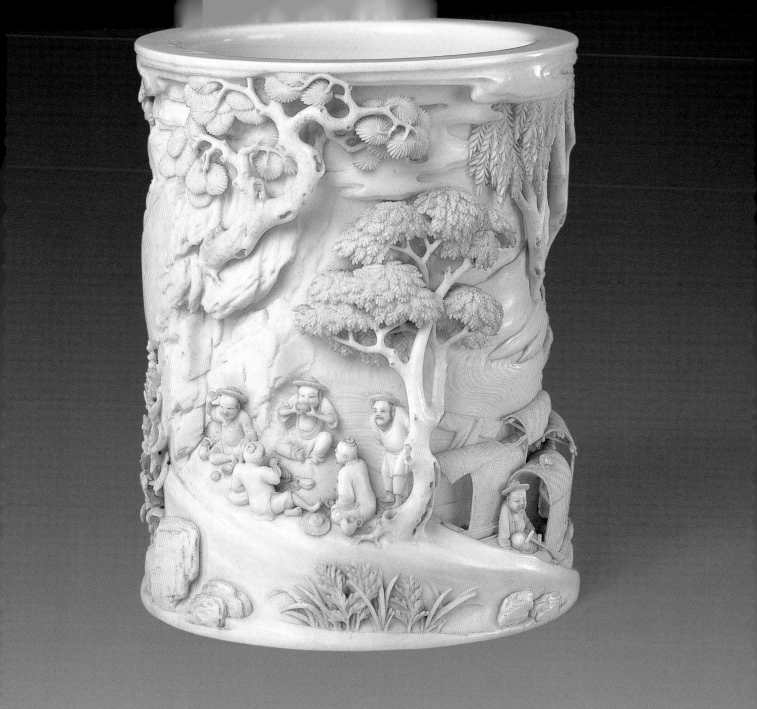

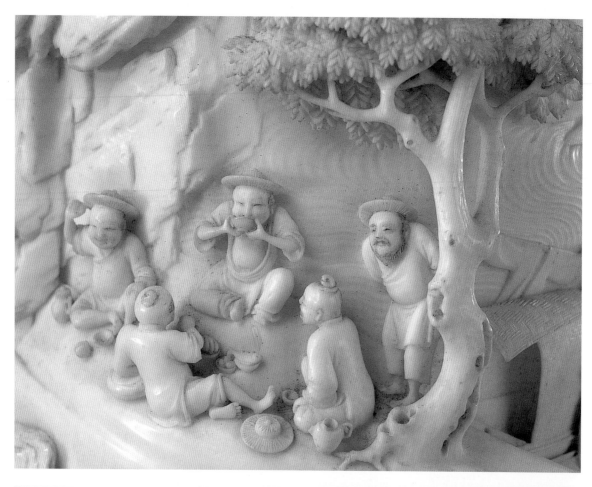

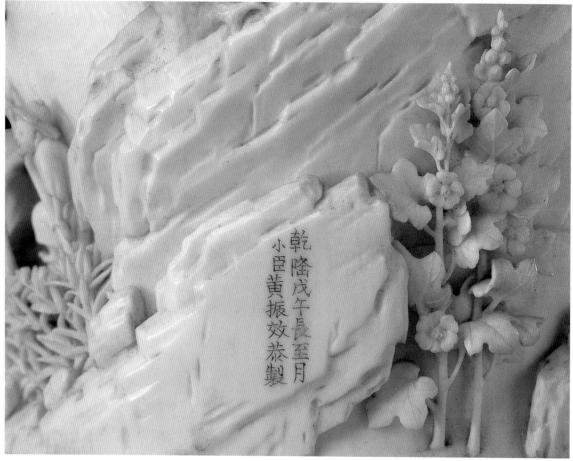

乾隆戊午長至月
小臣黃振效恭製

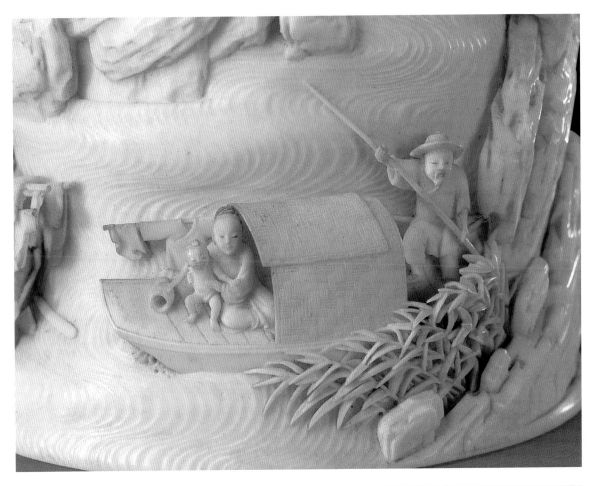

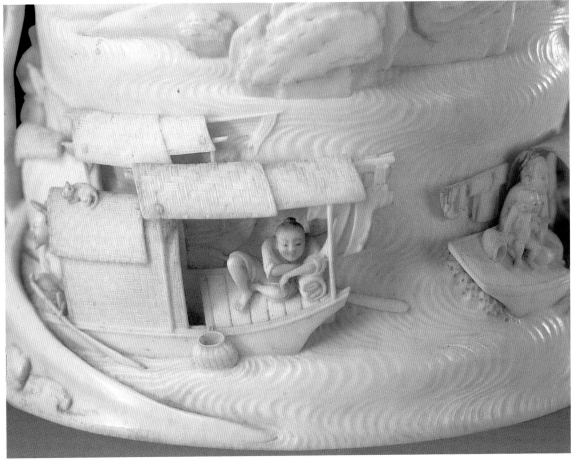

象牙雕山水人物圖方筆筒
清中期
高10.2厘米　口徑6.3厘米　足徑6.8厘米
清宮舊藏

**Square brush holder with design of landscape and
figures, ivory carving**
Middle Qing Dynasty
Height: 10.2cm　Diameter of mouth: 6.3cm
Diameter of foot: 6.8cm
Qing Court collection

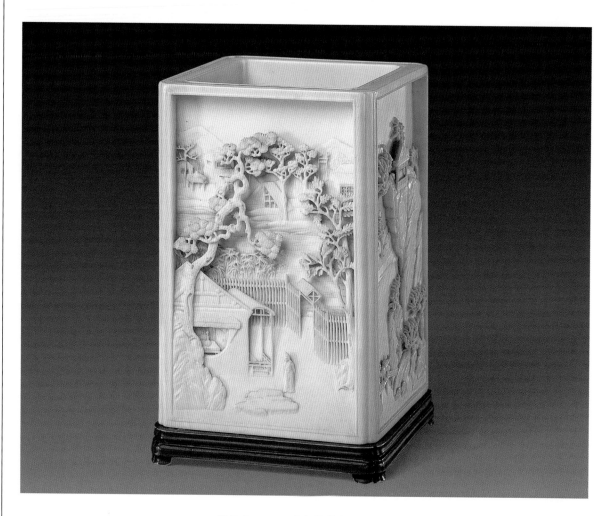

筆筒方口，四邊起棱為框，框內雕四幅山水人物圖景。一為荷亭納涼
圖，湖邊雙柳低垂，湖中長廊蜿蜒，亭中一人正賞看荷景。二為長松獨
步圖，河岸屋舍接連，松桐挺拔，籬牆院內一人獨步。三為山亭聳秀
圖，湖邊峭壁高峻，崖頂置一方亭，崖下小橋上一人策蹇前行。四為山
村野渡圖，湖岸屋舍林立，楓桐蒼鬱，一葉小舟蕩漾於湖中。

此器採用在平面上施立體高浮雕技法，畫面深至七層，刀法精細，所刻
景物猶如四幅立體畫，是清代牙雕藝術珍品。

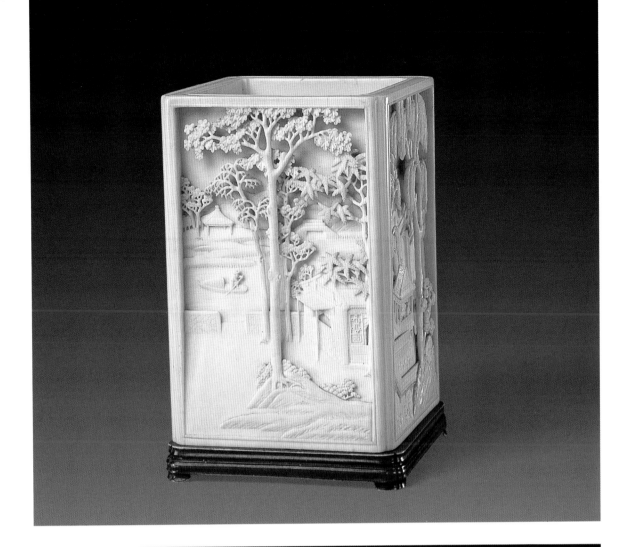

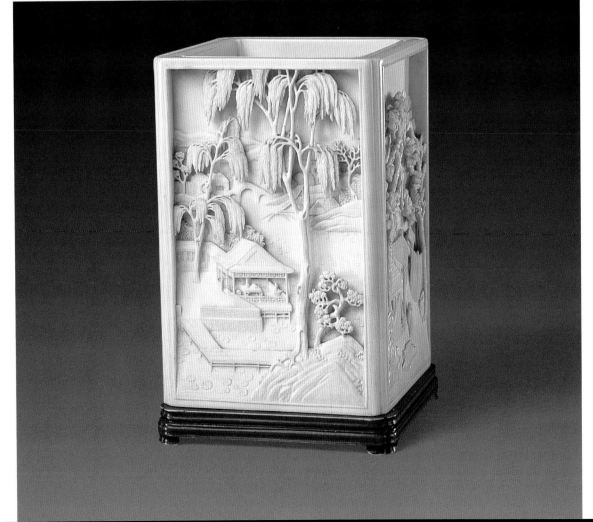

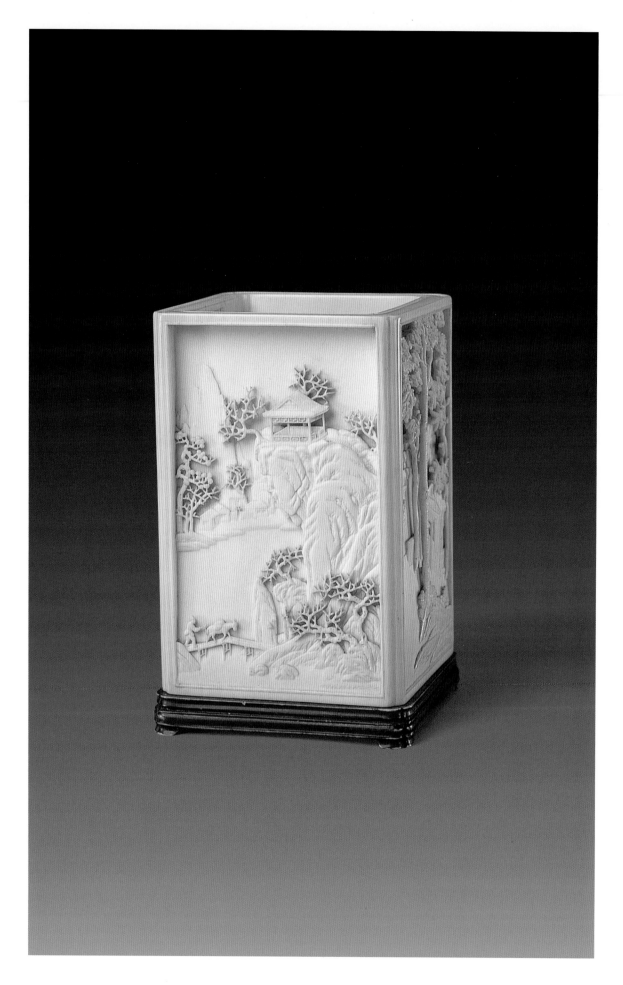

象牙雕會昌九老圖臂擱
清中期
長17.3厘米　寬3.9厘米
厚1.1厘米
清宮舊藏

Arm-rest with a scene of the
gathering of nine elders in the
Huichang period (841-846), ivory
carving
Middle Qing Dynasty
Length: 17.3cm
Width: 3.9cm　Thickness: 1.1cm
Qing Court colleciton

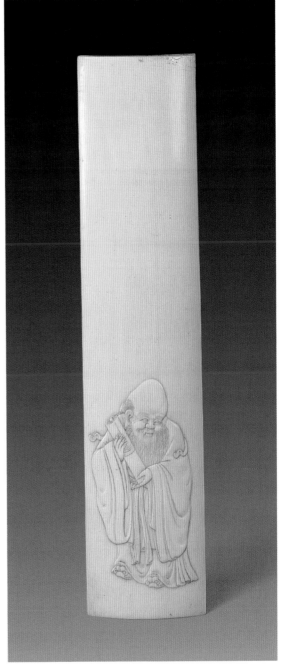

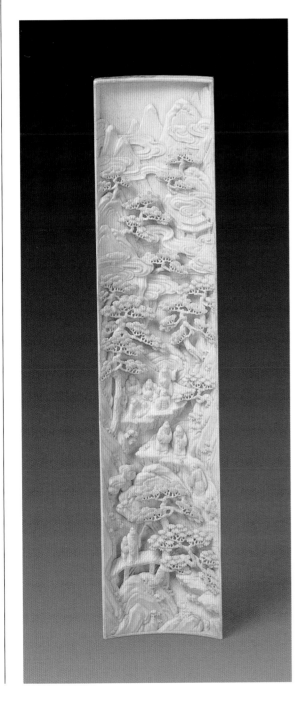

象牙雕會昌九老圖臂擱

臂擱長形，呈覆瓦式。正面雕壽星，含胸側首，微
笑慈祥，寬衣博帶，着雲頭履，手捧畫卷。背面雕
《會昌九老圖》，山崖、清泉、樹木交錯，山路盤
曲，九老或攜杖過橋，或山間相迎，或高談闊論，
雖身形如豆，卻神情畢現。遠處是雲煙重巒，樓台
隱現，收尺幅千里之功。

此器正背之圖紋分別採用淺浮雕和高浮雕技法雕
成，技法不同，繁簡迥異，而祈壽之意相同，清雅
之韻合一，是清代牙雕文房用具中的代表作之一。

象牙雕松蔭雅集圖臂擱
清中期
長24厘米　寬6/4.9厘米
厚1.9厘米
清宮舊藏

Arm-rest with design of the meeting of scholars under a pine tree, ivory carving
Middle Qing Dynasty
Length: 24cm
Width: 6 x 4.9cm
Thickness: 1.9cm
Qing Court collection

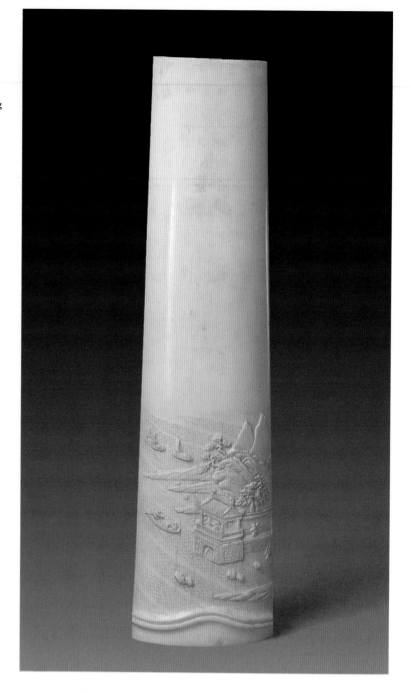

臂擱上窄下寬，呈覆瓦式，雕竹節形，有四矮足。正面為海水行舟圖，高閣遠帆，景色空明澹遠。背面內凹，以"南翔八老"為題材雕《松蔭雅集圖》，圖中峭壁高聳，奇松蒼勁。上方松蔭石壁間，六位老人或環立觀畫，或對坐吟詩，或手舞足蹈，開懷大笑，二童子侍立烹茶。下方有一拱橋，蒼松下兩老者騎馬來訪，二童持卷攜琴相隨。"南翔八老"典出清《香祖筆記》，說南翔里有八老人為社，每日飲酒談笑相娛樂，共度太平盛世。

此器正背兩面分別採用淺浮雕和鏤空高浮雕技法雕成，受竹雕影響頗深，刻畫極細，氣韻十足。

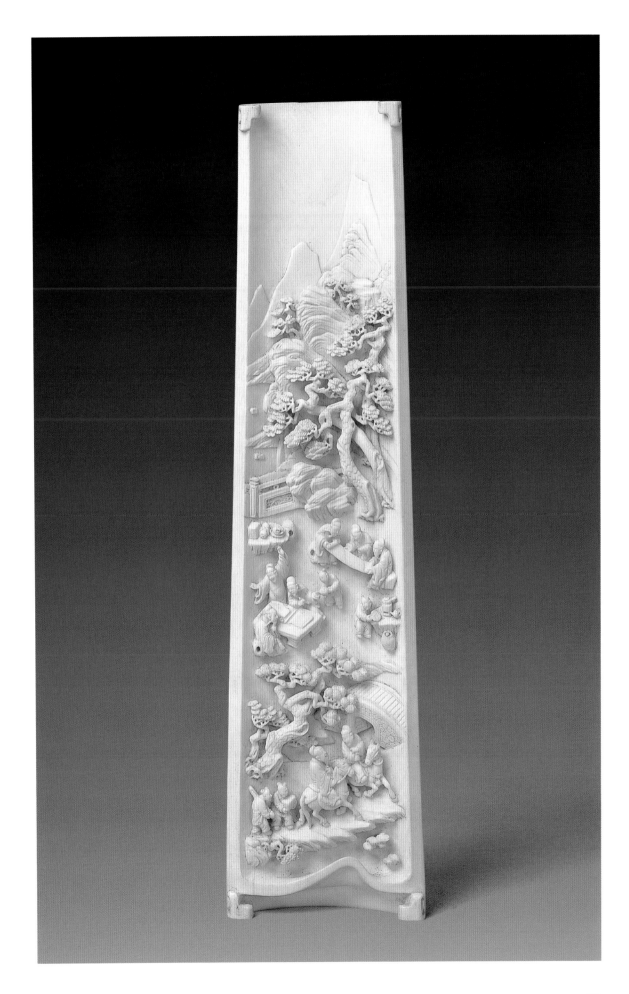

象牙雕十八羅漢渡海圖臂擱
清中期
長29.1厘米　寬6.1厘米　厚2.4厘米
清宮舊藏

**Arm-rest with design of eighteen
arhats crossing the sea, ivory carving**
Middle Qing Dynasty
Length: 29.1cm
Width: 6.1cm　Thickness: 2.4cm
Qing Court colleciton

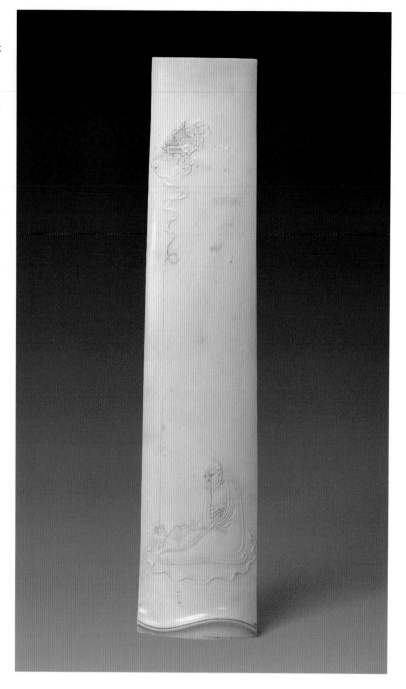

臂擱上窄下寬，呈覆瓦式，雕竹節形，有四矮足。正面雕達摩面壁，爐
中香煙裊裊，在空中凝成一座殿閣。背面雕十八羅漢渡海圖，彌勒佛坐
於一塊由三個藥叉托着的錦緞上，眾羅漢各持法器，分乘龍、猴、獅、
麒麟、龜、魚、牛、虎等瑞獸，踏浪而行。

此臂擱採用薄地陽文技法雕成，筆墨韻味濃厚，景物集聚，刻工細膩圓
潤，刀法精絕，是象牙清玩中的精品。

杜士元，蘇州人，善刻象牙臂擱，清乾隆初年被召入啟祥宮，此臂擱從
雕刻技法上看，極似杜士元雕刻風格。

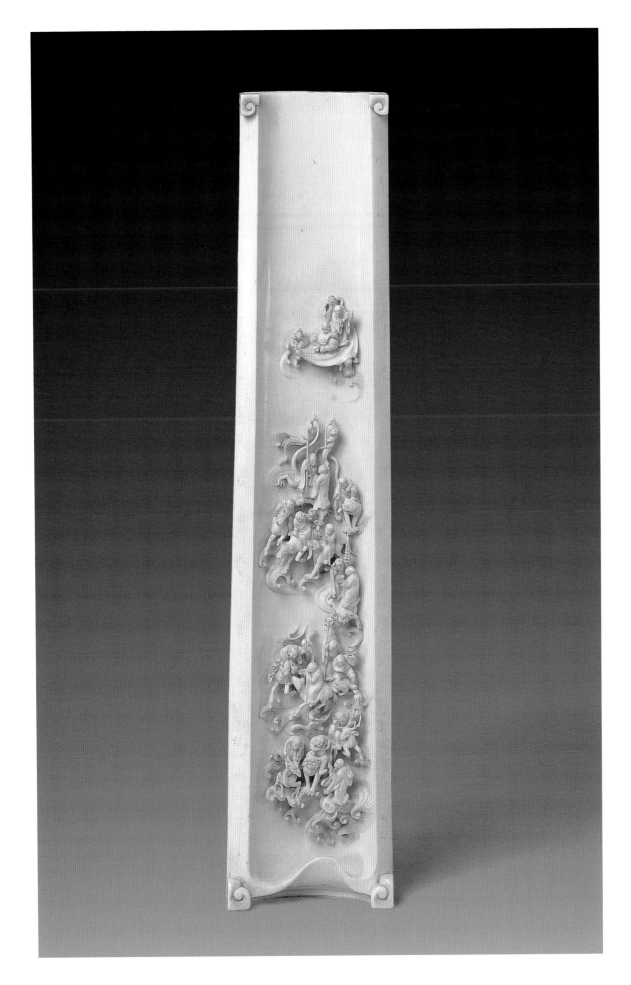

193

象牙雕仕女
清中期
高23厘米　座徑11厘米
清宮舊藏

**Statue of classical lady, ivory
carving**
Middle Qing Dynasty
Height: 23cm
Diameter of stand: 11cm
Qing Court collection

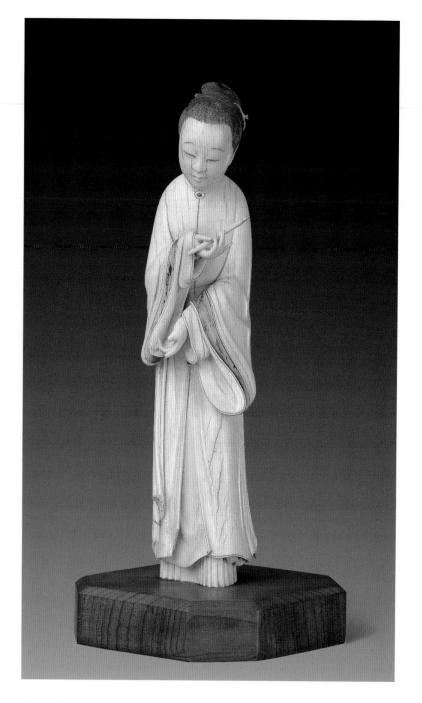

仕女以象牙雕成，體態修長，右手提筆，亭亭玉立，將一閨閣才女在案
前斟酌詞句的神情刻畫得惟妙惟肖。仕女的眉目、袖口邊、頭髮、筆尖
均用墨染成黑色。其髮髻、衫裙類似《康熙南巡圖》上的市庶婦女形
象，而稍豐滿的面龐，勻稱的身材，又似清雍正時宮中所繪的美女圖樣
式。

此作品採用圓雕技法，與廣東牙匠茜色的雕刻風格亦極相符，當是宮廷
造辦處廣東籍牙雕高手之作。

象牙雕劉海戲蟾

清中期
高2.9厘米　長3.6厘米　寬2.3厘米
清宮舊藏

Liu Hai playing with a toad, ivory carving
Middle Qing Dynasty
Height: 2.9cm　Length: 3.6cm　Width: 2.3cm
Qing Court collection

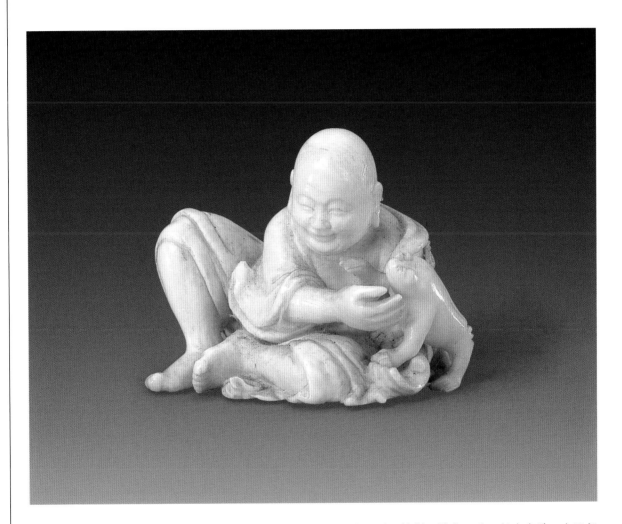

劉海戲蟾用象牙雕成，劉海禿頂披髮，體態肥胖，斜身半臥，右腿翹起，腳趾微微上翹，雙手撫摸着三足金蟾開懷歡笑。寓意"財源興旺"。

此作品採用圓雕技法，刀法凝重，刻工簡練，精緻圓潤，人物頗得傳神之妙。其宮廷藝術風格極濃，是造辦處中江浙地區牙雕高手刻製的雅玩。

象牙雕童子戲獅
清中期
高6厘米　底徑8/4厘米
清宮舊藏

A boy playing with lions, ivory carving
Middle Qing Dynasty
Height: 6cm　Diameter of bottom: 8 x 4cm
Qing Court collection

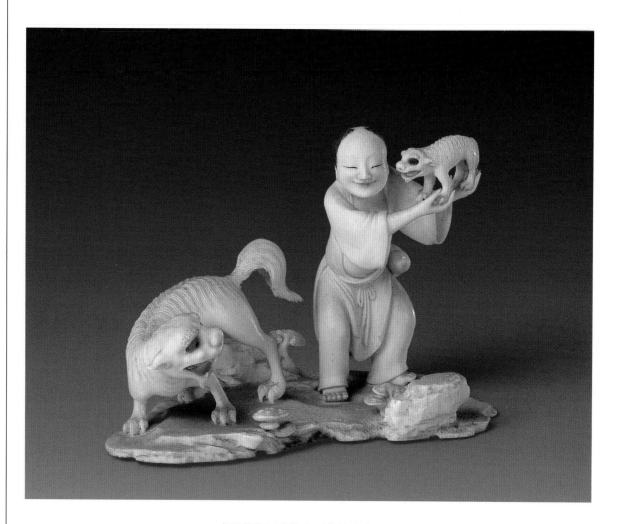

童子戲獅用小塊象牙銜接雕成。以糙地刀法皴刻出草地岩石，草地上小童赤足，敞胸露腹，笑瞇瞇地雙手舉着小獅，正在逗弄着母獅。母獅躬身翹尾，咧嘴怒睛，一副情急無奈的樣子。一個焦急，一個開懷，兩者相映成趣。

此作品採用圓雕和鑲接等多種技法，用象牙的邊角餘料細刻黏接而成，無一不表現出潔白細膩，小、薄、細巧的特徵，顯示出清代雍正時期獨特的牙雕藝術風格。

此作品與《牽鹿》、《耕讀》、《牧羊》同為一套景觀。

象牙雕童子牽鹿
清中期
高6.5厘米　底徑7.2/4.5厘米
清宮舊藏

A boy leading a deer, ivory carving
Middle Qing Dynasty
Height: 6.5cm　Diameter of bottom: 7.2 x 4.5cm
Qing Court collection

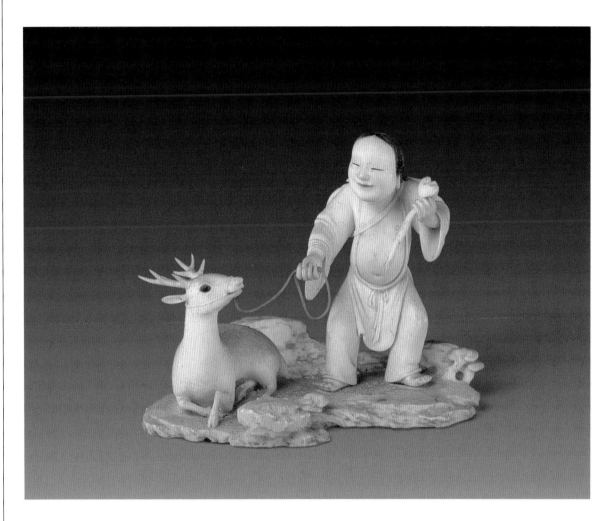

童子牽鹿用小塊象牙雕成。以糙地刀法皴刻草地，梅花鹿側臥於地，昂
首上望，一禿頂披髮小童赤足、敞胸露腹，右手牽繩，左手持如意，腳
趾上翹，躬腰站立在鹿旁。鹿與“祿”諧音，如意表示吉祥，是清代吉
祥紋樣中常見的題材。

此作品採用圓雕、鑲接等多種技法，造型小巧精細，人物、動物的頭髮
和眼睛均由墨染黑，神態逼真。

象牙雕老少耕讀
清中期
高6厘米　底徑8.9/4.5厘米
清宮舊藏

Figures tilling and reading, ivory carving
Middle Qing Dynasty
Height: 6cm　Diameter of bottom: 8.9 x 4.5cm
Qing Court collection

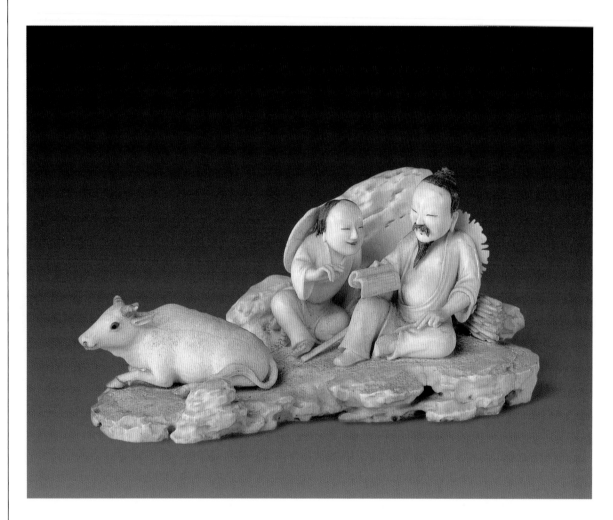

老少耕讀用小塊象牙鑲接雕成。以糙地刀法皴刻草地山石，一頭耕牛臥於草地之上，在牛身後，一老一少肩繫草帽，背靠山石和樵捆，蓆地而坐。老者手持書卷，少年左手撐地，右手指書。一問一講，表現出農家勤奮耕讀的情景。

此作品採用圓雕、鑲接等多種技法，刻工精巧細緻，人物形象逼真生動，表現了安寧、祥和的田園生活，有着濃重的江蘇一帶的雕刻風格。

163

象牙雕童子牧羊
清中期
高4.9厘米　底徑9.8/4.6厘米
清宮舊藏

Boys tending sheeps, ivory carving
Middle Qing Dynasty
Height: 4.9cm　Diameter of bottom: 9.8 x 4.6cm
Qing Court collection

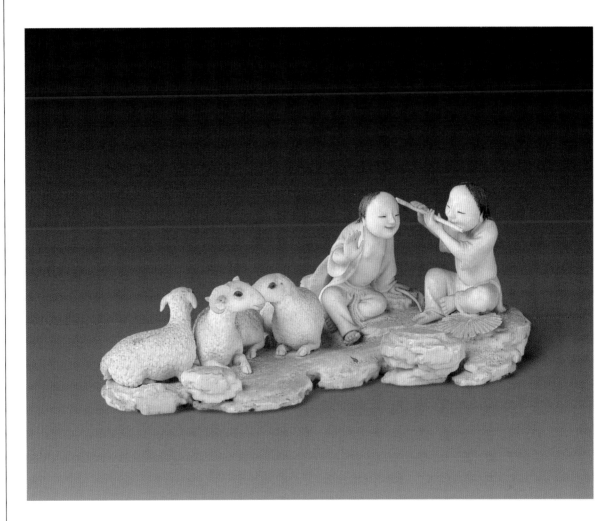

童子牧羊用小塊象牙鑲接雕成。以糙地刀法皴刻草地，兩個牧童蓆地而坐，一個吹着橫笛，一個打着節拍伴合，三隻綿羊溫順地伏臥其旁。畫面中的羊與"陽"諧音。《易經》卦相中泰卦是"三陽"之一，表示吉祥平安。三羊寓"三陽開泰"之意，是清代吉祥紋樣中常見的題材。

此作品採用圓雕、鑲接等多種技法，設計巧妙，造型典雅精細、小巧玲瓏，人物及綿羊的眼、髮均為墨染，有點睛之妙，增添了神韻。

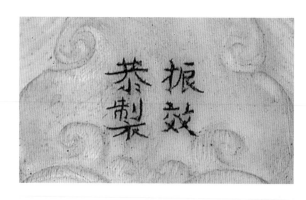

164

象牙雕海水雲龍紋火鐮套　黃振效
清中期
長8厘米　寬7.4厘米
清宮舊藏

Ivory sheath for containing flint cutter for getting sparks
carved with design of clouds and dragons in waves
By Huang Zhenxiao
Middle Qing Dynasty
Length: 8cm　Width: 7.4cm
Qing Court collection

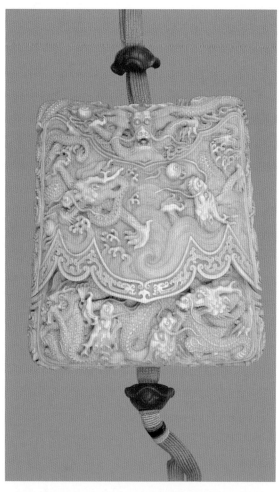

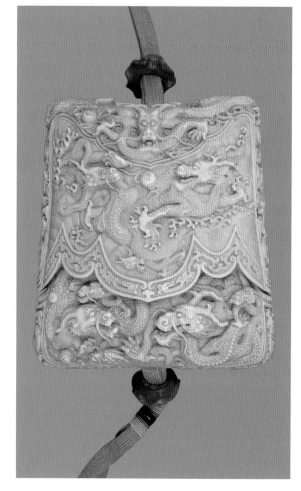

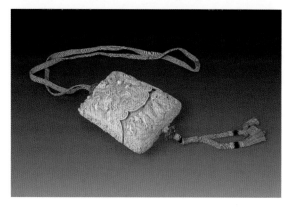

火鐮套形如荷包，分蓋、盒兩部分，中空，由一根
黃絲帶及兩塊蓮葉形的珊瑚飾珠穿連。在蓋口邊雕
雙線如意及蟠夔紋，蓋上兩面正中雕正面龍，其下
雕群龍在洶湧的波濤中追逐火燄寶珠，飛騰翻捲，
氣勢雄偉。大龍之間藏有小龍，喻"蒼龍教子"之
意。套內裝一條穿珠繡壽字夔龍紋黃緞火鐮帶、一
把鏤空鏨夔龍紋鑲金火鐮、數塊瑪瑙火石、一疊引
火絨紙。盒內兩側分刻陰文"乾隆壬戌（1742）"
及"振效恭製"楷書款。

此器採用浮雕技法雕成，紋飾層次分明，刀法精細
流暢，獨具風格。

165

象牙雕開光蒼龍教子圖覆鐘
式火鐮套
清中期
長11.7厘米　寬5.9厘米
厚2.3厘米
清宮舊藏

Ivory sheath for containing flint
cutter for getting sparks inverted
bell carved with design of the
Green Dragon guiding the young
dragons
Middle Qing Dynasty
Length: 11.7cm
Width: 5.9cm　Thickness: 2.3cm
Qing Court collection

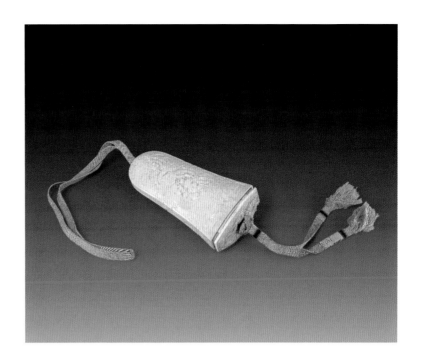

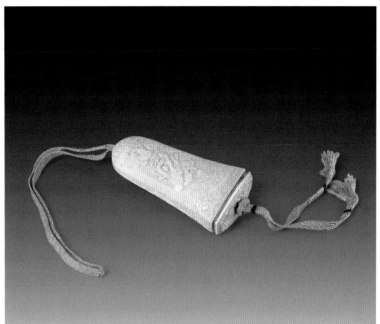

火鐮套呈覆鐘式，由一條黃絲帶從中穿連，上端由一顆珊瑚珠固定開
啟，下端由一朵染牙荷葉結托。外壁刻鳳首夔紋開光，內雕《蒼龍教子
圖》，圖中海天一線，大龍騰躍於雲中向下瞭望，下方一面兩條小龍穿
行在江崖旁，旋轉追珠；另一面一條小龍昂首上觀，四周波濤洶湧。套
內有明黃緞套盛裝火石、火鐮及引火絨紙。

此器採用陽文和高浮雕技法雕成，紋飾精雅細緻，刀法流暢，寓意深
奧，是清雍正時期宮中牙雕高手奉旨為皇子貝勒特製的。

象牙雕葵花形筆掭
清中期
高1.2厘米　長19厘米　寬13厘米
清宮舊藏

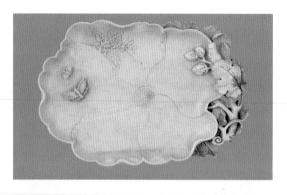

Ink-pallet in the shape of mallow, ivory carving
Middle Qing Dynasty
Height: 1.2cm　Length: 19cm　Width: 13cm
Qing Court collection

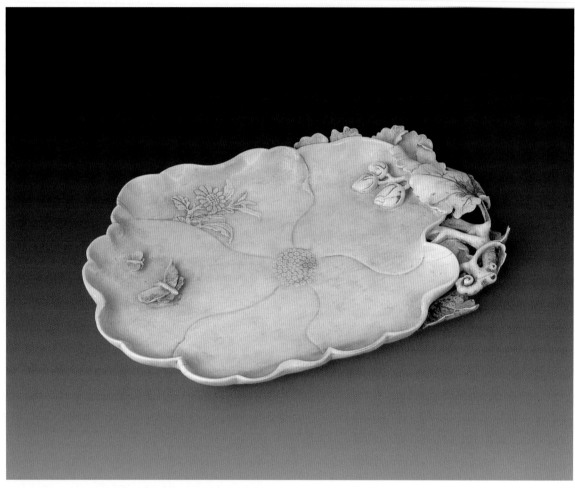

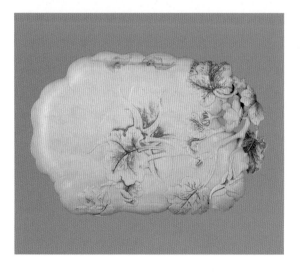

筆掭呈碟式，曲邊葵花形，花上雕兩隻蝴蝶盤桓飛翔，花瓣間伸出一枝盛開的秋菊，正中雕花蕊。葉柄處雕枝蔓，數片小葉及花朵、花蕾盤繞於器底之中，淺藍色的葉片翻捲，枝鬚婉轉，葉莖筋脈十分清晰。葉片、花卉、昆蟲，情趣生動。筆掭是文房用具。

此器採用圓雕、陰刻、陽文、浮雕等多種技法雕成，刀工精練流暢，輕薄如紙，清雅宜人，是清雍正五年（1727）造辦處牙雕高手所作。

象牙雕鵪鶉形盒
清中期
高5.6厘米　長12厘米　寬4.5厘米
清宮舊藏

Box in the shape of a quail, ivory carving
Middle Qing Dynasty
Height: 5.6cm　Length: 12cm　Width: 4.5cm
Qing Court collection

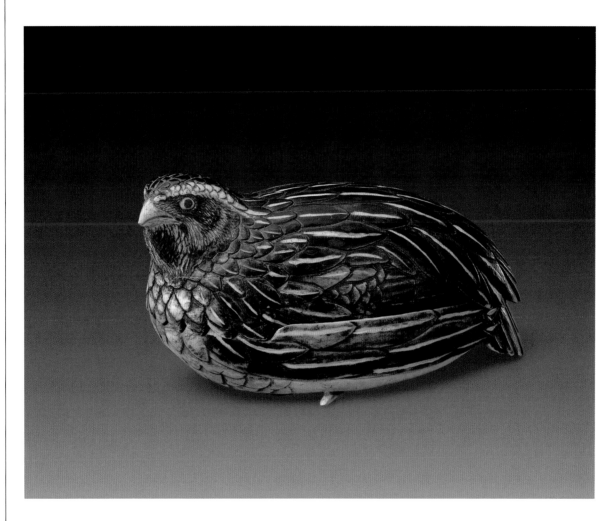

盒為蹲伏的鵪鶉形，從中間上下分啟，鵪鶉的背與頭部為蓋，腹部為盒。背部分層次雕成葉形羽，頭部雕鱗狀羽，鳥頭周圍絨毛疏密有序，羽毛由淺入深染成棕色，足爪蜷縮於腹下。以鵪鶉為題材的器物，一般根據字的諧音寓"平安"之意。

此器是宮中婦女梳妝用的粉盒。以圓雕技法雕成，色澤逼真，生動傳神，充分展現出鵪鶉的機敏神態，精巧別致。

象牙雕吉慶小盒
清中期
高4厘米　長8.5厘米　寬3.8厘米
清宮舊藏

Auspicious boxes, ivory carvings
Middle Qing Dynasty
Height: 4cm　Length: 8.5cm
Width: 3.8cm
Qing Court collection

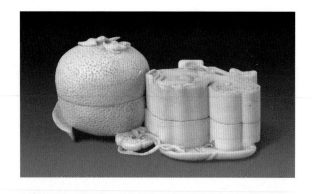

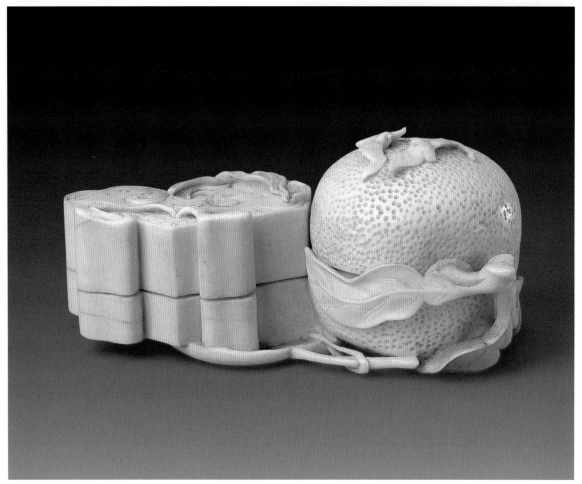

盒為雙連式，一盒雕成折枝橘，用糙地法刻出密密麻麻的細點表現橘皮，貼刻枝葉，橘上落有二隻蝙蝠展翅相對。一盒雕為繫帶磬，蓋雕勾雲如意紋，內盛玉蘭花。盒由環佩和一柄芭蕉扇相托連在一起，玲瓏秀美，輕巧精湛。兩盒扣合十分緊密，精巧異常。橘、磬諧音"吉慶"，紋飾寓"福壽吉慶"之意。

此器呈淺黃色，以圓雕、鏤雕和淺浮雕技法雕成，設計精妙，造型生動，做工考究，是宮廷造辦處牙匠高手的傑作。

象牙雕竹節草蟲形花插
清中期
高9厘米　長7.8厘米　寬3.5厘米
清宮舊藏

Flower receptacle in the bamboo-joint shape with design of grass and insect, ivory carving
Middle Qing Dynasty
Height: 9cm　Length: 7.8cm　Width: 3.5cm
Qing Court collection

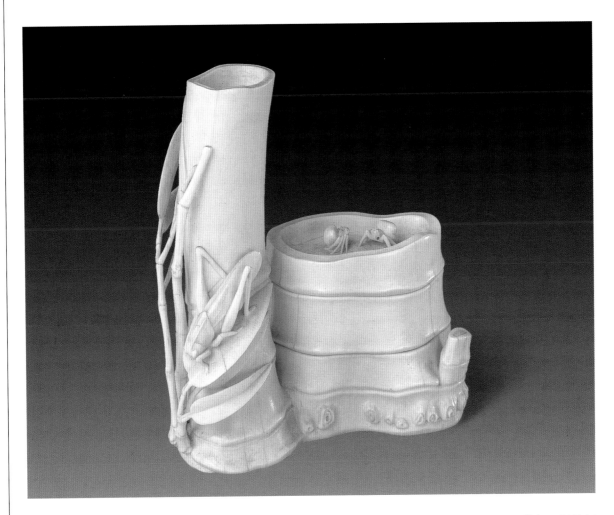

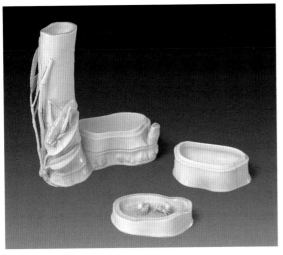

花插用象牙雕成，兩竹節為連體，一根為插，插筒根部新枝附幹向上伸延，在與側枝相接處雕一隻正在咀嚼竹葉的螞蚱。一根為屜盒，在蓋的凹面正中，兩隻蜘蛛磨牙撐足，似欲爭鬥。近底處根鬚畢露，顯得生氣盎然。

此器採用主體與附件相結合的形式，以圓雕寫實手法雕刻，意境清新，造型獨特，雕刻精細。這種生動活潑的象牙雕小件盛行於清代，幾乎主宰了當時上層社會的藝術領域。

象牙雕鏤空如意紋長方小套盒　李爵祿
清中期
高2.3厘米　長5.3厘米　寬4.2厘米
清宮舊藏

Rectangular ivory box engraved with S-shaped design
By Li Juelu
Middle Qing Dynasty
Height: 2.3cm　Length: 5.3cm　Width: 4.2cm
Qing Court collection

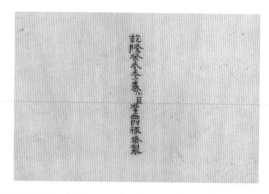

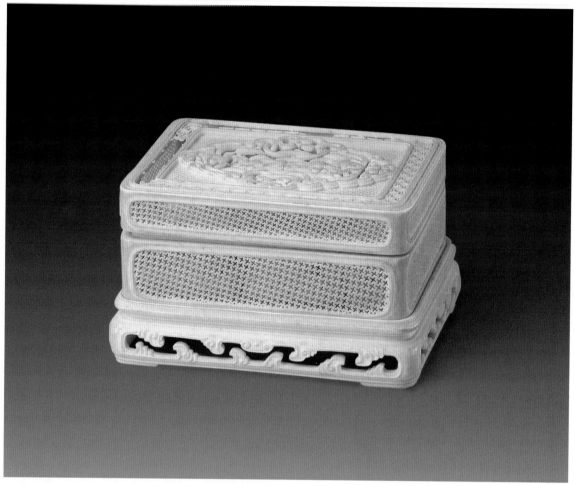

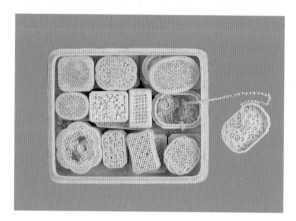

盒以象牙雕成，在大盒中盛裝十八個如指甲蓋大小的各式小盒，大小盒均刻雷紋、索花如意紋、雙夔紋等，在小盒中還有象牙微雕的果實、昆蟲、環鏈等。大盒外底刻陰文"乾隆癸未（1763）季春小臣李爵祿恭製"楷書款，款內填墨彩。

此器壁薄如蛋殼，鏤空雕刻紋線細如髮絲，玲瓏剔透，精細絕倫。為宮廷造辦處牙雕高手李爵祿的代表作之一。

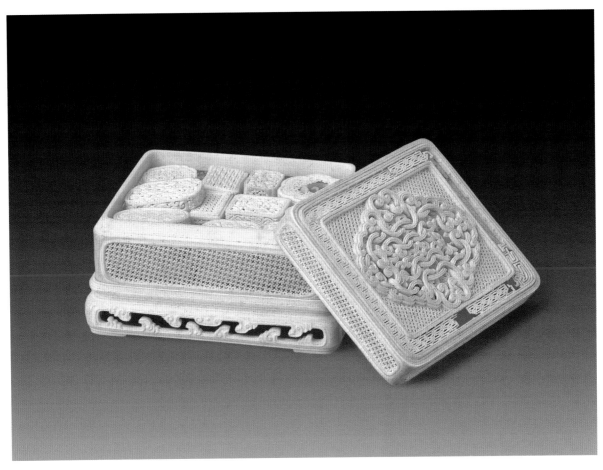

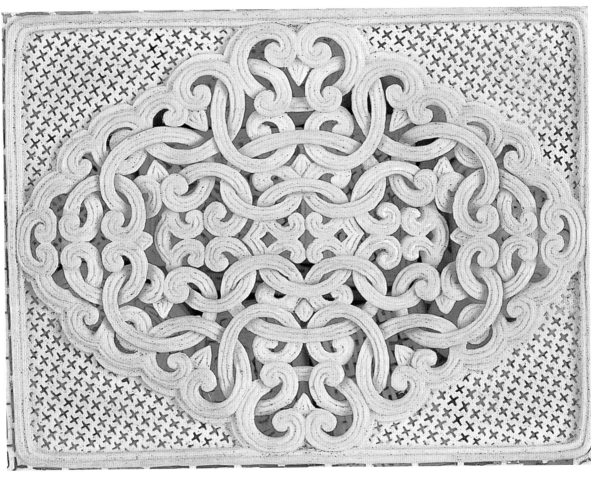

象牙雕雙層透空提樑花籃
清中期
通高17厘米　口徑6.2厘米
足徑3.9厘米
清宮舊藏

Ivory engraved tow-drawer flowers basket
Middle Qing Dynasty
Overall height: 17cm
Diameter of mouth: 6.2cm
Diameter of foot: 3.9cm
Qing Court collection

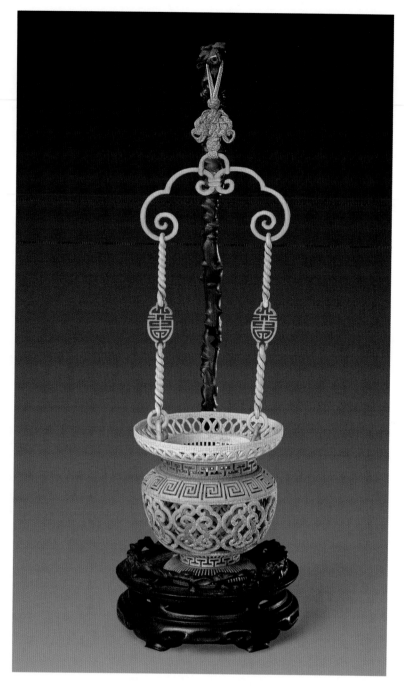

花籃以象牙鏤雕而成,洗口,束頸,圓腹,覆盤式足。口雕套勾桃紋,兩側連接染牙團壽及如意垂雲紋活環提樑。頸、肩雕雲雷紋。腹部分內外兩層,外層鏤刻雙連如意紋,內層刻可以轉動的雙環古錢紋。提樑吊在木製圓座支架上,極其精巧雅致。

此器鏤空刻花,雕鐫巧妙,立意新穎,是宮廷造辦處廣東牙匠雕刻的陳設珍品。

象牙鏤雕御船　黃振效
清中期
高1.7厘米　長5.2厘米　寬1.5厘米
清宮舊藏

Boat, ivory engraving
By Huang Zhenxiao
Middle Qing Dynasty
Height: 1.7cm　Length: 5.2cm　Width: 1.5cm
Qing Court collection

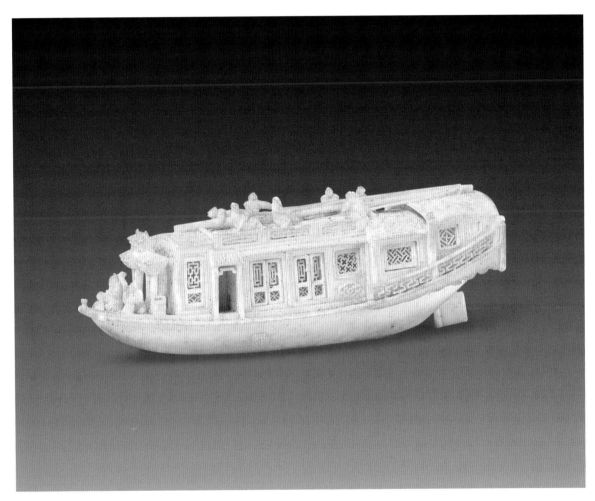

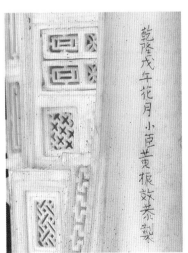

御船以細小象牙雕成，船首有牌坊，三人立於牌坊前觀景。牌坊後雕篷艙，篷頂上七個梢公正將桅桿放倒，篷艙鏤刻九扇可活動開合的窗戶，艙內鏤空，對窗可以相望。船舷有護欄，船下有舵槳，活動自如。船底陰線填墨署"乾隆戊午（1738）花月小臣黃振效恭製"款。船型與《康熙南巡圖》中御船相似。

此作品採用鏤雕技法，屬微雕，十分輕巧，窗櫺紋細如絲，人物雖小而細膩傳神，堪稱鬼斧神工之作。

象牙鏤雕活鏈提樑卣
清中期
通高8.1厘米　口徑4.6/3.9厘米
足徑4.2/3.4厘米
清宮舊藏

**You (wine vessel) with a swing
handle, ivory engraving**
Middle Qing Dynasty
Overall height: 8.1cm
Diameter of mouth: 4.6 x 3.9cm
Diameter of foot: 4.2 x 3.4cm
Qing Court collection

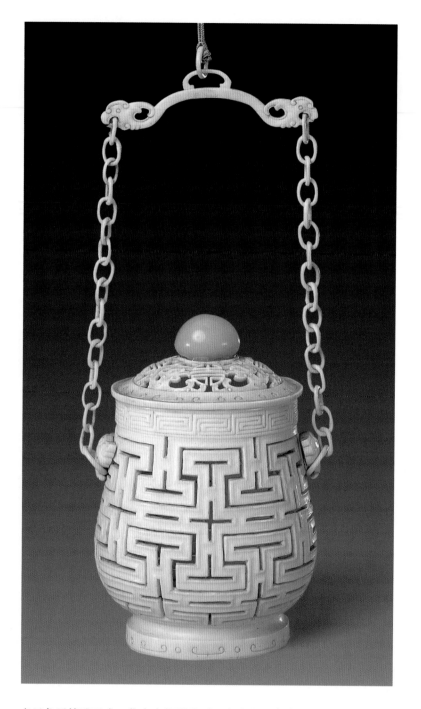

卣以象牙鏤雕而成，仿自青銅器造型。盔式蓋，邊陰刻雲紋，蓋面鏤刻
夔龍團壽紋，頂中嵌乳色瑪瑙珠鈕。器身鏤空"十"字和回紋，兩側嵌
雕獸面活環耳，上連長鏈，鏈頂端飾雙夔首提樑。

此器以鏤雕技法雕成，作用與香囊相同，紋飾簡樸大方，刀法圓潤流
暢，造型優美，是清代雍正、乾隆年間宮廷仿古牙雕中的珍品。

象牙雕回紋葫蘆形染色花薰
清中期
通高9.3厘米　口徑1.4厘米
清宮舊藏

**Calabash-shaped perfumer with
stained design of rectangular spiral,
ivory carving**
Middle Qing Dynasty
Overall height: 9.3cm
Diameter of mouth: 1.4cm
Qing Court collection

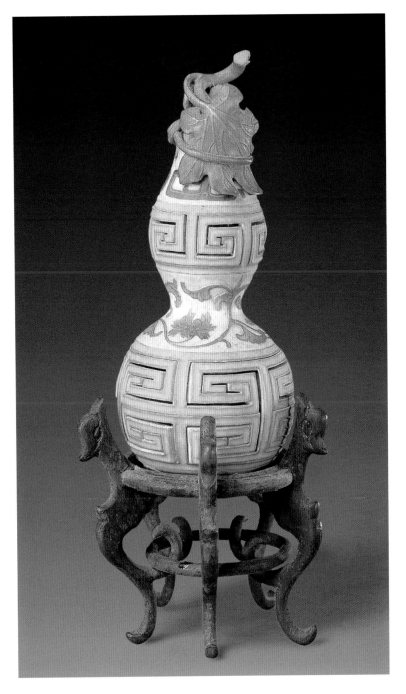

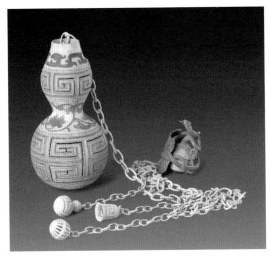

花薰呈束腰葫蘆形，以柄蒂為蓋，上雕染牙枝葉。葫蘆頂、口和束腰雕夔鳳、勾蓮紋，腹部鏤刻活動回紋。花薰內有活環長鏈與底相連，鏈上又有三條支鏈，分別連有小鐘、小球和小葫蘆各一。寓意連綿不斷，永世長春。

此器採用染色、淺雕和鏤雕技法雕成，做工精細，玲瓏剔透，是清代宮廷造辦處的牙雕傑作。

象牙雕葫蘆形交泰花薰
清中期
通高9.5厘米　口徑1.8厘米

Calabash-shaped perfumer with design of rectangular spirals in intersects, ivory carving
Middle Qing Dynasty
Overall height: 9.5cm
Diameter of mouth: 1.8cm

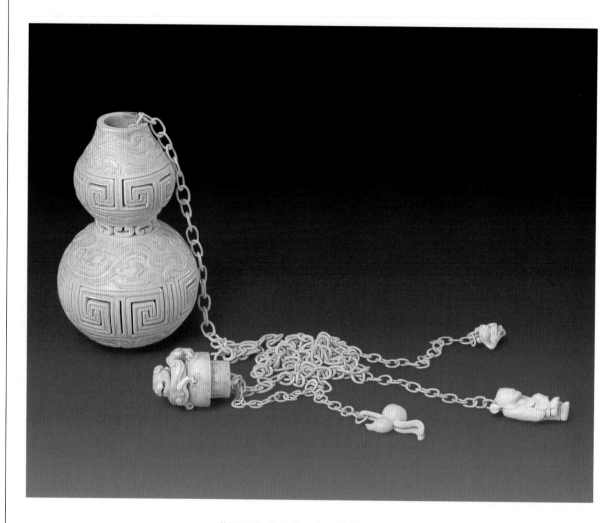

花薰雕作葫蘆形，蓋頂鏤蟠螭紐，頸部雕蟠螭紋，束腰處鏤雕竊曲如意紋，上腹和下腹中部鏤刻回紋上下相交，可活動，兩側雕夔紋。葫蘆內部有一根活環主鏈與蓋相連，主鏈的三根分鏈分別連圓雕的三足蟾、劉海和束腰葫蘆，蟾背負一束靈芝，雙爪摟着圓珠，劉海手搖掛錢。寓意"福祿萬代"、"財源不斷"。

此器呈鵝黃色，採用圓雕、淺浮雕和鏤刻技法雕成，體壁薄透，刻工細膩，紋飾淺顯流暢，活環長鏈細如篦絲，環環相套，真可謂鬼斧神工之作。

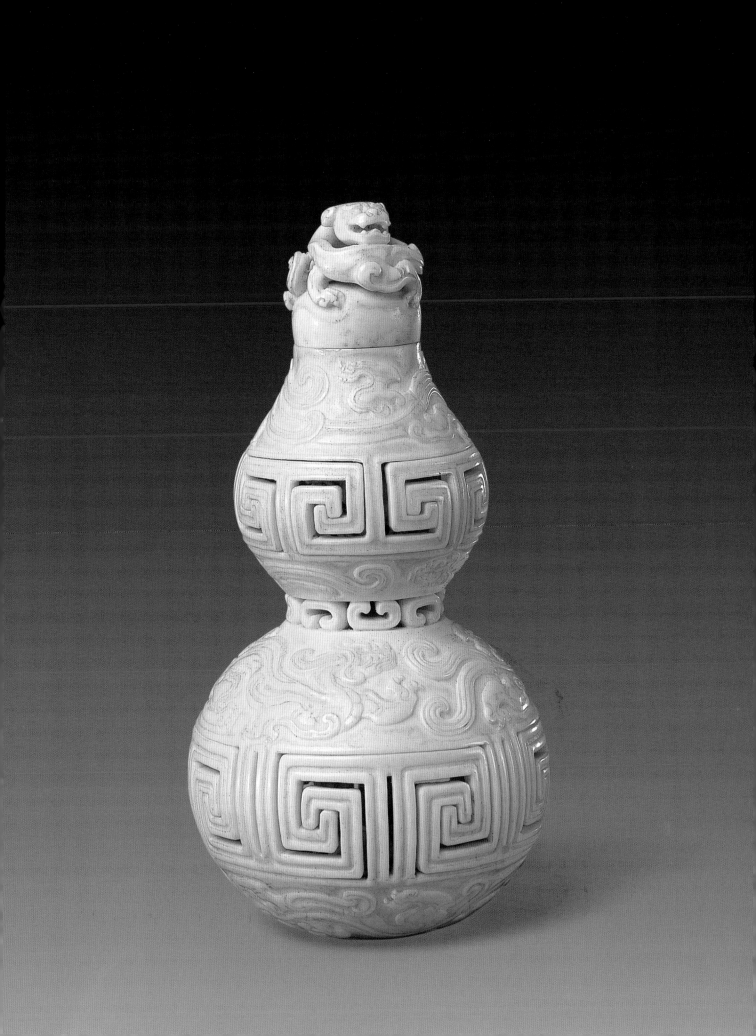

象牙雕鏤空染色花卉紋八方盒
清中期
高10厘米　長14.8厘米　寬7.6厘米
清宮舊藏

Rectangular ivory box engraved with colourful flower design
Middle Qing Dynasty
Height: 10cm　Length: 14.8cm　Width: 7.6cm
Qing Court collection

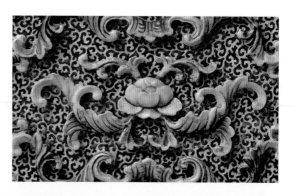

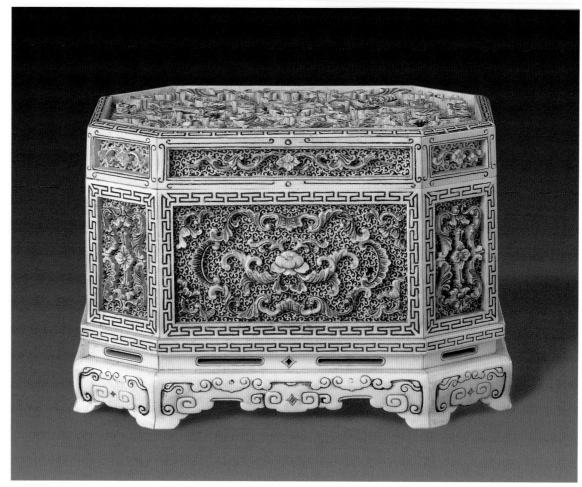

盒由四十二片象牙拼鑲而成。蓋、體陰刻回紋為邊框，框內鏤鑽錦紋地，上壓對稱浮雕染色蕃蓮花紋，舒朗精美，下連填彩頭雲獸面紋八足座。

此器採用廣東牙雕傳統的撥鏤、染色、鏤鑽等技法，刀法通透，細緻流暢，花卉帶有西洋風韻。是宮中盛放香料或首飾的妝奩盒。

象牙鏤雕雙喜大吉字葫蘆形花薰

清中期
通高18.8厘米　口徑2.8厘米
清宮舊藏

**Calabash-shaped perfumer with Chinese characters
"Shuang Xi" (double-happiness) and "Da Ji" (in great
luck), ivory engraving**
Middle Qing Dynasty
Overall height: 18.8cm　Diameter of mouth: 2.8cm
Qing Court collection

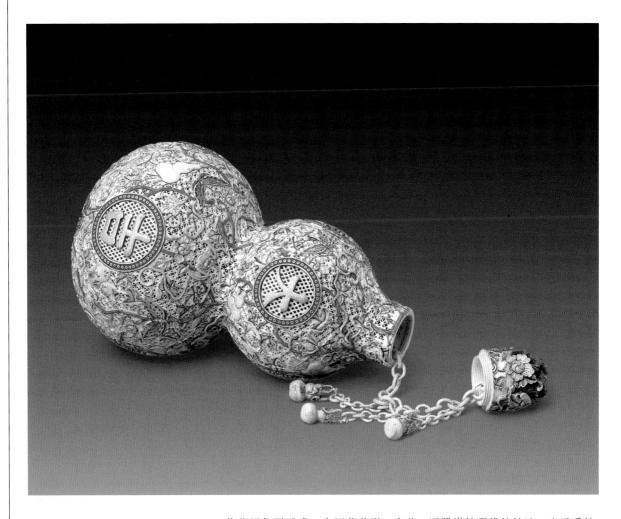

花薰用象牙雕成，束腰葫蘆形，有蓋。通體滿鏤環錢紋錦地，上雕垂枝芙蓉花、蝴蝶、蝙蝠，花枝上纏繞葫蘆。薰兩面正中開光，一面鏤刻楷書戧金"大吉"字，一面鏤刻填紅隸書"囍"字。在連綴藤葉的蓋鈕內有螺旋套口，鈕下與腹內一根長鏈相連。長鏈上又有三支分鏈，每個小鏈上分別帶有一隻小葫蘆。寓意"子孫萬代，連綿不息"。

此器採用撥鏤、染色和浮雕技法雕刻，一氣呵成，連貫不斷，不含任何拼接，是清代雍正、乾隆年間造辦處牙作的廣東籍牙匠為皇室婚典大禮製作的精品。

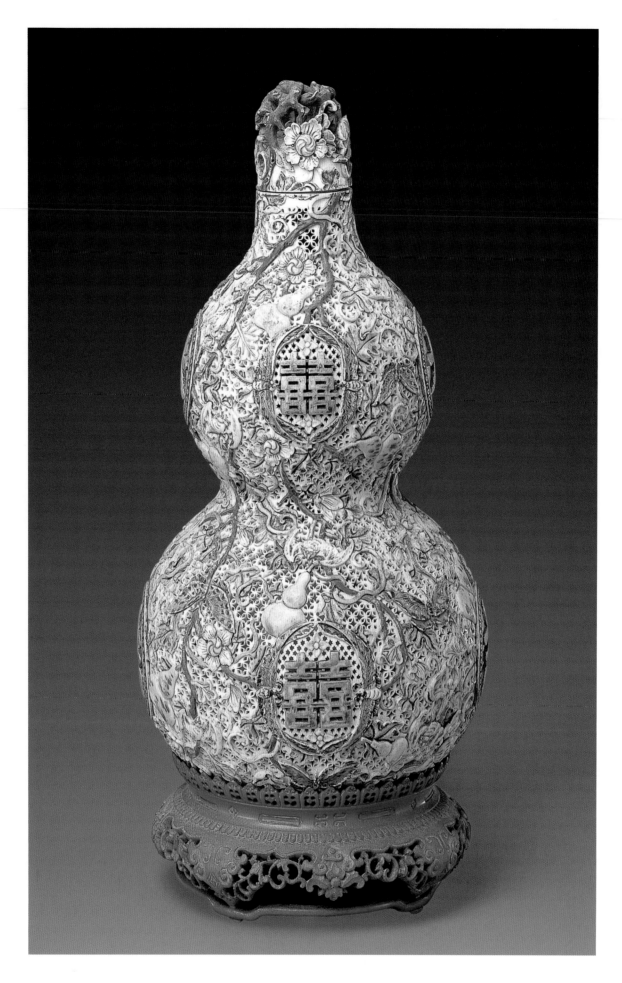

216

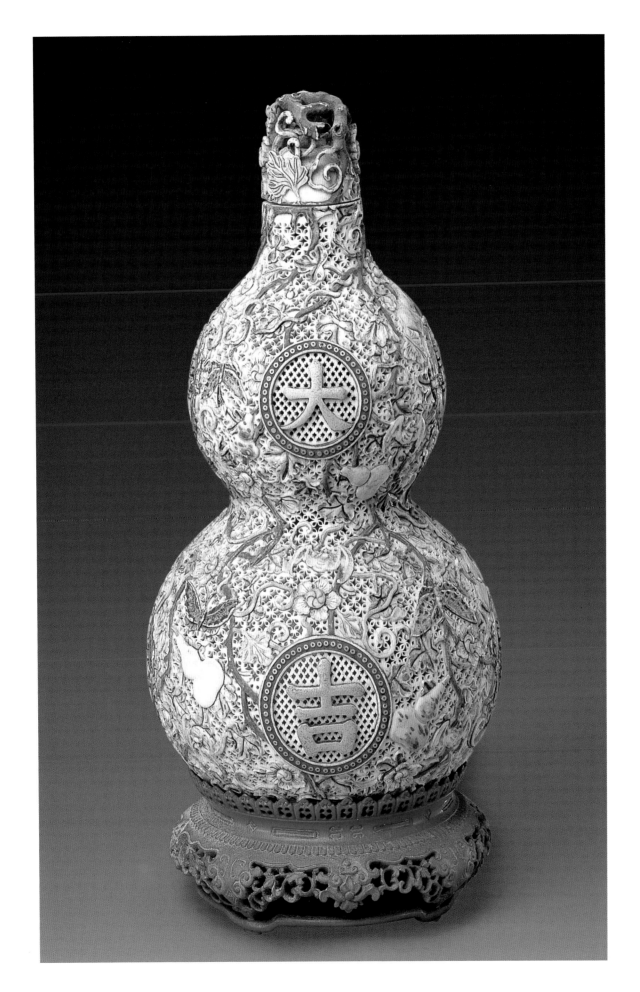

象牙雕榴開百戲
清中期
高5.3厘米
清宮舊藏

**Pomegranate with ingredients of a
happy life, ivory carving**
Middle Qing Dynasty
Height: 5.3cm
Qing Court collection

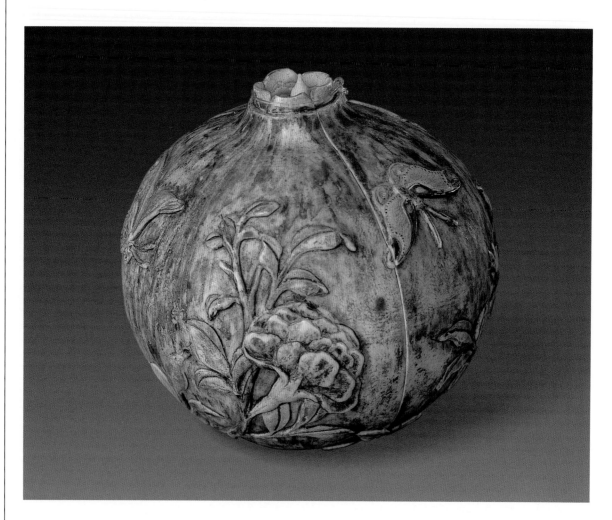

榴開百戲用象牙雕成，石榴形。外壁染色雕石榴及花枝，花枝上方有兩
隻飛舞的蝴蝶。底部以活榫相連，可以開合。石榴內正中有一圓台，上
雕二層樓閣，閣內外微雕許多人物，或觀景，或攀談，還有雜耍百戲。
內壁雕蝙蝠流雲紋。石榴造型取"多子"之意，稱"榴開百子"，寓意
"多子多孫"，紅色蝙蝠諧音"洪福"，寓意吉祥。

此作品綜合圓雕、鏤雕、浮雕、染色等多種技法，描繪細緻入微，面面
有景，玲瓏剔透。據《活計檔》記載，榴開百戲是清嘉慶十五年
（1810）宮廷造辦處牙匠奉旨製作的。

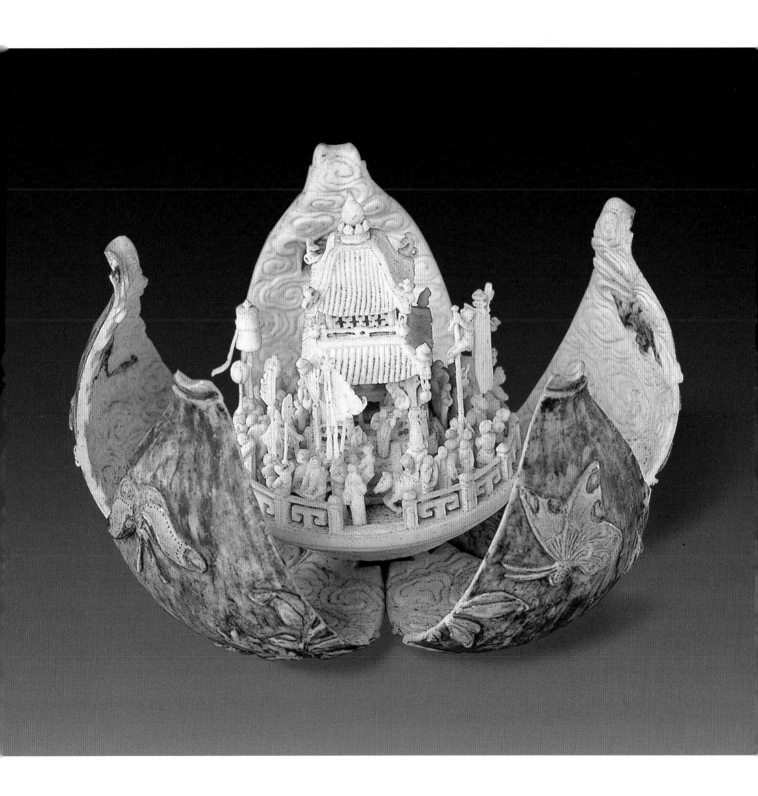

219

象牙雕海市蜃樓景屏
清中期
高32厘米　屏寬14.9厘米　座徑21.2/11厘米
清宮舊藏

Ivory screen carved with mirage
Middle Qing Dynasty
Height: 32cm　Width of screen: 14.9cm
Diameter of stand: 21.2 x 11cm
Qing Court collection

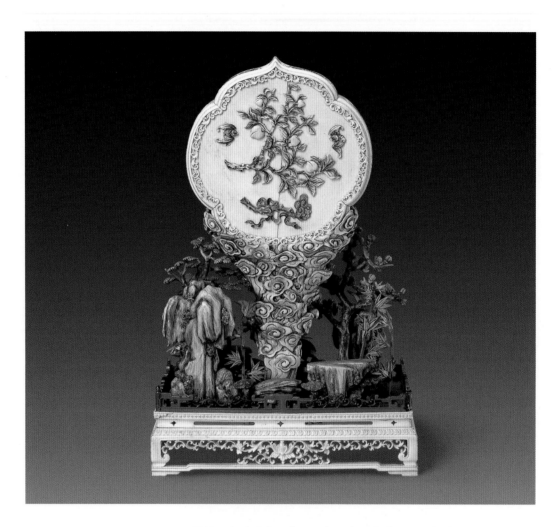

景屏用象牙雕成，分屏、托、座三部分。屏呈如意形，一面以海市蜃樓
為題材，雕仙人乘槎、樓閣及群仙祝壽。另一面雕折枝壽桃、靈芝、蝙
蝠。下置五彩祥雲狀屏托，座中洞石聳立，松、竹、梅、靈芝、花草點
綴其間，兩隻鵪鶉相對立於山石上，周圍設染牙欄杆。寓意為“平安祝
壽”。

此屏採用圓雕、浮雕、鏤刻等多種技法，在厚僅4厘米的象牙上所刻達
十五層之多，景致層次分明，精巧異常，是造辦處牙匠為宮廷特製的陳
設用器。

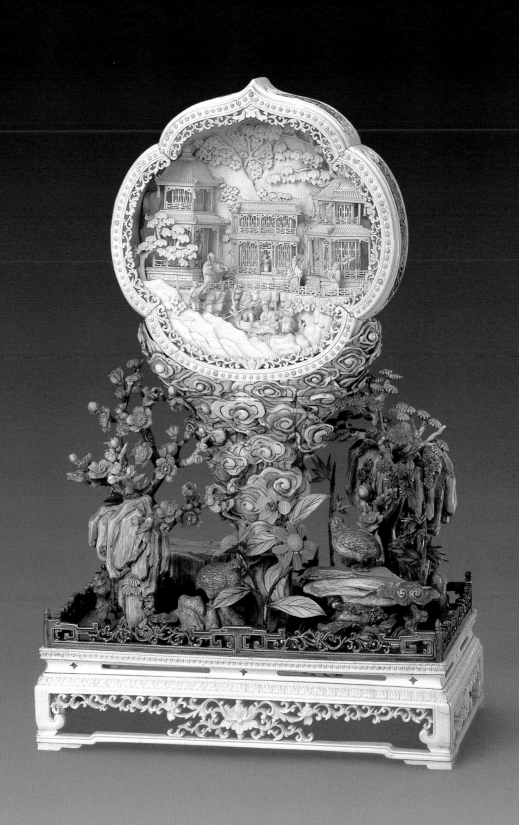

180

象牙鏤雕福壽寶相花套球
清中期
直徑9.1厘米
清宮舊藏

**Ivory pendant of concentric balls
engraved with rosette design and
Chinese characters "Fu" (well-being)
and "Shou" (longevity)**
Middle Qing Dynasty
Diameter: 9.1cm
Qing Court collection

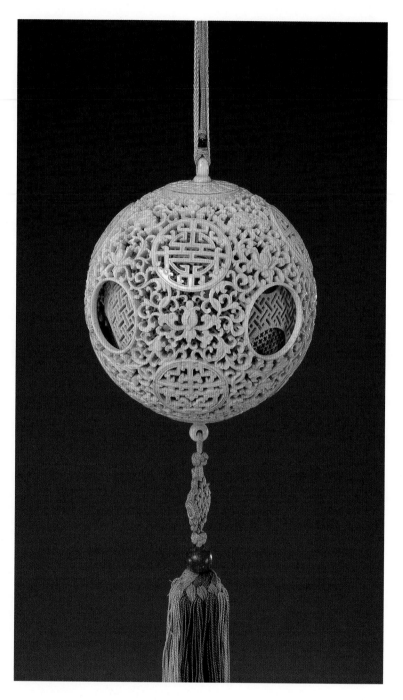

套球象牙雕成，內外層交錯重疊、玲瓏剔透，表層刻鏤 "福"、 "壽"
字和寶相花紋。從外到內有大小空心球十一層，每層球均能自由轉動，
且均雕鏤精美的百花和龍鳳紋飾。

此作品採用鏤雕技法，球與球之間原為一個實體，雕刻外層球體容易，
但刻鏤至內層需要層層剝離，操作空間受到了限製，難度很大，技巧奇
特。這種象牙球在《格古要論》一書中被稱為 "鬼工球"，是廣東傳統
牙雕技藝之一。

象牙雕活套環魚
清中期
高3.9厘米　長8.1厘米　厚1.8厘米

Fish with moving interlinks, ivory carving
Middle Qing Dynasty
Height: 3.9cm　Length: 8.1cm　Thickness: 1.8cm

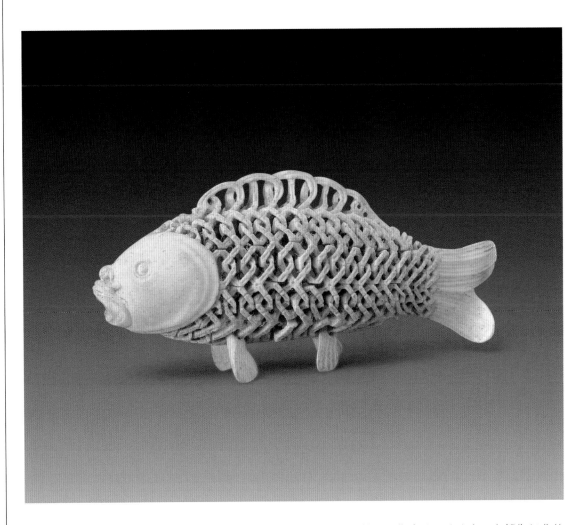

魚以小塊象牙鏤雕而成。頭、下鰭、尾為實地，腹中空，魚鱗為扭曲的
勾連套環狀，魚身受外力後可上下左右搖擺，栩栩如生。

此作品呈漿白色，十分細小，壁薄輕盈，採用鏤雕工藝，構思巧妙、刻
工高超精湛，為清代中期牙雕藝術中的精巧之作。

象牙雕染色花卉紋香囊
清中期
徑7/5.4厘米　厚0.9厘米
清宮舊藏

**Stained pomander with floral
design, ivory carving**
Middle Qing Dynasty
Diameter: 7 x 5.4cm
Thickness: 0.9cm
Qing Court collection

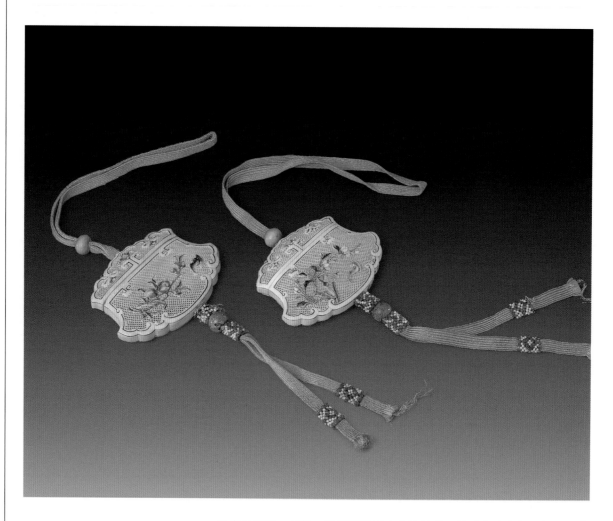

香囊呈斧形，有蓋。通體鏤鑽斜方格紋錦地，錦地上雕壽桃、佛手、蘭花等花果圖紋，寓意"多福、多壽"。香囊中部由一根嵌珊瑚及珍珠的黃絲帶穿連，兩端配有珊瑚、碧璽、染骨等襯飾。香囊內可盛裝香料。

此香囊以淺浮雕及染色技法雕成，造型新穎，小巧玲瓏，紋飾活潑，於素雅中求華麗。其工藝源自廣東，但構思與設計均出自造辦處如意館匠師之手，是清宮中特有的工藝品種。

183

象牙雕染色開光花卉紋香囊

清中期
折角長方香囊　徑6.4/5厘米　厚1厘米
橢圓香囊　徑4.2/3厘米　厚1.6厘米
八方香囊　徑3.5厘米　厚1厘米
清宮舊藏

Stained pomanders with floral design within reserved panels, ivory carving

Middle Qing Dynasty
The rectangular one: Diameter: 6.4 x 5cm　Thickness: 1cm
The elliptic one: Diameter: 4.2cm x 3cm　Thickness: 1.6cm
The octagonal one: Diameter: 3.5cm　Thickness: 1cm
Qing Court collection

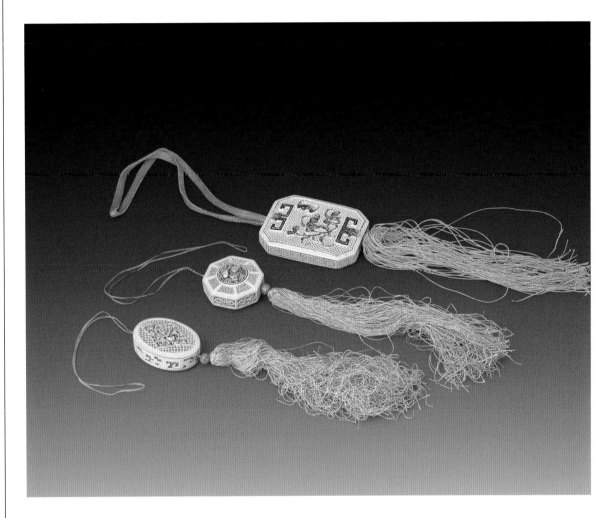

三件香囊，一呈折角長方形，一呈橢圓形，一呈八方形。從中分啟，周緣微薄，中間鼓起，上下重疊較深，有明黃縧帶從孔中穿過，縧帶下端束有珊瑚米珠及彩絲穗。通體鏤刻斜格錦和十字錦紋地，中間開光內雕花卉、花鳥紋。

三件作品均以鏤刻、染色技法雕成。刻工精緻細密，花紋清晰，典雅秀美，色澤宜人，是清代宮中后妃佩帶之物。

184

象牙雕石竹花紋宮扇
清中期
通長48.4厘米　寬32.5厘米
清宮舊藏

Fan with design of pinks, ivory carving
Middle Qing Dynasty
Overall length: 48.4cm
Width: 32.5cm
Qing Court collection

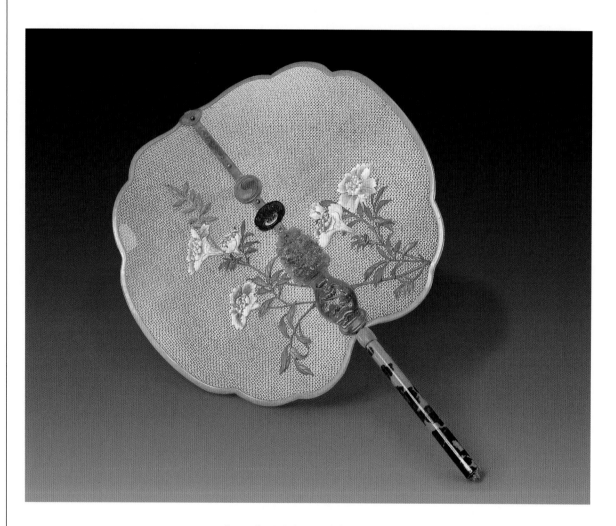

扇面以象牙雕成，呈葵花式，鏤環錢紋錦地，其上嵌有折枝石竹花，扇面中心嵌玳瑁柄樑，鑲有銅鍍金點翠鏨如意紋護頂，柄樑嵌雕太極雙魚、環錢紋、插花牡丹寶瓶的橙、紫、茜紅三色蜜蠟護托。扇邊包鑲牛角框，嵌綠色染牙及玳瑁握柄。

此扇以鏤鑽、陽文淺浮雕等技法雕成，製作極精，扇面細潤潔白，精緻細密，孔縫均勻。

象牙絲編織玉堂富貴圖宮扇
清中期
通長57.5厘米　寬33.6厘米
清宮舊藏

Fan woven of ivory strips with design of magnolia,
peony and bird
Middle Qing Dynasty
Overall length: 57.5cm　Width: 33.6cm
Qing Court collection

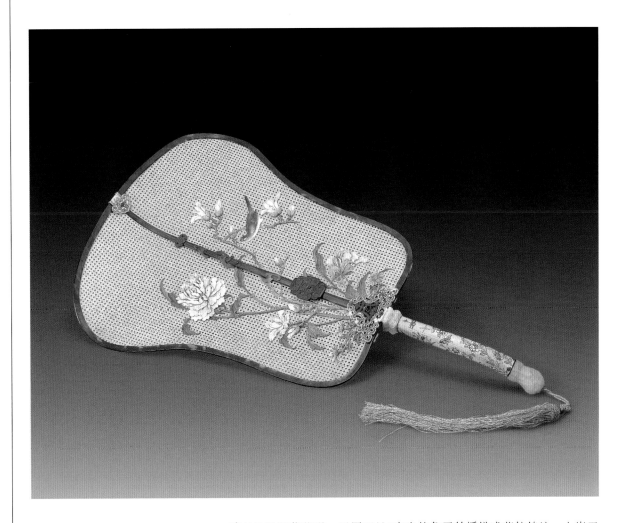

扇面呈圓腰芭蕉形，用厚不足1毫米的象牙絲編織成蒲紋錦地，上嵌玉
蘭、芍藥等花卉及藍甸鳥，寓意"玉堂富貴"。扇面中心嵌棕竹柄樑，
鑲有銅鍍金點翠鏨蝙蝠紋護頂，柄樑嵌雕盤夔、寶相花紋的橙、紫、
黃、紅四色蜜蠟護托。扇邊包鑲玳瑁框，嵌骨珠及淡綠色彩繪花蝶紋畫
琺瑯握柄，並繫有明黃色絲穗。

此扇畫面章法極精，將編織與浮雕巧妙地結合在一起，製作精細，孔縫
均勻，花卉色調清新，富麗華貴，是十八世紀廣州工匠向朝廷進獻的壽
禮。

象牙雕染色雲雁紋燈罩
清中期
高82厘米
清宮舊藏

**Stained lampshade with design of
clouds and wild geese, ivory
carving**
Middle Qing Dynasty
Height: 82cm
Qing Court collection

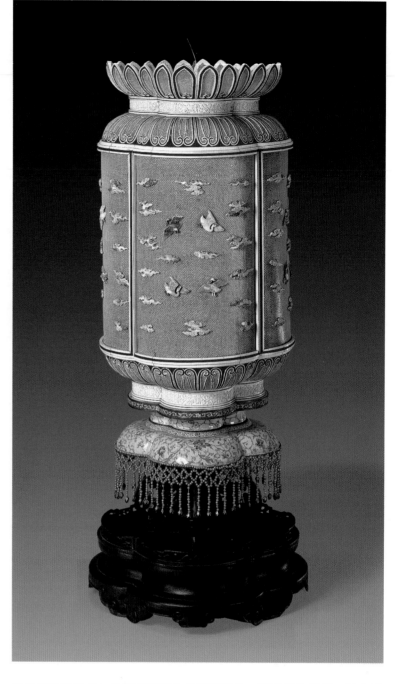

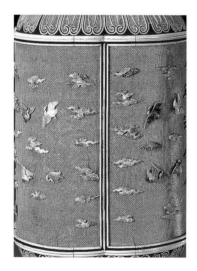

象牙雕染色雲雁紋燈罩
清中期
清宮舊藏

燈罩用象牙雕成，上部和下部為仰覆蓮瓣紋，蓮瓣邊為實線，瓣內透
雕。中部以鑲接的象牙條為框，共四面，框內鏤罩壁通透，細薄如紗。
每面透紗壁上鑲以十六朵彩色祥雲和四隻飛雁。在燈下配有黃色勾蓮紋
畫琺瑯托及紫檀木雕雲紋四足座，將燈罩襯托得更為雍榮華貴。

此器採用撥鏤、染色、拼接等技法，將象牙外壁薄薄地旋削下一層，然
後使其軟化平整，打磨光潔後，繪上所要雕刻的圖紋，再用鑽孔梭鋸進
行鋸鑽。工藝細膩精湛。

187

象牙鏤雕群仙祝壽插屏
清中期
高13.2厘米　寬10.4厘米　厚2.4厘米
清宮舊藏

Ivory table screen engraved with a scene of immortals
celebrating birthday
Middle Qing Dynasty
Height: 13.2cm　Width: 10.4cm　Thickness: 2.4cm
Qing Court collection

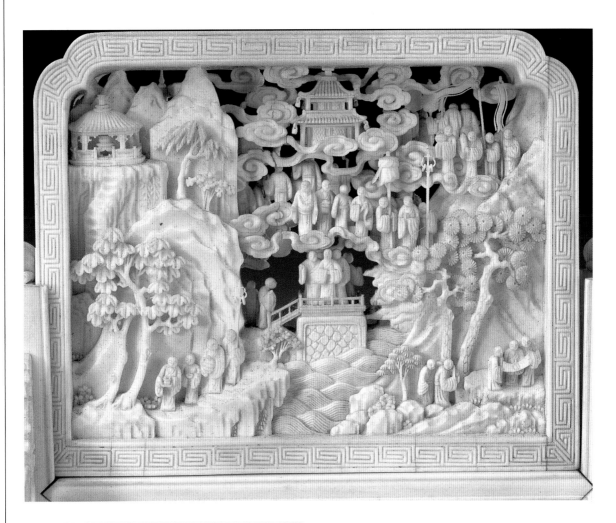

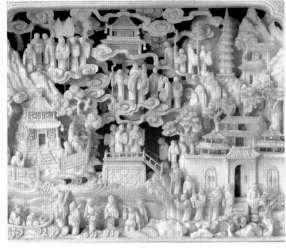

插屏分景屏與屏座兩部分，景屏雙面雕群仙祝壽圖，
圖中仙山重巒疊嶂，亭台樓閣高築，蒼松、奇柏、古
桐、垂柳穿插，海水洶湧。眾仙人各持壽禮，或三五
相聚，或乘槎前來。屏座以四隻雙頭同身的獅子為
足，牙板雕勾蓮寶相花紋及雙夔拱壽紋，兩側插牌柱
雕纏枝萬壽菊，站牙鏤刻夔紋，頂端各圓雕一隻小獅
子。

此屏是微雕與鏤雕、浮雕、圓雕等多種技巧混用的仙
工之作。圖紋繁密，人物眾多，樓台疊起，刻工精
細，為清乾隆三十八年（1773）如意館牙雕高手所
製。

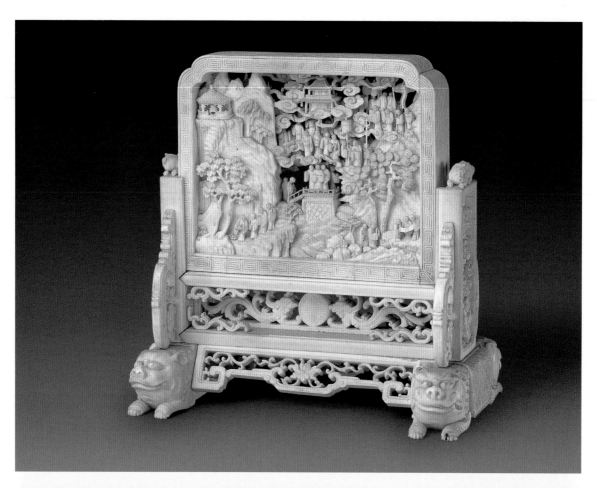

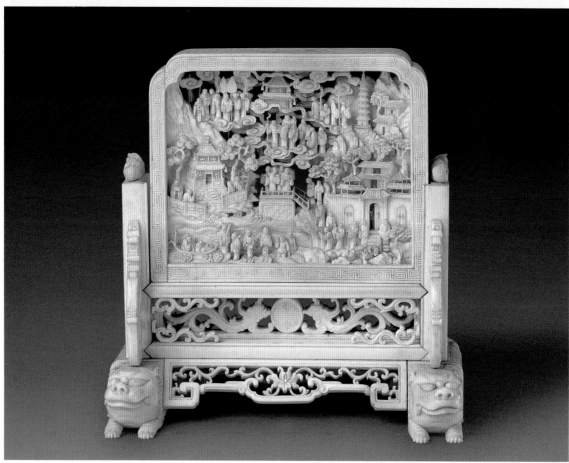

象牙雕月曼清遊冊

清中期
長39.1厘米　寬32.9厘米　厚3.2厘米
清宮舊藏

Pleasures of Court Ladies in 12 months, ivory carving (twelve leaves)
Middle Qing Dynasty
Length: 39.1cm　Width: 32.9cm　Thickness: 3.2cm
Qing Court collection

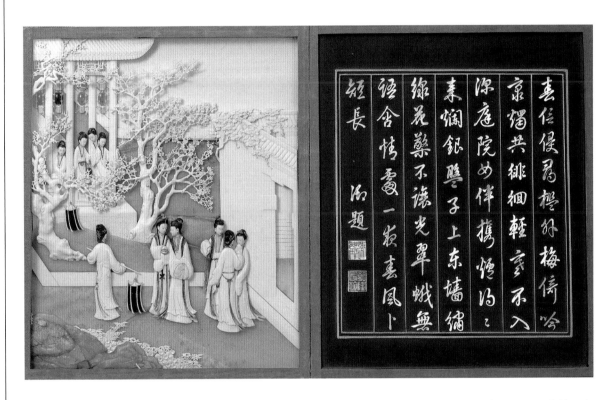

月曼清遊冊共有十二冊，為對開冊頁，每月一景，描繪宮中仕女從正月至十二月的娛樂活動。在冊頁另一面，嵌乾隆御題詩句。詩後均嵌"漱芳潤"、"乾隆宸翰"等篆書印章款。

此冊以牙雕為主，並嵌各種彩石，青、白、碧玉，紅藍寶石及瑪瑙、玳瑁、珊瑚等，精緻典雅，工藝水平極高，被譽為清代牙雕藝術的代表作。是根據清代宮廷畫家陳枚的《百美圖》畫稿，於清乾隆六年（1741）由造辦處牙匠陳祖章、顧彭年、常存、肖漢振、陳觀泉製作的。

第一冊正月景"寒夜尋梅"。描寫的是元宵佳節之夜賞月觀梅的情景。一仕女挑燈引五位仕女緩步而來。院內屋簷下懸掛彩燈，兩株古梅怒放，空中月如銀盤，四位仕女在曲廊中或坐或立，觀花賞月。

御題詩：春信侵尋檻外梅，倚吟秉燭共徘徊。輕寒不入深庭院，女伴攜爐得得來。
爛銀盤子上東牆，繡線花檠不讓光。翠蛾無語含情處，一夜春風卜短長。

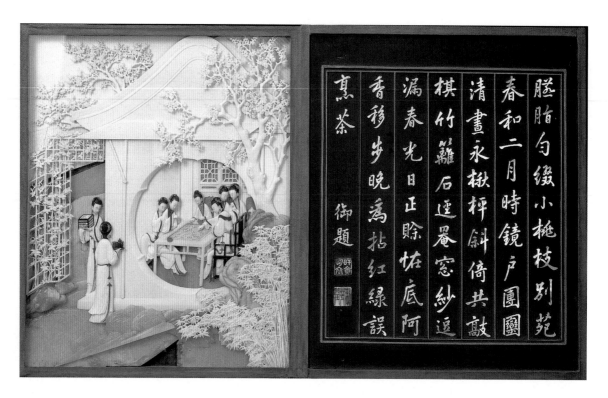

第二冊二月景為"閒亭對弈"。滿園叢竹、藤蘿、花樹掩映，在閒亭之中，二女坐於棋桌前對弈，四女立於兩旁觀看。亭外二女一捧茶具、一托食盒，款款而來。

御題詩：胭脂勻綴小桃枝，別苑春和二月時。鏡戶團圝清晝永，楸枰斜倚共敲棋。
竹籬石徑罥窗紗，逗漏春光日正賒。怪底阿香移步晚，為拈紅綠誤烹茶。

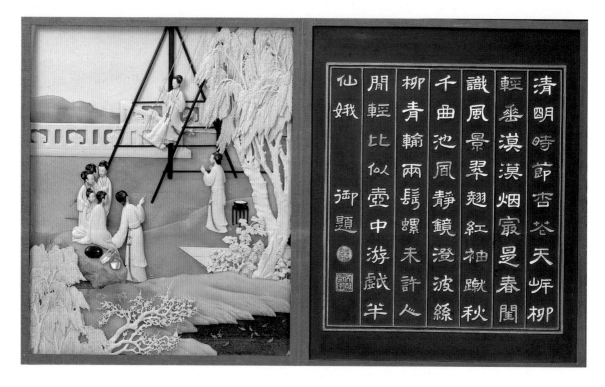

第三冊三月景为"楊柳蕩千"。在園中垂柳杏樹旁，秋千架高聳，一女正在愉快地蕩千，另七女在架下或立或坐。

御題詩：清明時節杏花天，岸柳輕垂漠漠煙。最是春閨識風景，翠翹紅袖蹴秋千。
曲池風靜鏡澄波，絲柳青輸兩鬢螺。未許人間輕比似，壺中遊戲半仙娥。

232

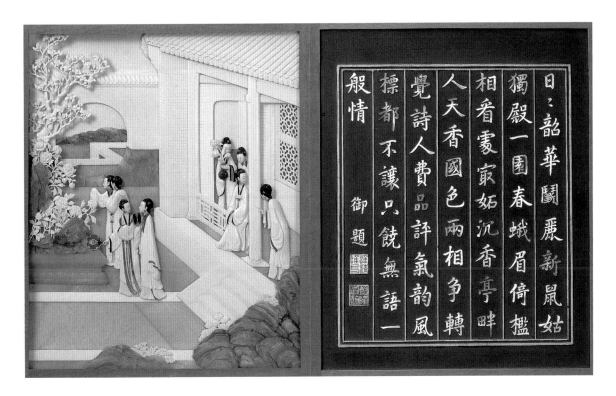

第四冊四月景為"韶華鬥麗"。在雅齋旁、曲廊畔，玉蘭、牡丹、芍藥媲美爭豔，眾仕女或坐於廊下敘話，或立於廊外賞花，其中一女捧瓶，瓶內插滿鮮花。

御題詩：日日韶華鬥麗新，鼠姑獨殿一園春。蛾眉倚檻相看處，最妒沉香亭畔人。
天香國色兩相爭，轉覺詩人費品評。氣韻風標都不讓，只饒無語一般情。

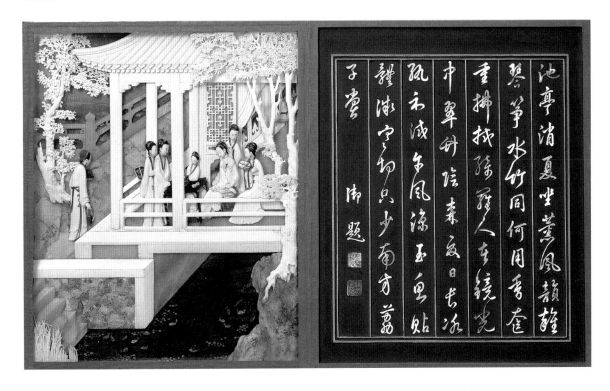

第五冊五月景為"對鏡梳妝"。五月端午時節，天氣轉熱，湖畔水閣前，一女提來茶具，六女在閣中消夏乘涼，邊對鏡梳妝，邊觀賞着金魚在水中戲游，水中倒映的麗影，襯托出魚在水中游，人在鏡光中的詩情畫意。

御題詩：池亭消夏坐薰風，韻雜琴箏水竹同。何用香奩重拂拭，綺羅人在鏡光中。
翠竹陰森夏日長，冰紈初試午風涼。玉魚貼體微寒切，只少南方荔子嚐。

233

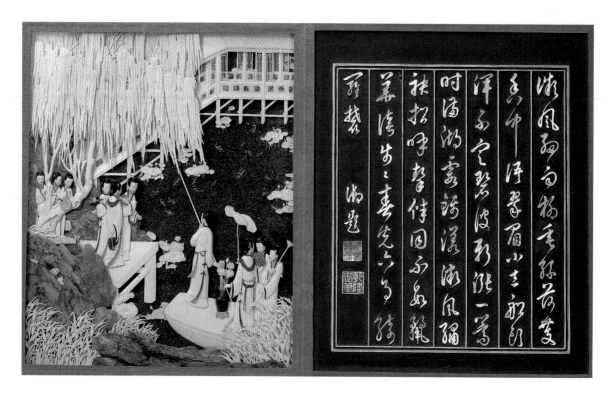

第六冊六月景為"荷塘採蓮"。在柳蔭下、曲廊前，六位仕女立於湖畔的板台上，邊相互攀談，邊迎接乘舟採荷歸來的四位仕女。

御題詩：微風細雨柳垂絲，荷芰香中語翠眉。小立船頭渾不定，碧波新漲一篙時。
滿湖霞錦漾微風，繡袂招呼挈伴同。不數麗華誇步步，春光六月綺羅叢。

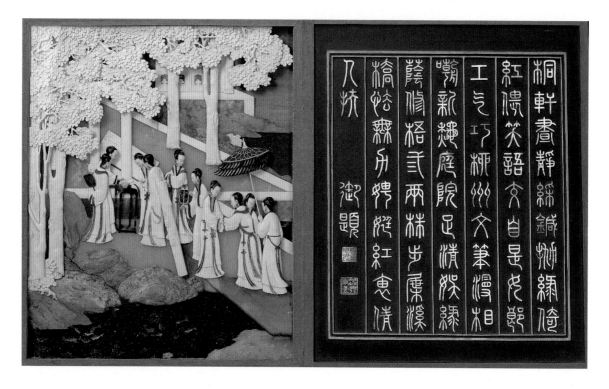

第七冊七月景為"桐蔭乞巧"。描繪眾仕女聚在梧桐樹下，比賽穿針引線的情景。古代婦女在七月初七之日，或對日穿針引線，或將針放入水中，比賽誰穿針快，誰的針不沉入水，誰就是心靈手巧的女子。這一活動稱為"乞巧"。

御題詩：桐軒晝靜彩針拋，綠倚紅偎笑語交。自是女郎工乞巧，柳州文筆漫相嘲。
新秋庭院足清娛，綠蔭修梧三兩株。步履溪橋怯無力，娉婷紅袖倩人扶。

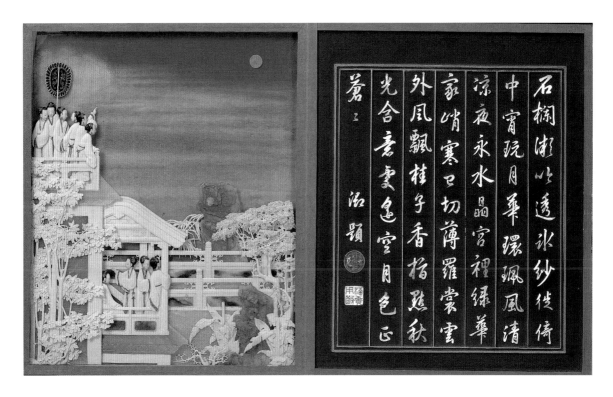

第八冊八月景為“瓊台賞月”。圖中高台聳立，秋高氣爽，桂子飄香。空中明月如盤，眾女或立或坐，憑欄賞月。

御題詩：石欄微冷透冰紗，徒倚中宵玩月華。環佩風清涼夜永，水晶宮裏綠華家。

峭寒已切薄羅裳，雲外風飄桂子香。指點秋光含意處，遙空月色正蒼蒼。

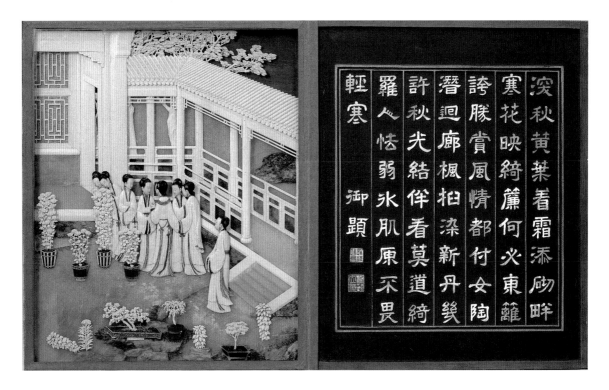

第九冊九月景為“重陽觀菊”。在深廣的庭院中，擺滿了盆栽的各色菊花和雞冠花，仕女們結伴品菊賞花，花豔人嬌，景色綺麗。

御題詩：深秋黃葉着霜添，砌畔寒花映綺簾。何必東籬誇勝賞，風情都付女陶潛。

迴廊楓柏染新丹，幾許秋光結伴看。莫道綺羅人怯弱，冰肌原不畏輕寒。

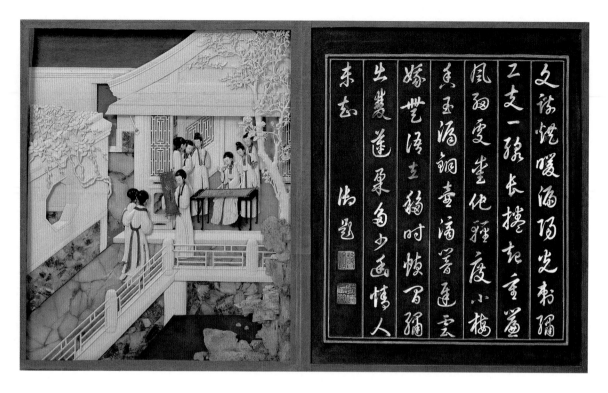

第十冊十月景為"文閣刺繡"。天氣轉涼，仕女們於閣中支起繡架，有的坐繡，有的立觀，一仕女將自己刺繡的作品托起展開與另兩位仕女觀看品評。

御題詩：文疏烘暖漏陽光，刺繡工夫一線長。捲起重簾風細處，愛他輕度小梅香。

玉漏銅壺滴響遲，雲娥無語立移時。幀間繡出雙蓮朵，多少幽情人未知。

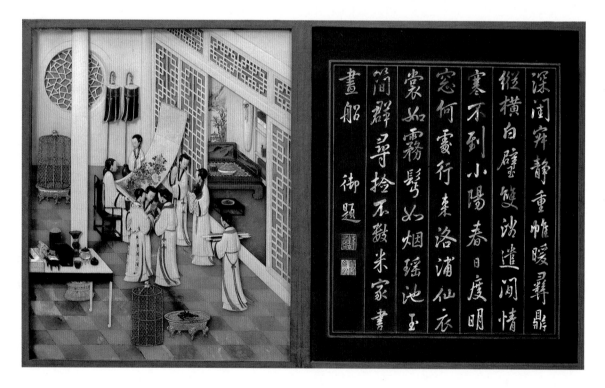

第十一冊十一月景為"圍爐博古"。閨中仕女有的捧爐取暖，有的持鼎抱瓶，有的展軸觀畫，表現了仕女才華橫溢。

御題詩：深閨宴靜重帷暖，彝鼎縱橫白壁雙。消遣閒情寒不到，小陽春日度明窗。

何處行來洛浦仙，衣裳如霧鬢如煙。瑤池玉簡群尋撿，不數米家書畫船。

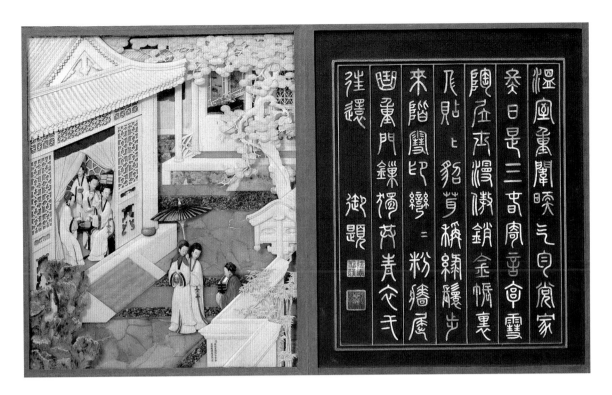

第十二冊十二月景為"踏雪尋詩",寒冬已至,快雪紛飛,在老松叢竹的庭院中,已有四女在觀雪,又有三女執傘捧暖爐前來相聚觀雪吟詩。

御題詩:溫室重闈暖氣勻,黨家冬日是三春。寄言烹雪陶居士,漫傲銷金帳裏人。

貼上貂茸稱綠環,步來階雪印彎彎。粉牆屈曲重門鎖,獨共青衣一往還。

象牙雕嬰戲三羊圖插屏
清中期
高60.1厘米　寬33.8厘米
厚46.6厘米
清宮舊藏

**Ivory table screen carved with
design of children playing with
three sheep**
Middle Qing Dynasty
Height: 60.1cm
Width: 33.8cm
Thickness: 46.6cm
Qing Court collection

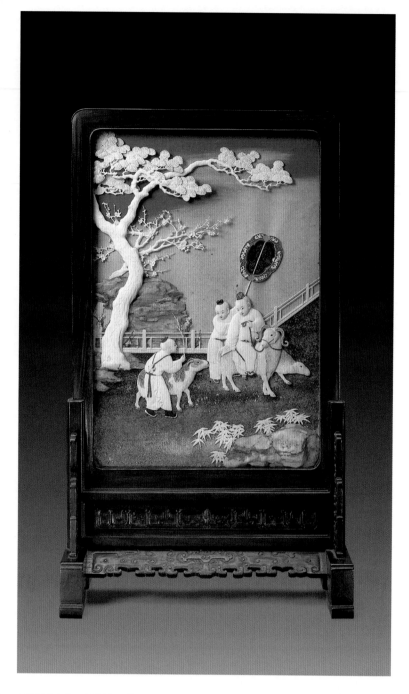

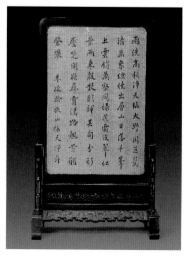

插屏屏心為《嬰戲三羊圖》。庭院中有松、梅、竹、石，曲欄前一童騎羊，一童掌扇與一羊隨行，又一童驅策一羊前行，寓意"三陽開泰"。屏背面灑金黃絹地有行楷書五言詩一首，下署"朱延齡秋山極天淨詩"款。屏座及邊框為紅木製，縧環板、牙板雕如意雲紋及夔龍紋。

此屏採用鏤雕和鑲嵌工藝雕成。

題詩：雨洗高秋淨，天臨大野閒。葱蘢清萬象，繚繞出層山。日落千峰上，雲銷萬壑間。綠蘿霜後翠，紅葉雨來殷。彩散輝吳甸，分形壓楚關。欲尋霄漢路，翹首顧登攀。

象牙雕百花齊放花籃插屏
清中期
高236厘米　寬116厘米　厚63厘米
清宮舊藏

Ivory table screen carved with design of basket of flowers in blossom
Middle Qing Dynasty
Height: 236cm　Width: 116cm
Thickness: 63cm
Qing Court collection

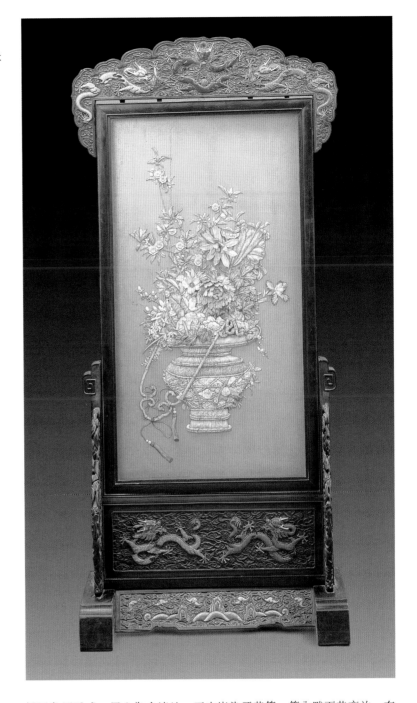

插屏象牙雕成，屏心為金漆地，正中嵌染牙花籃，籃內雕百花齊放，有牡丹、桃花、蓮花、菊花、天竹、玉蘭等花卉，寓意祥瑞。邊座與屏帽紫檀木製。屏帽、縧環板與披水牙雕雲紋，帽上嵌黃、藍、粉色琺瑯製雲龍紋各一，披水牙嵌琺瑯製海水江崖紋與之相呼應。站牙、座墩分別雕松竹紋與回紋。

此屏採用鑲嵌、浮雕等技法，刀法圓熟細膩，花色鮮豔絢麗。為清宮陳設器，常於堂中兩側各置一座，成雙使用。

象牙雕柳浦歸漁圖插屏

清中期
高64厘米　寬66厘米　厚22厘米
清宮舊藏

Ivory table screen carved with design of returning fishermen on willow riverside
Middle Qing Dynasty
Height: 64cm
Width: 66cm　Thickness: 22cm
Qing Court collection

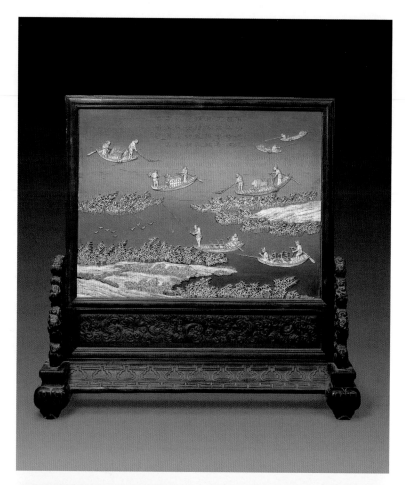

插屏屏心為染牙藍地，一面為
《澄潭集網圖》，雕河塘蘆葦，
漁家駕舟捕魚，一隻船上有魚鷹
多隻，上部正中有乾隆御製七言
詩一首。一面為《柳浦歸漁
圖》，雕漁家歸來的情景，船上
家人歡聚，岸柳垂陰，蘆葦間鴨
子戲水。上角有乾隆御製七言詩
一首。屏座紫檀木雕成，站牙、
縧環板雕雲紋，披水牙雕菊花瓣
紋，外緣雕回紋，座墩正面雕兩
朵雲紋。

此作品畫面刻畫細膩，景物遼闊
深遠，形象地反映了漁家的生
活。

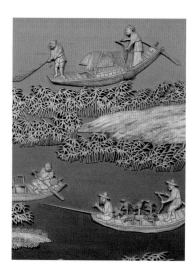

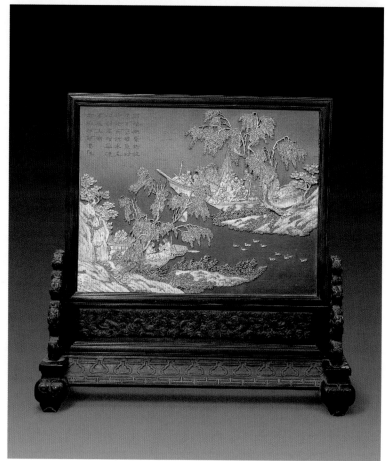

鸂鶒木象牙雕安居圖插屏
清中期
高74厘米　寬56厘米　厚21厘米
清宮舊藏

Table screen carved with Xichimu
and ivory design of peasant living in
peace and contentment
Middle Qing Dynasty
Height: 74cm
Width: 56cm　Thickness: 21cm
Qing Court collection

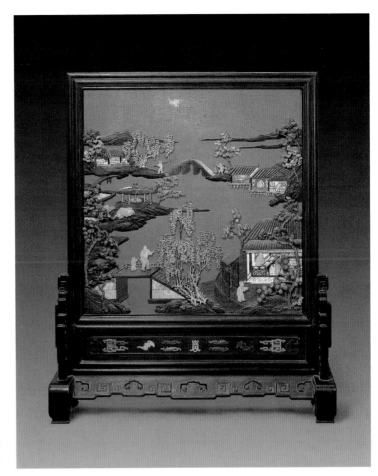

插屏屏心用鸂鶒木、象牙、玉雕製而
成。一面以藍漆為地，雕農夫荷鋤、
老者攜童、先生課徒，遠山、河水、
綠柳、水牛、水車、庭院襯托出水鄉
景色。屏背面黃漆地上鑲嵌玉石稻
菽、芙蓉及鸂鶒木雕鵪鶉，寓意"安
居富庶"。屏座縧環板鑲嵌染牙拐子
龍、玉蝠壽及捲草，縧環板下披水牙
雕雲紋及回紋。屏座柱頭雕雲紋，兩
側站牙雕拐子龍，足雕回紋。

此屏採用多種材料以鑲嵌、浮雕、鏤
雕等工藝雕成，表現了當時農民安居
樂業的生活和企盼。

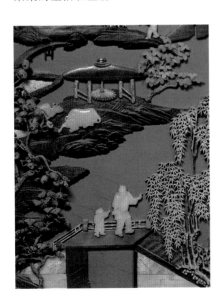

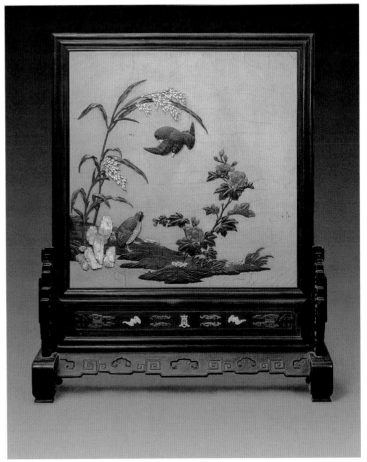

象牙雕村居圖插屏
清中期
高210厘米　寬118厘米　厚76厘米
清宮舊藏

Ivory table screen carved with design of dwelling in village
Middle Qing Dynasty
Height: 210cm　Width: 118cm　Thickness: 76cm
Qing Court collection

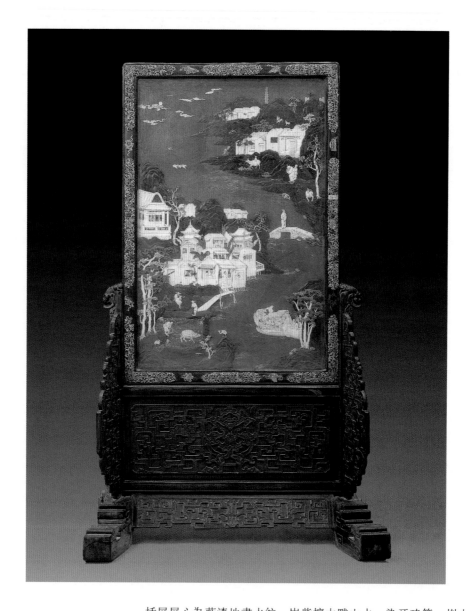

插屏屏心為藍漆地畫水紋，嵌紫檀木雕山水、染牙建築、樹木、人物和
家畜等，有農夫驅牛耕田、依坡抽煙、小童放牧，漁家仰坐閒談，老嫗
攜孫，村婦憑窗，書生放歌。屏背面為紅漆地描金博古圖紋。屏邊框正
面嵌纏枝蓮和輪、螺、傘、蓋、花、瓶、魚、結八寶琺瑯片。屏座站牙
雕夔龍紋和西番蓮，縧環板和披水牙雕夔龍，座墩雕回紋。

此屏採用鑲嵌、浮雕等技法雕成，做工精細，整體佈局深遠有序，表現
出乾隆帝"當春最是耕犁急，每較陰晴發浩歌"的詩意。

象牙雕山村別墅圖插屏

清中期
高147厘米　寬100厘米　厚56厘米
清宮舊藏

Ivory table screen carved with a scene of mountain village
Middle Qing Dynasty
Height: 147cm　Width: 100cm　Thickness: 56cm
Qing Court colleciton

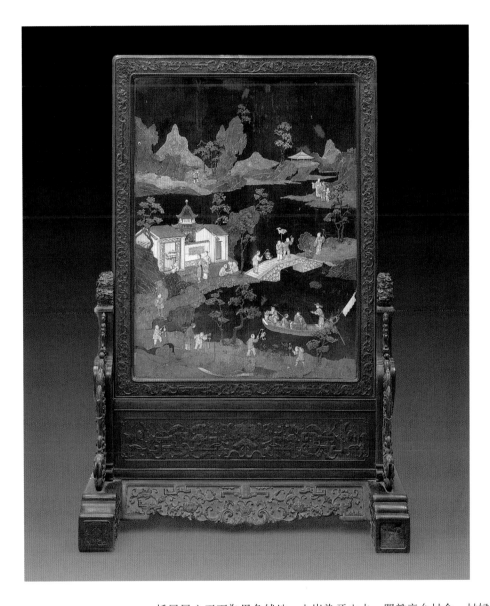

插屏屏心正面為黑色絨地，上嵌染牙山水，間雜亭台村舍。村婦站在門前一邊閒談一邊照看小童，小童手持雜寶玩耍，有結、有螺、有如意、有寶瓶、有傘蓋、有魚形燈。水中的船上有兩位長者品茶，船尾的漁女正在搖櫓。遠處山間小路上有種田歸來的農夫。屏另一面為素地楠木雕菊花紋。站牙透雕西番蓮及夔龍紋，縧環板浮雕回紋、纏枝蓮及蝙蝠紋，披水牙浮雕夔龍及西番蓮紋，座墩浮雕螭紋及菊花瓣，座柱花瓶狀，上雕流雲頭。

象牙雕仙山祝壽圖水法插屏

清中期

高114厘米　寬60厘米　厚48厘米

清宮舊藏

Ivory table screen carved with a scene of celebrating brithday in the mountain of the immortals

Middle Qing Dynasty

Height: 114cm　Width: 60cm

Thickness: 48cm

Qing Court collection

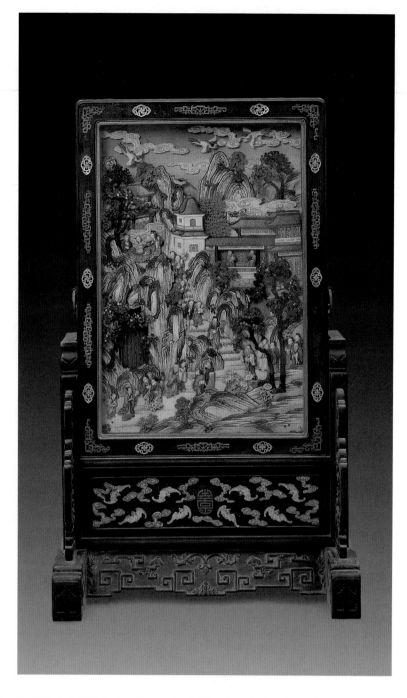

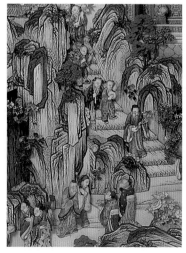

插屏屏心內鑲嵌染牙並點翠，圖中鸞鳳在天空中飛翔，祥雲繚繞的山間殿堂掩映，樓閣聳立，翠竹花樹遍佈，殿堂裏、山路上老者、小童或手持如意，或手捧蟠桃，或持靈芝和如意寶瓶而來，一派祝壽場面。屏心左下部有水法裝置。屏風邊框為紅木製，委角，正面邊框起陽線，在槽內鑲嵌黃楊木雕的團壽及雲蝠紋。

鸂鶒木象牙雕五百羅漢圖插屏

清中期
高115厘米　寬125厘米　厚33厘米
清宮舊藏

Table screen carved with Five-Hundred Arhats design in ivory and Xichimu
Middle Qing Dynasty
Height: 115cm　Width: 125cm
Thickness: 33cm
Qing Court collection

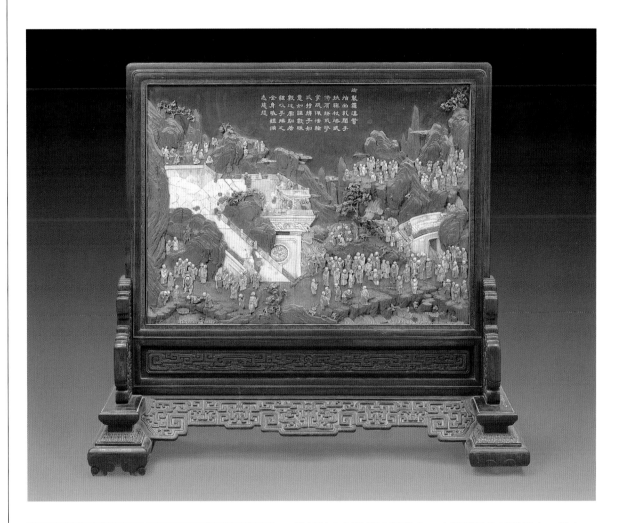

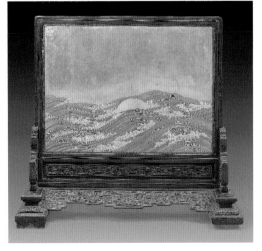

鸂鶒木象牙雕五百羅漢圖插屏
清中期

插屏屏心以鸂鶒木雕群山，山腰間以象牙雕高台、樹木、瀑布及河流。在山上、山下、樹叢中、平台上鑲嵌五百羅漢各持法器，或交談，或觀望。屏心正中上部有乾隆御題詩《羅漢讚》一首。屏心另一面雕"半壁出海日"。邊座、站牙、縧環板、披水牙均為紫檀木浮雕夔龍紋。

此屏是依據宋代畫家陳居中的畫稿而製。

御題詩：指出乾闥，手扶禪杖。塔或倚肩，鉼或擎掌。或佩法輪，或持拂子。如意如誰，數珠數此。虎馴若狸，以手撫之。全身威猛，滿志慈悲。

象牙雕廣粵十二府圖屏風
清中期
高194.5厘米　寬44.5厘米　厚4.5厘米
清宮舊藏

A twelve-leaf ivory screen carved with scene of twelve prefectures of Guangdong and Guangxi Provinces
Middle Qing Dynasty
Height: 194.5cm　Width: 44.5cm　Thickness: 4.5cm
Qing Court collection

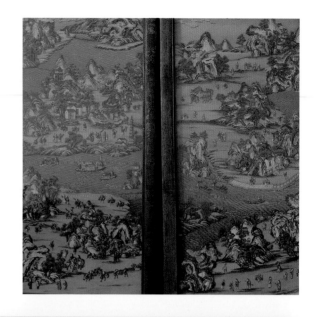

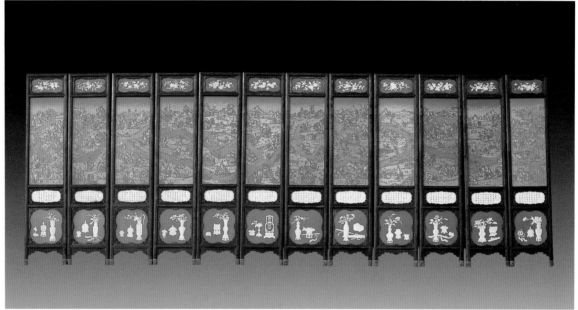

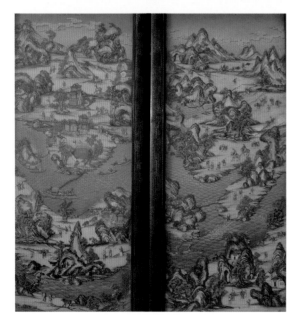

屏風象牙雕成，共十二扇，分別介紹兩廣地區南寧、桂林、平樂、潯州、思恩、鎮安、柳州、慶遠、太平、泗城、梧州、鬱林十二府的概況。屏心上下分四個部分，最上部玻璃框內嵌番瓜、苦瓜及藤葉等圖紋，第二部分刻劃一府的風情人物，第三部分介紹本屏所表現的州府地理概況，第四部分為博古圖紋。屏風紫檀木邊框嵌銀絲花紋。

此屏整體畫面山水相連，把十二府連綴成通畫，介紹了十二府的風土人情。是清乾隆時期牙雕代表作。

象牙雕柏鹿圖掛屏
清中期
高64.5厘米　寬47厘米
清宮舊藏

Ivory hanging panel carved with deer and cypress design
Middle Qing Dynasty
Height: 64.5cm　Width: 47cm
Qing Court collection

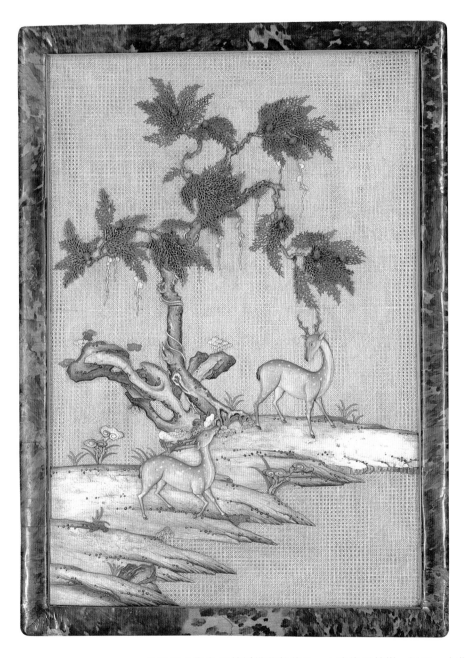

掛屏屏心為象牙絲編織蒲紋狀地，上嵌染牙柏樹、洞石、小草、靈芝和
梅花鹿，牝鹿口銜靈芝昂首奔來，牡鹿回首顧盼，寓意"柏鹿同春"。
邊框用玳瑁包鑲。

此屏與《松鶴圖》掛屏為一對。

象牙雕松鶴圖掛屏
清中期
高64.5厘米　寬47厘米
清宮舊藏

**Ivory hanging panel carved with
design of pine and crane**
Middle Qing Dynasty
Height: 64.5cm　Width: 47cm
Qing Court collection

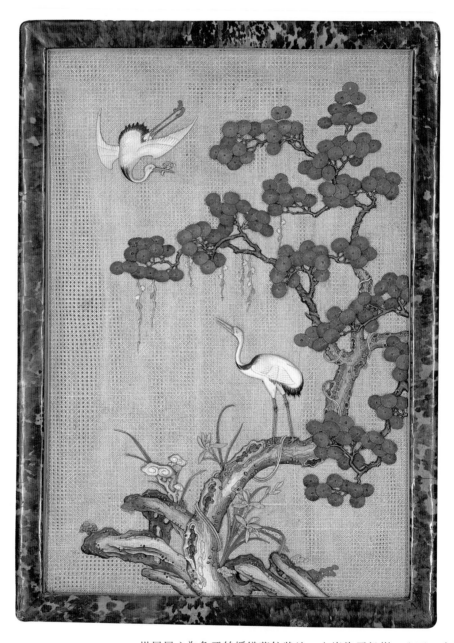

掛屏屏心為象牙絲編織蒲紋狀地，上嵌染牙松樹、山石、小草、靈芝和
蘭草，空中一仙鶴口銜靈芝飛來，另一鶴立於樹上昂首以待，寓意“松
鶴延年”。邊框係用玳瑁包鑲。

象牙編涼蓆
清中期
長216厘米　寬139厘米
清宮舊藏

Summer sleeping mat woven of ivory strips
Middle Qing Dynasty
Length: 216cm　Width: 139cm
Qing Court collection

蓆以象牙編成，長方形，蓆面潔白細膩，平整光滑，紋理細密均勻，柔軟舒適。蓆的背面包鑲棗紅色綾緞，四周沿包藍色緞邊。夏日時節使用可避暑熱。

此蓆製作方法不同於其他象牙製品，需先將象牙用藥水浸泡，然後劈成大小均勻、薄如竹篾的長條形薄片，磨製到呈現潔白光澤後，再編織成蓆，最後鑲邊包襯，製作程序複雜，費時費料。此蓆是清代中期廣東傳統牙雕工藝製作的重要貢品，傳世稀少，現僅存四領。

犀角雕山水人物圖杯

清中期
高14.3厘米　口徑19.8/11.7厘米　足徑6.4/3.3厘米
清宮舊藏

Cup with landscape and figure design, rhinoceros horn carving
Middle Qing Dynasty
Height: 14.3cm　Diameter of mouth: 19.8 x 11.7cm
Diameter of foot: 6.4 x 3.3cm
Qing Court collection

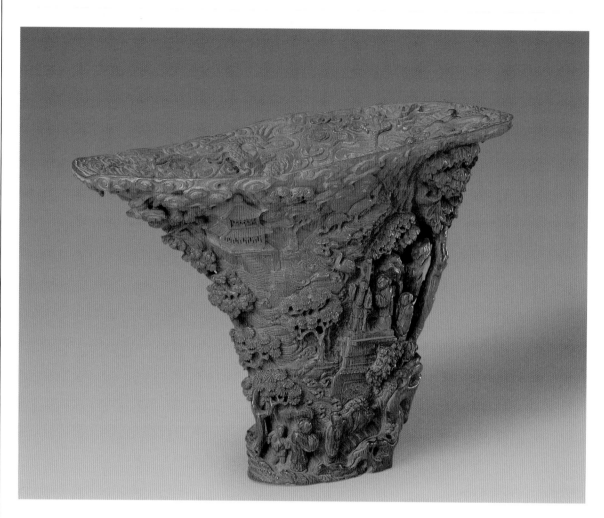

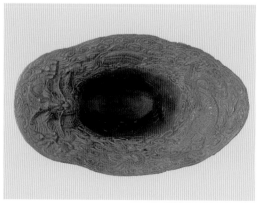

杯用犀角雕成，敞口斂足。口沿內雕雲龍紋，外壁雕海島仙山，怪石險徑，松柏長青，湍流飛瀑，奇花瑞草，白鶴悠然，雲蒸霞蔚，玉宇瓊樓以及各色人物。杯側的樹幹，既表現出仙山松柏的蓊鬱姿態，又保存了觥的形制。

此器色澤深沉、紋理細密、質料極佳。以浮雕為主，又靈活運用了鏤雕、黏貼、管鑽等技法。紋飾繁褥，在平面上刻劃出透視效果，深具界畫的意味，表現出鮮明的時代特徵。

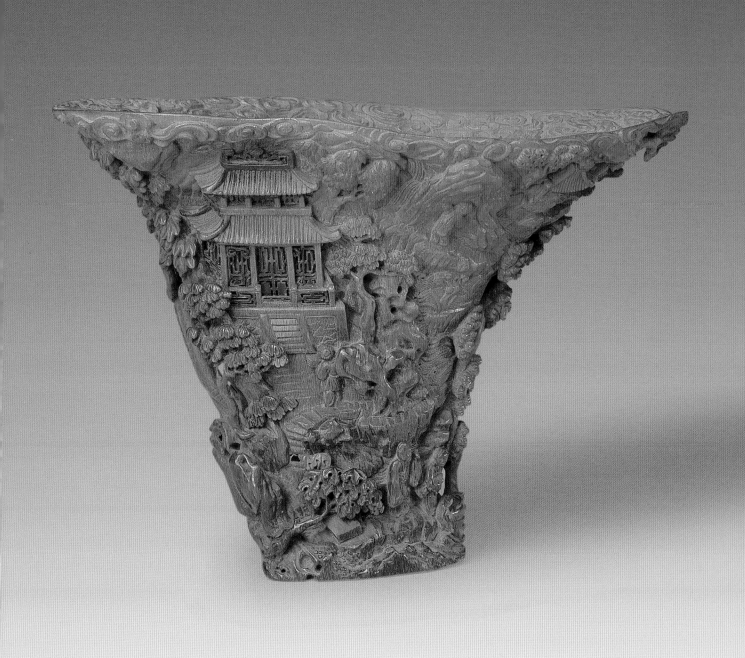

犀角雕九龍紋杯
清中期
高21.3厘米　口徑19.5/11.5厘米　足徑7.3厘米
清宮舊藏

Cup with nine-dragon design, rhinoceros horn carving
Middle Qing Dynasty
Height: 21.3cm　Diameter of mouth: 19.5 x 11.5cm
Diameter of foot: 7.3cm
Qing Court collection

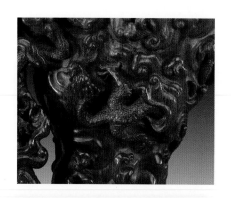

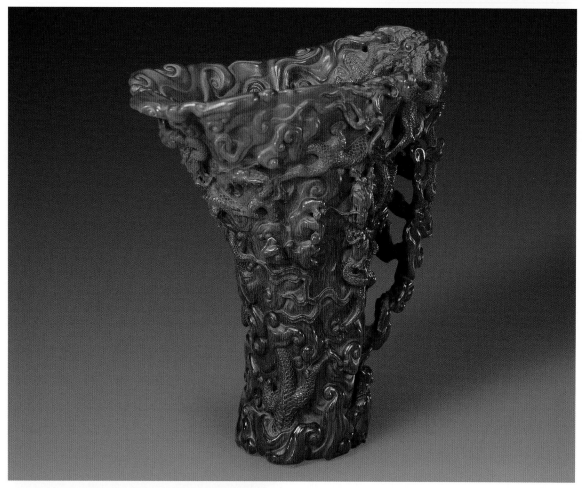

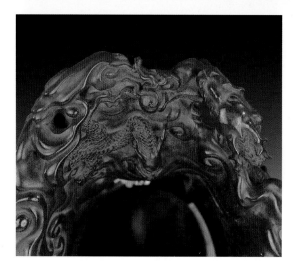

杯依犀角的自然形狀雕成，敞口斂足，略呈爵形，寬流。外壁雕雲龍紋，雲中九龍盤繞，其中三龍飛騰纏繞於杯口和杯柄之間，五龍相戲騰躍於杯壁之上，一龍昂首臥於杯底，使杯身與杯鋬渾然一體，龍騰雲湧，氣勢壯觀。

此杯色如蒸栗，採用浮雕工藝，做工細膩，光澤瑩潤。乾隆皇帝特為此杯題詩：犀角興明代，精傳無錫尤。已教創輪輅，為免費雕鏤。命匠敦淳樸，作杯斥巧浮。雲龍述經義，雜說與韓佟。

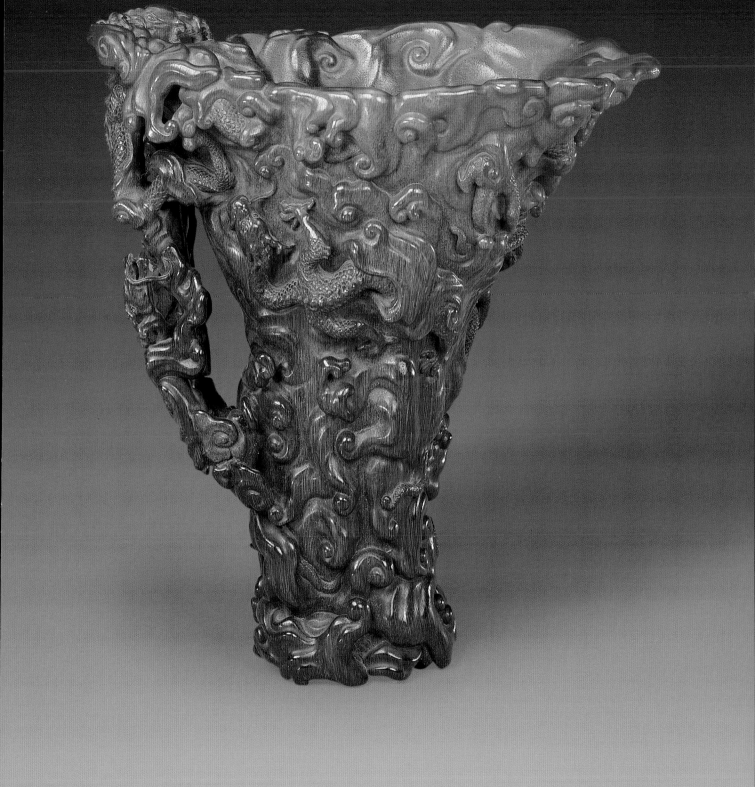

犀角雕螭龍紋杯
清中期
高11.5厘米　口徑13.5/8.5厘米　足徑5厘米

Cup with dragon design, rhinoceros horn carving
Middle Qing Dynasty
Height: 11.5cm　Diameter of mouth: 13.5 x 8.5cm
Diameter of foot: 5cm

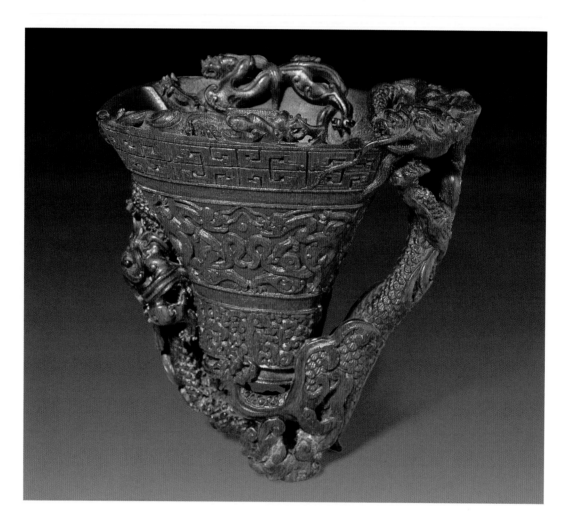

杯撇口，斂足。將龍身雕成柄與足，龍頭與前爪攀附杯口。外壁紋飾分
為三層，上層為陽文方夔拐子紋，中層雕對稱雙龍戲珠紋，並以三條小
蛟龍為襯，一條小龍盤在大龍尾部，兩條小龍游浮在杯口內側。下以靈
芝紋修飾底緣。紋飾含"蒼龍教子"之意。

此杯將圓雕、浮雕、鏤雕等技法融為一體，刻工高超，刀法精絕，紋飾
細密精美，既有仿古格調，又有獨創新穎的意境，是犀角雕刻精品。

犀角雕螭紋觚形杯　胡允中

清中期

高16.2厘米　口徑14.1/10.9厘米　足徑5.9/5.7厘米

Cup in imitation of ancient bronze Gu with hydra
design, rhinoceros horn carving
By Hu Yunzhong
Middle Qing Dynasty
Height: 16.2cm　Diameter of mouth: 14.1 x 10.9cm
Diameter of foot: 5.9 x 5.7cm

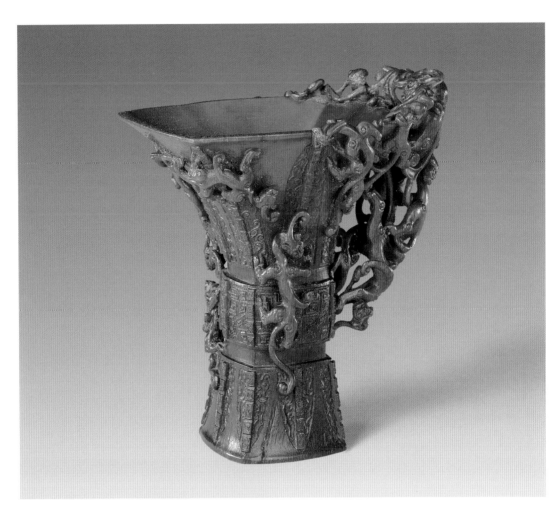

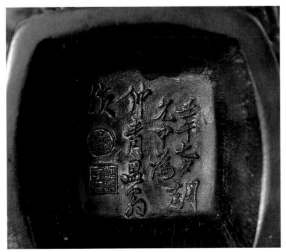

杯以犀角雕成，仿古青銅觚形，四角及四面出脊。杯身雕蟬紋及獸面紋為地，上雕螭龍十五條，其中七條小螭攀爬在杯壁之上，八條大螭或伏於杯壁之間、或攀延於杯口之上。底刻陽文"壬午七夕胡允中為仲青盟翁作"行書款及"胡允中印"篆書印章款。

此杯採用淺浮雕、鏤空技法及天溝、地網的形式雕成，技巧嫻熟、線條圓潤、流暢，具有清代中期仿古藝術的典型風格。

犀角雕獸面紋爵杯
清中期
高16.5厘米　口徑14.4/8.5厘米　足徑7.6厘米

Jue (wine vessel) with animal mask design, rhinoceros horn carving
Middle Qing Dynasty
Height: 16.5cm　Diameter of mouth: 14.4 x 8.5cm
Diameter of foot: 7.6cm

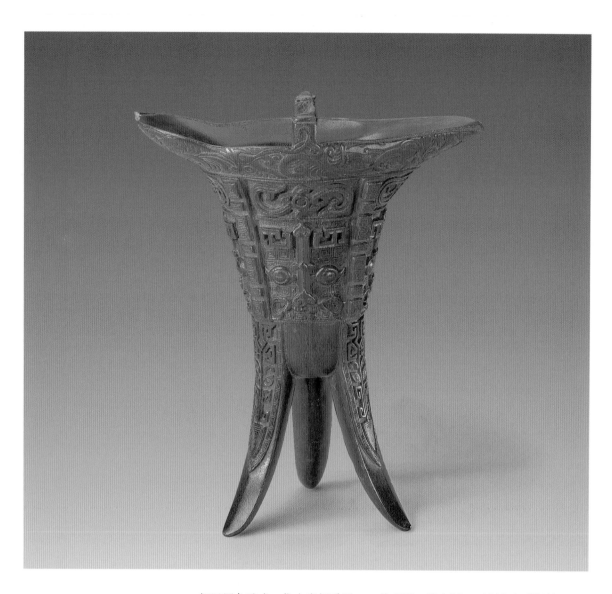

杯以犀角雕成，仿古青銅爵形。口前有流，後有尾，兩側有方形短柱，一側有獸首幾何紋鋬，三足外撇。外口沿雕夔鳳紋裝飾，腹有四道雲雷紋出脊，並以雲雷紋為地，上雕變形夔紋及獸面紋。下腹光素，足部飾獸面蟬紋。

此杯採用浮雕技法雕成，輪廓線圓滑柔和，紋飾古雅適度，是清乾隆年間仿古犀角雕刻中較為嚴謹且富於藝術性的作品。

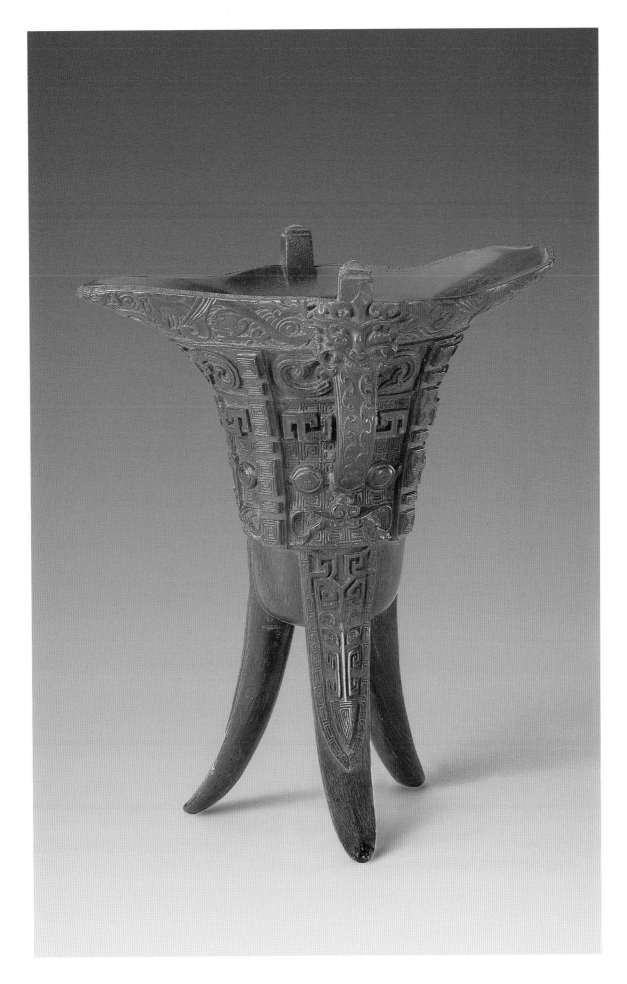

257

犀角雕獸面紋方鼎
清中期
通高11厘米　口徑8.7/7.5厘米　足徑6.9/5.1厘米
清宮舊藏

Quadripod with animal mask design, rhinoceros horn carving
Middle Qing Dynasty
Overall height: 11cm　Diameter of mouth: 8.7 x 7.5cm
Diameter of foot: 6.9 x 5.1cm
Qing Court collection

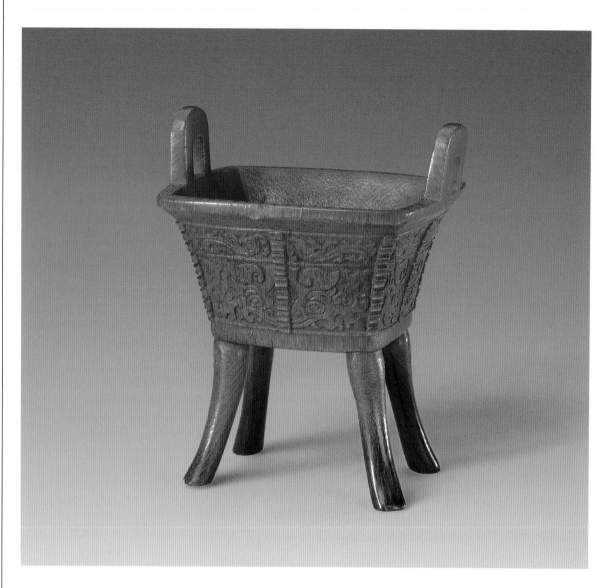

鼎以犀角雕成，仿古青銅器造型，身如方斗，立耳，四圓柱足外撇，由口沿到足尖形成內弓的弧線。身四角及四面出脊，每面均上雕二夔鳳紋，下雕二夔龍紋，合成一饕餮紋。底刻橢圓形陽文小印。

此器需將犀角一劈為四，加熱使之變形，再施雕刻，工藝複雜，製作難度極高。為宮中陳設器。

犀角雕獸面紋三足爐
清中期
通高12.4厘米　口徑9.6厘米　足徑6.5厘米
清宮舊藏

Tripod with animal mask design, rhinoceros horn carving
Middle Qing Dynasty
Overall height: 12.4cm　Diameter of mouth: 9.6cm
Diameter of foot: 6.5cm
Qing Court collection

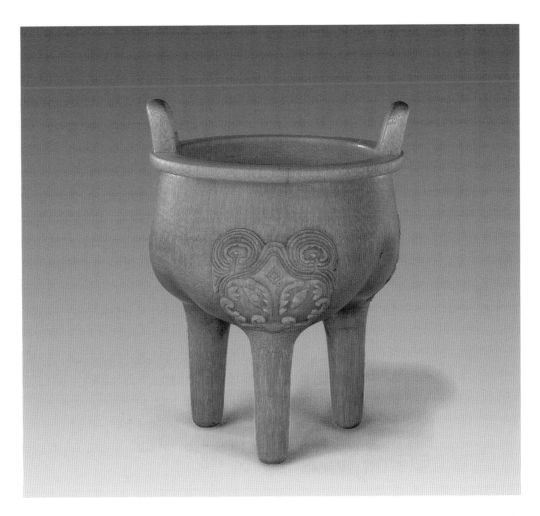

爐仿古青銅器造型，圓口，方肩，立耳，三圓柱足。爐大部光素，只在近足處雕一獸面紋。獸面紋由多種幾何形紋飾組成，頭上兩組重圈紋，如縮雙髯，整體來看，形成一種近似剪紙的效果，造型奇特，裝飾性很強。

此器紋飾簡潔，突出了犀角本身的色澤和肌理，恰到好處地烘托了爐體的圓潤秀雅。其造型突破了犀角本身形狀的局限，工藝水平極高。為宮中陳設器。

犀角雕獸面紋方瓶及犀角雕蓮瓣紋長方盒
清中期
瓶高8.6厘米　口徑2.1/1.8厘米　足徑2.4/1.9厘米
盒通高4.2厘米　口徑4.6/3.8厘米　底徑3.1/2.5厘米
清宮舊藏

Square vase with animal mask design, rhinoceros horn carving
Middle Qing Dynasty
Height: 8.6cm　Diameter of mouth: 2.1 x 1.8cm
Diameter of foot: 2.4 x 1.9cm
Qing Court collection

Rectangular box with design of lotus-petal, rhinoceros horn carving
Middle Qing Dynasty
Overall height: 4.2cm
Diameter of mouth: 4.6 x 3.8cm
Diameter of bottom: 3.1 x 2.5cm
Qing Court collection

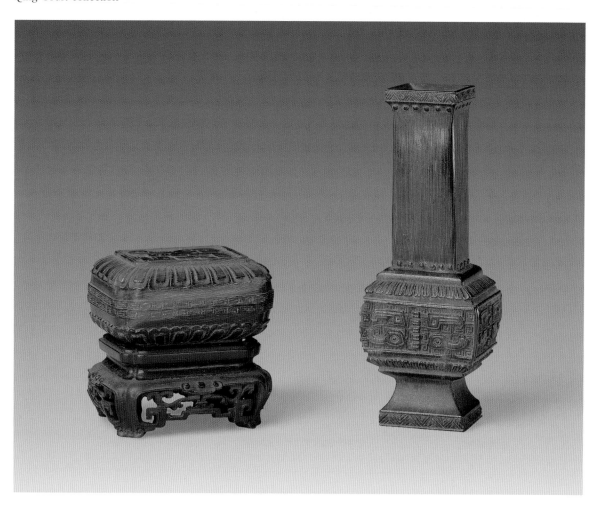

方瓶以犀角雕成，仿古代青銅器造型。外口沿與足邊刻鋸齒紋，長頸上下各飾一周乳丁紋，其餘光素。腹部外鼓，四面出脊，均在回紋地上凸起饕餮紋，並以仰覆蓮瓣紋相襯。高足外撇。

此瓶造型挺拔，線條流暢，紋飾仿古而不泥古，是一件很有趣味的作品。

方盒犀角雕成，子母口相合，均飾蓮瓣紋。蓋頂於回紋地上陽刻變形雲紋略呈"卐"字形。下承紅木底座仿家具造型，束腰三彎式腿，花牙鏤空如意勾雲紋。

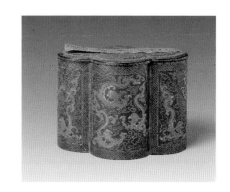

209

犀角嵌金銀絲夔紋搬指
清中期
高2.3厘米　口徑3.1/2.8厘米　厚0.5/0.2厘米
清宮舊藏

Rhinoceros horn ring of an archer inlaid with gold and silver filigrees and decorated with Kui-dragon design
Middle Qing Dynasty
Height: 2.3cm　Diameter of mouth: 3.1 x 2.8cm
Thickness: 0.5 x 0.2cm
Qing Court collection

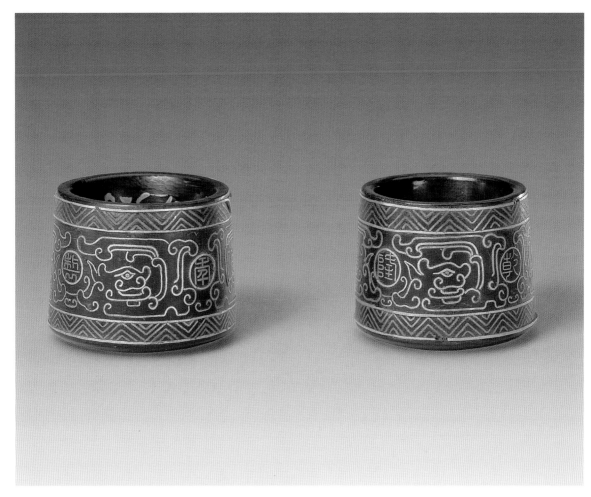

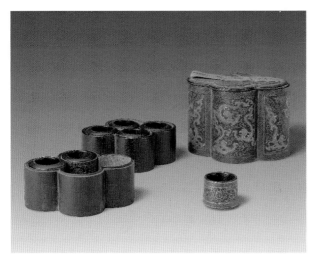

搬指呈圓柱形，外壁上下用金銀絲各嵌雙線和山字紋作為邊飾。邊飾內嵌變形夔龍紋並金銀絲嵌"乾隆年製"篆書款。搬指藏於花瓣式匣盒內。搬指由古代的"楪"演變而來，射箭時戴在拇指上作鈎弦用。清代滿人尚武，能用搬指引弓者為上，後來不能引弓者亦佩戴搬指，搬指遂成為流行的高雅飾物，並以材質的高低區分等級。

此器採用鑲嵌技法，嵌工精緻，嵌絲細密，金銀相間，光彩悅目，是專為帝王製作的御用品。

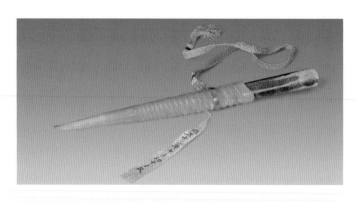

羚羊角鞘刀

清中期
長26.5厘米
清宮舊藏

Antelope horn knife with sheath
Middle Qing Dynasty
Length: 26.5cm
Qing Court collection

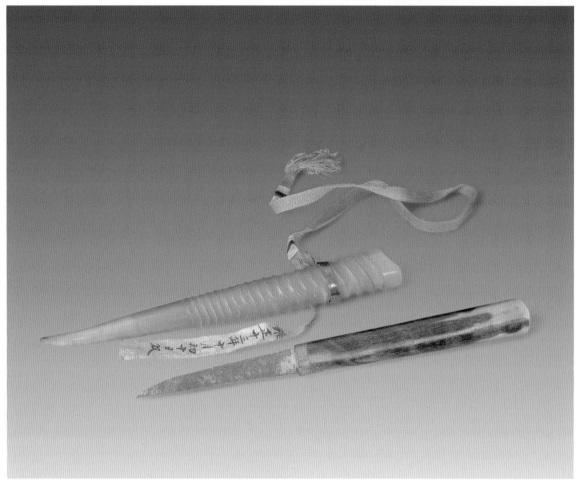

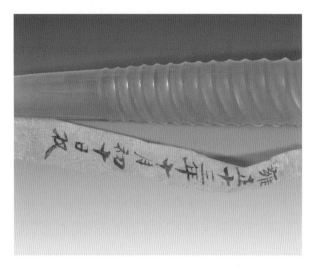

刀柄及刀鞘均以羚羊角雕成。刀柄扁圓、光素，
與刀鋒相接處有銅勒口，刀短而鋒利。刀鞘保留
着羚羊角原有的弦紋及尖端微曲的形狀，口沿磨
成鞍形。鞘有銅鼻，穿以縧帶。並有一條明黃色
帶，上寫有"雍正十三年（1735）十月初十日
收"及"刀子一把"的字樣。

小刀是游牧民族日常隨身攜帶的器具，雖然沒有
繁複華麗的裝飾，但顯現出鮮明的民族特色。

羚羊角柄犀角雕雲龍嵌石鞘刀

211

清中期
長28.9厘米
清宮舊藏

Knife with an antelope horn hilt and a rhinoceros horn
sheath carved with design of dragon among clouds and
inlaid with precious stones
Middle Qing Dynasty
Length: 28.9cm
Qing Court collection

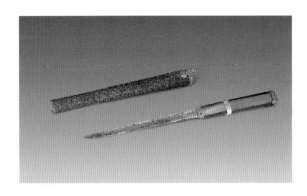

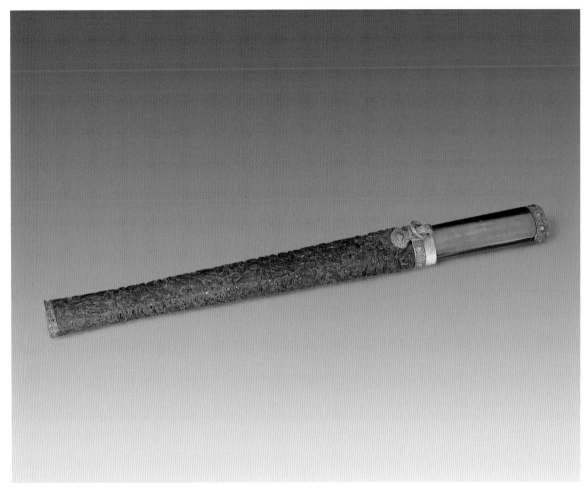

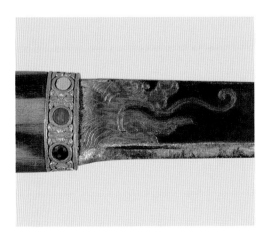

刀柄扁圓，為羚羊角雕成，光素無紋，色澤黃褐相
間相滲。刀與柄之間的格為象牙製，光素無紋。有
鎏金獸紋吞口，刃鋒尖銳。刀鞘為犀角製，狹長，
稍稍束腰，線條優美，正背面各雕三條相同雲龍
紋。刀柄、刀鞘首尾均有銅活裝飾，並鎏金鏨花鑲
嵌紅、綠、藍三色石料，而以紅色居中。

此刀雕刻受牙雕影響，細膩入微，構圖繁密，在很
小的浮雕高度內劃分出層次。在小小一柄刀上，彙
集了多種材料，是珍貴華麗的民族用具。

玳瑁鱖魚形佩
清中期
長11.5厘米　寬6厘米　厚2.5厘米
清宮舊藏

Pendant in the shape of fish, tortoise shell carving
Middle Qing Dynasty
Length: 11.5cm　Width: 6cm　Thickness: 2.5cm
Qing Court collection

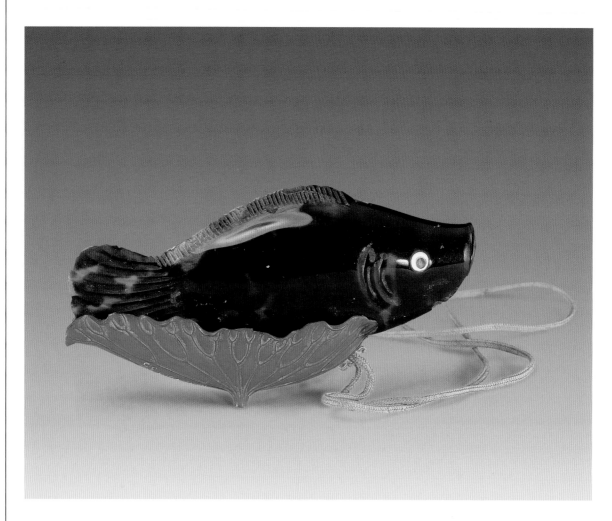

佩以玳瑁雕成，鱖魚形，呈深褐色。以變色螺鈿嵌製魚眼，魚嘴內有機關，可開合，魚嘴開時，魚下的染牙荷葉托可以取下。荷葉與魚腹間有一鏨夔龍紋金鎖扣，扣上連明黃色絲繩，可隨身掛佩。佩戴魚形佩，唐代即已有之，唐制五品以上官員准佩魚袋，作為出入朝廷的符信和區別官階高低的表徵。

此佩形象生動逼真，構思新奇，製作圓潤寬厚，文雅輕巧。

象牙雕群仙祝壽龍舟
清晚期
高58厘米　長91.5厘米　寬23.5厘米
清宮舊藏

Dragon boat with a scene of immortals celebrating
birthday, ivory carving
Late Qing Dynasty
Height: 58cm　Length: 91.5cm　Width: 23.5cm
Qing Court collection

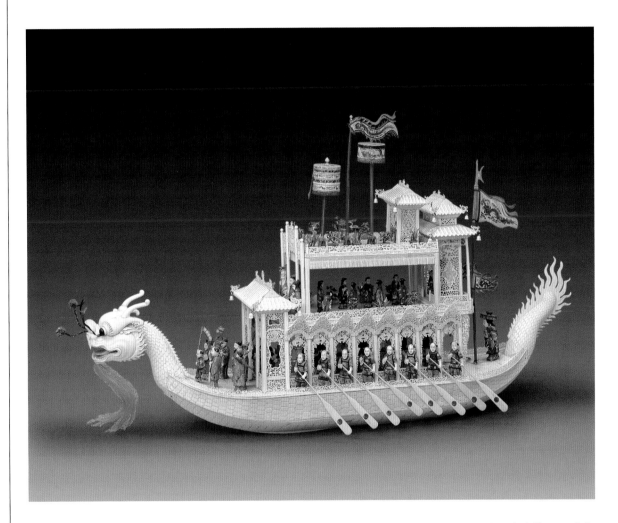

龍舟前置門樓，四角垂風鐸。舷兩側開八柱拱門，上有團壽字簷，下垂葡
萄紋。三層台閣上置龍鳳旗、蓋和傘，中層平台內有仙人、花草，每層均
雕樑畫棟。舟中福祿壽星、八仙、伎樂、水手以及捧桃仙猿等。龍身鱗片
密集，樓閣靈透華麗，飾以勾蓮、寶相、瓜果等花紋，連綿纖細，雍容富
麗。

此作品採用鏤刻、浮雕、圓雕、拼鑲、染色等多種技法雕成，是清宮內務
府大臣在慈禧太后六旬壽辰時進獻的壽禮。由廣州牙匠按照如意館繪製的
圖稿雕製，只求效果，不惜工本，在晚清的牙雕中首屈一指。

象牙雕群仙祝壽塔
清晚期
高102厘米　長98厘米　寬54厘米
清宮舊藏

**Pagoda with a scene of immortals celebrating birthday,
ivory carving**
Late Qing Dynasty
Height: 102cm　Length: 98cm　Width: 54cm
Qing Court collection

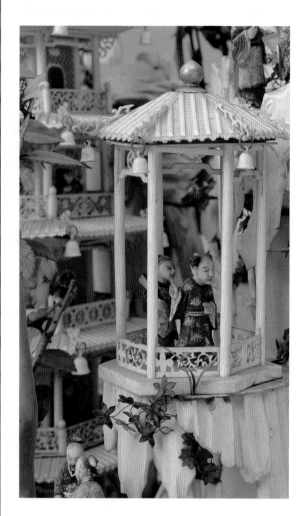
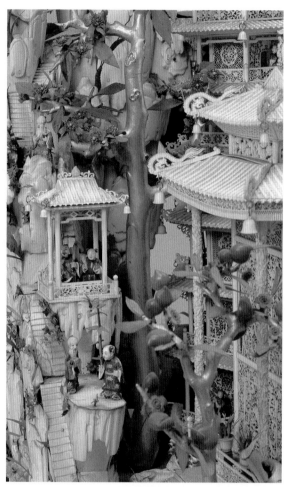

塔院前有福祿壽三星立於盤龍柱牌坊下，上雕團壽字，群仙圍侍在金水橋四周。其後為重簷歇山頂殿堂，雙龍摩尼寶珠屋脊，簷下懸宮燈，殿內西王母坐於正中。殿外金樹鑲珠嵌寶，殿後為六角寶塔，高十三層，每層有欄杆，雕飛龍走鳳，福壽、寶相花紋，仙人穿行其間。簷下有牙鈴垂墜，盔頂上有蜜蠟葫蘆形塔剎。圍塔後為仙山，階梯蜿蜒曲折，直通山頂。山間亭閣錯落、奇石聳立、松柏蒼秀、藤蘿掛垂、翠竹、芭蕉、靈芝叢生。

此作品綜合了鏤刻、圓雕、拼鑲、染色等多種技法，窮極工巧、雄偉壯觀，是廣東地方官吏在慈禧太后壽辰之日呈獻的壽禮。

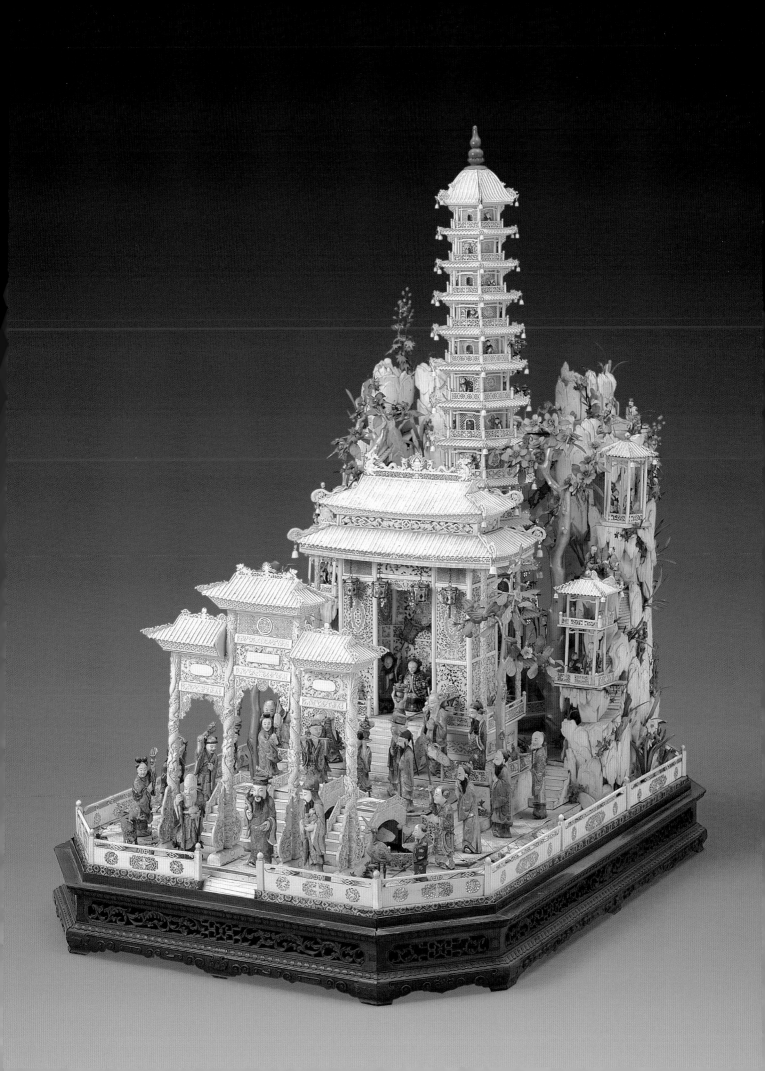

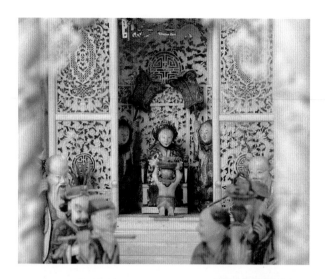

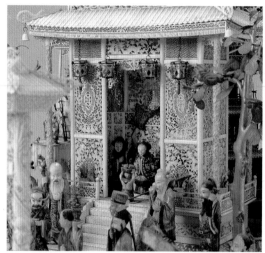

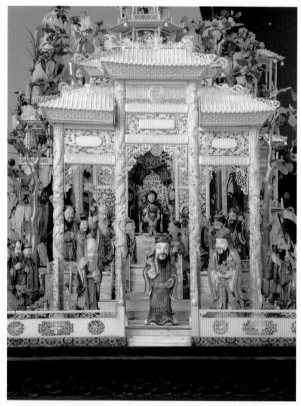

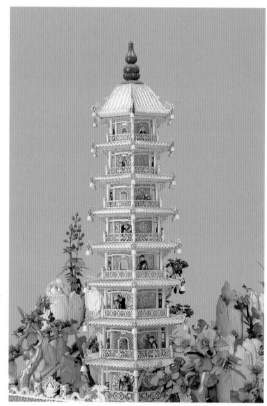

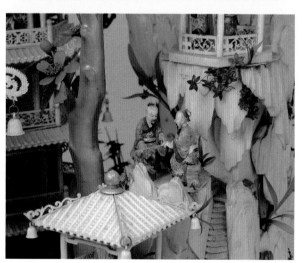

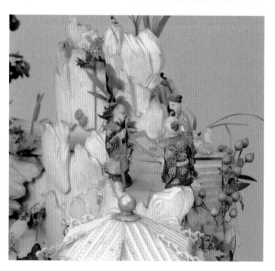

象牙雕百花圖

清晚期
長69.9厘米　口徑8.3/7.3厘米
清宮舊藏

**Ivory carved with design of
hundred flowers**
Late Qing Dynasty
Length: 69.9cm
Diameter of mouth: 8.3 × 7.3cm
Qing Court collection

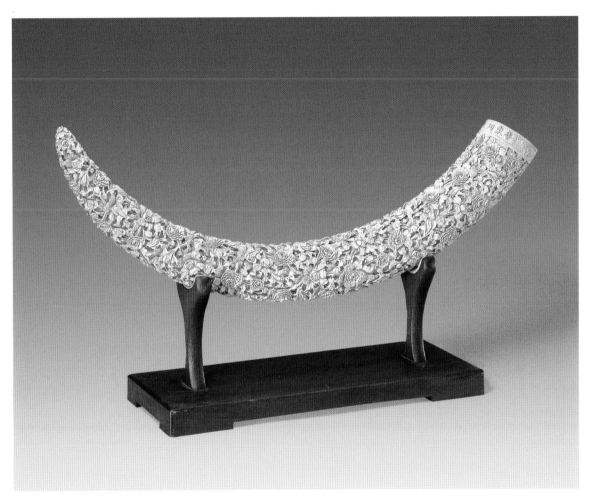

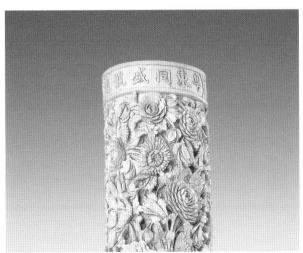

百花圖以整象牙雕成，通體採用"百花不露地"
形式雕牡丹、芍藥、秋菊、玉蘭等花卉，寓意
"玉堂富貴"。在口沿下刻兩道弦紋，弦紋內刻
暗八仙紋飾，留白中刻陽文"粵東同盛號製"楷
書款，此為商號作坊的標誌。

此作品是將象牙的外層粗皮打磨掉後，採用深浮
雕技法雕成。構圖規整、刻紋精密，加上象牙完
美的外形及潔白細膩的質地，更顯得玲瓏剔透，
雍容華貴，是廣州地區的牙雕佳作。

象牙雕花卉紋圓粉盒
清晚期
高11.6厘米　口徑10.3厘米
清宮舊藏

Round box with floral design, ivory carving
Late Qing Dynasty
Height: 11.6cm　Diameter of mouth: 10.3cm
Qing Court collection

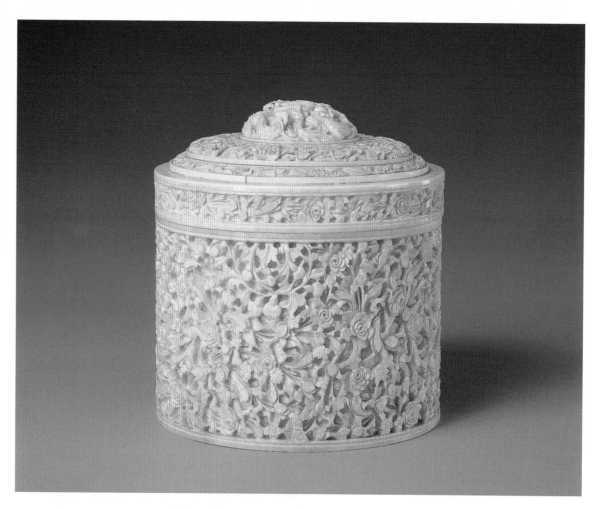

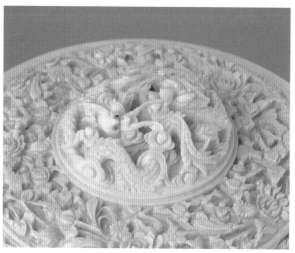

粉盒圓柱形，有蓋，蓋頂雕盤繞雙龍圓鈕，蓋內嵌一面圓玻璃鏡，外壁以"百花不露地"形式深浮雕牡丹、菊花、葫蘆等，寓意"子孫萬代、富貴綿長"。

此盒製作考究，工致規矩，紋飾富麗，是宮中嬪妃用的粉盒。製於十九世紀中葉，由廣州牙雕作坊製作，體現了這一時期廣州牙雕工藝獨特的藝術風格。

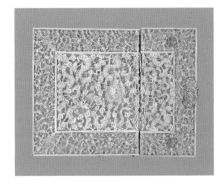

象牙雕雲龍花鳥紋鏡盒

清晚期
高19.8厘米　長29.5厘米　寬22.2厘米
清宮舊藏

Toilet case with design of dragons, clouds, birds and
flowers, ivory carving
Late Qing Dynasty
Height: 19.8cm　Length: 29.5cm　Width: 22.2cm
Qing Court collection

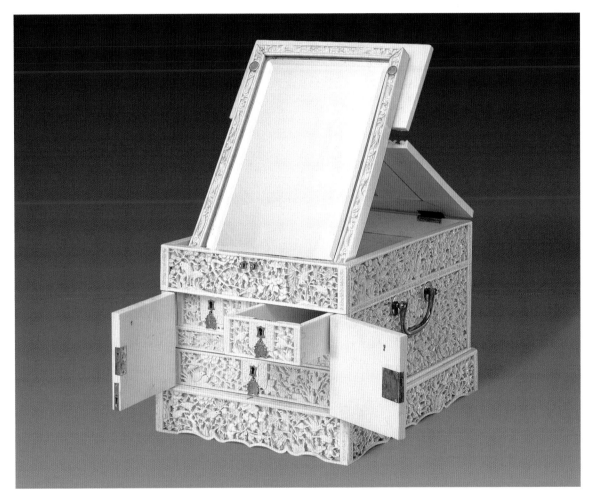

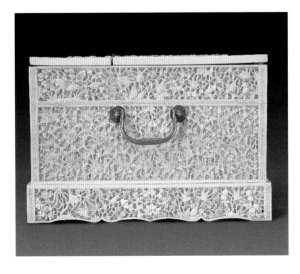

鏡盒為長方形，共二層，上層為盒蓋式，蓋中有頜連接，可摺疊，內有牙框玻璃鏡。下層為雙門櫃，櫃內分兩層，分裝三個抽屜，均可推拉。屜上安銀鍍金鏨雙桃、雙魚紋鎖扣。蓋面雕五龍戲珠紋，盒壁以菊紋錦地為邊框，雕松鶴、梅鵲、菊花鵪鶉以及葫蘆、佛手，雙門雕丹鳳花鳥圖，寓"九重春色、地久天長"之意。

此鏡盒採用深雕剔刻等多種技法，設計新穎，圖紋細密富麗，佈局嚴謹整齊，是宮中后妃專用的梳妝盒。

象牙雕仕女圖插屏
清晚期
高25厘米　寬11厘米　厚18.5厘米

Table screen with classical lady design, ivory carving
Late Qing Dynasty
Height: 25cm
Width: 11cm
Thickness: 18.5cm
Qing Court collection

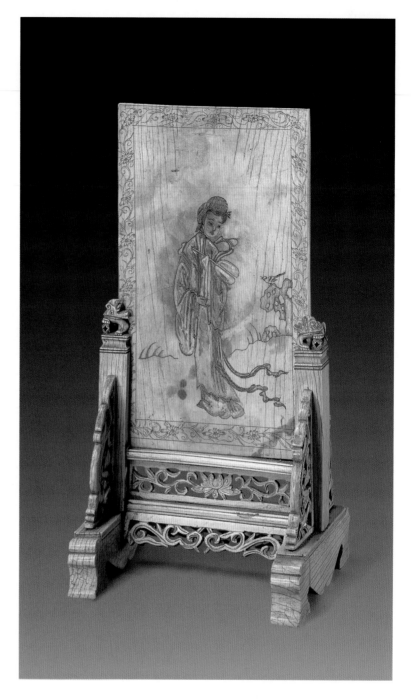

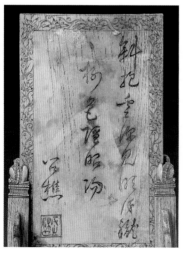

插屏象牙雕成，屏心正面線刻仕女手持團扇，面對湖石上的喜鵲，四周邊緣線刻纏枝花卉紋。屏背鑴刻問樵："斜抱雪深見明月，朧朧樹色隱昭陽"詩句，下鈐印一方。屏座縧環板雕花草紋，披水牙雕捲草紋。二柱頭圓雕獅子一對，柱石旁站牙雕草龍，馬蹄形足。

問樵，清代嘉慶、道光時人，姓嚴，名保庸，字伯常，丹徒人。嘉慶二十一年（1816）在鄉試中獲第一名，先入翰林，後任山東棲霞縣令。能詩善書，尤工曲，有作品流傳於世。

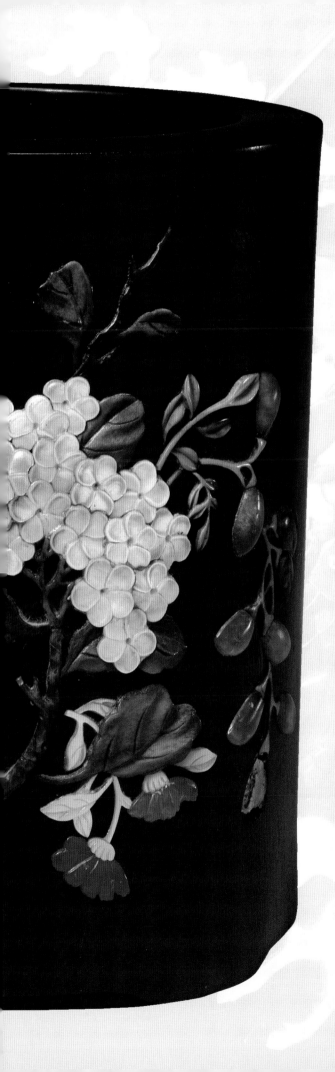

百寶嵌

Inlaid Wood with Gems

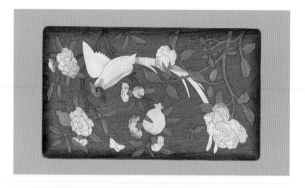

219

黃花梨木百寶嵌石榴綬帶紋盒
明晚期
高15厘米　長27.4厘米　寬16.3厘米

Rose-wood box inlaid with gems forming design of pomegranate and paradise flycatcher
Late Ming Dynasty
Height: 15cm　Length: 27.4cm
Width: 16.3cm

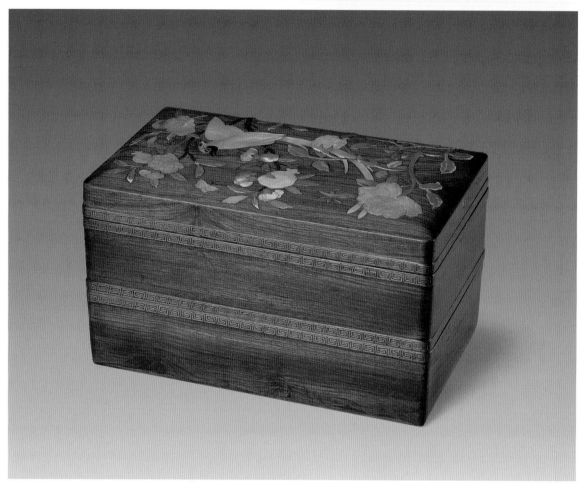

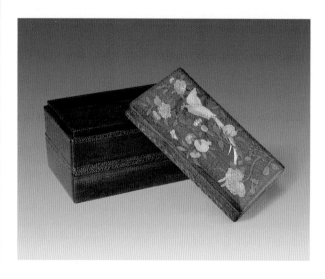

黃花梨木百寶嵌石榴綬帶紋盒

盒以黃花梨木製作，長方形，兩層，有蓋。蓋、盒銜接處飾以嵌銀絲回紋，蓋面凸邊微隆，上嵌月季、石榴、綬帶鳥。以褐色木製樹幹，染牙為葉、螺鈿為花，綠葉、白花相互輝映，生機盎然，花樹間一隻紅喙白羽的綬帶鳥立於枝頭。圖紋寓意"富貴多子"。

此器棕紅色，以染牙、大漆、螺鈿為主料，採用百寶嵌技法製成。盒、匣銜接緊密，圖紋端莊典雅，製作技巧高超，木色紋理清晰自然，是百寶嵌工藝中的精品。

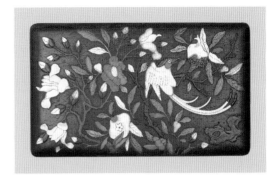

紫檀百寶嵌花鳥紋盒
明晚期
高9.3厘米　長24.6厘米　寬14.5厘米
清宮舊藏

Red sandalwood box inlaid with gems forming flower and bird design
Late Ming Dynasty
Height: 9.3cm　Length: 24.6cm　Width: 14.5cm
Qing Court collection

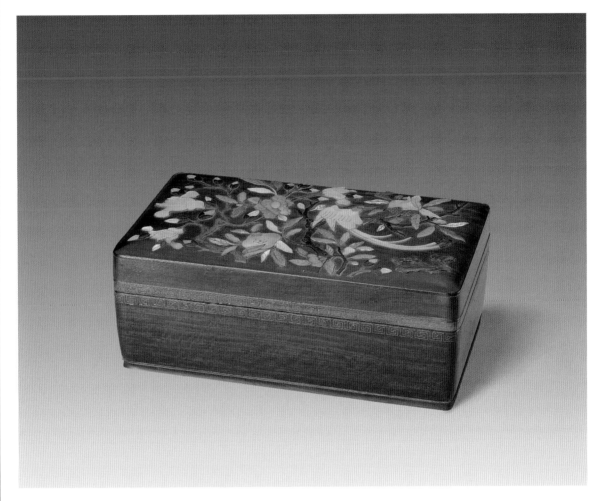

盒以紫檀製作，長方形，有蓋，口沿處飾嵌銀絲回紋，蓋面凸邊微隆，上嵌花鳥圖紋。以褐色木製樹幹，孔雀石、青玉為葉，螺鈿為山茶、玉蘭、石榴，枝繁葉茂，含苞吐豔。在綠葉白花相互輝映下，一隻紅喙白羽的綬帶鳥立於枝頭，春意盎然。紋飾寓意"春壽"。

此器用螺鈿、染牙、孔雀石、青金石、大漆、椰殼等料，採用百寶嵌工藝製成。

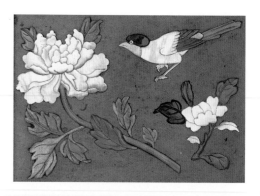

樺木百寶嵌牡丹花鳥紋拜匣

明晚期
高9.5厘米　長21.3厘米　寬12.2厘米
清宮舊藏

Briar wood box inlaid with gems forming peony and bird design
Late Ming Dynasty
Height: 9.5cm　Length: 21.3cm　Width: 12.2cm
Qing Court collection

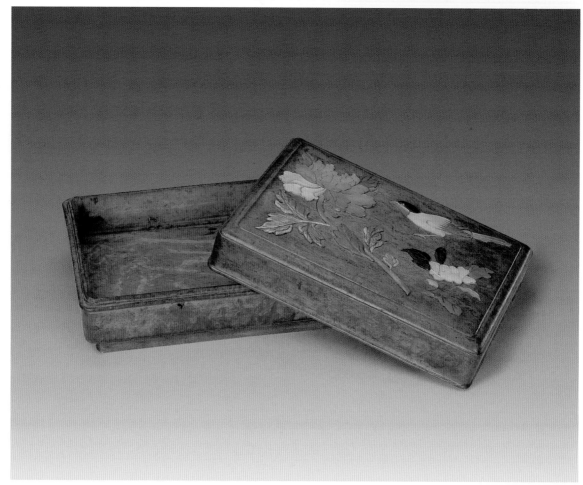

盒以樺木製作，棕色，長方形，口沿嵌銀絲回紋，底足內凹。盒壁光素，蓋面嵌雙色花瓣的二喬牡丹、黑頭雀，寓意吉祥。

此盒為盛放書冊的文房用具，以螺鈿、松石、染牙等為料，採用百寶嵌工藝製成。紋飾色彩明快，搭配得當，端莊精美，是百寶嵌製品中的傑作。

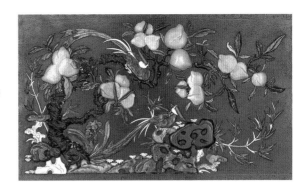

紫檀百寶嵌壽帶桃樹紋盒

明晚期
高21厘米　長31厘米　寬18.7厘米
清宮舊藏

Red sandalwood box inlaid with gems forming design of peach tree and paradise flycatchers
Late Ming Dynasty
Height: 21cm　Length: 31cm　Width: 18.7cm
Qing Court collection

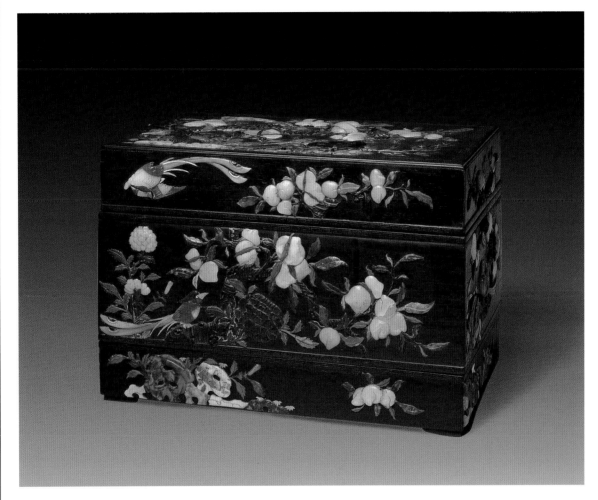

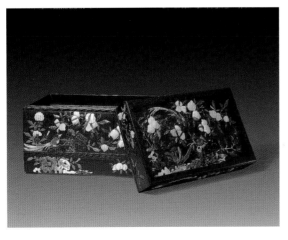

盒為紫檀製作，長方形，兩層，有蓋，每層銜接處均嵌銀絲回紋。蓋面嵌桃樹，以青金石、染牙為葉，以白玉為果，樹下洞石矗立，翠竹、靈芝和水仙點綴其間，兩隻壽帶鳥一上一下棲息於枝頭和壽石之端。兩層四壁嵌壽帶鳥、洞石、牡丹、靈芝，與盒面大致相同。寓意"芝仙祝壽"。

此盒體型較大，色澤古拙，以白玉、螺鈿、瑪瑙、玳瑁、孔雀石、蜜蠟、珊瑚等料，採用百寶嵌工藝製成。花紋滿佈，嵌工精緻，是百寶嵌工藝中的精品。

樺木百寶嵌玉堂富貴紋盒
明晚期
高9.5厘米　長21.3厘米　寬12.2厘米
清宮舊藏

Briar wood box inlaid with gems forming design of
magnolia, begonia, peony and butterflies
Late Ming Dynasty
Height: 9.5cm　Length: 21.3cm　Width: 12.2cm
Qing Court collection

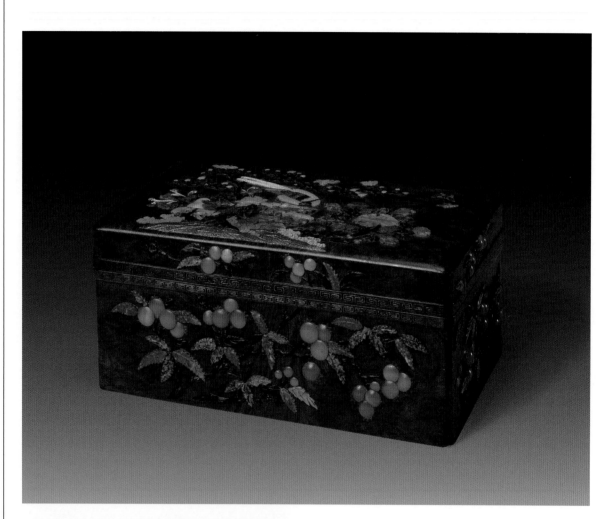

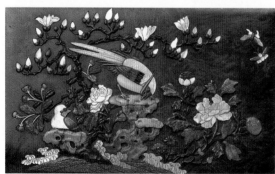

盒以樺木製作，長方形，口沿嵌銀絲回紋，盒中有
屜。蓋面分別嵌玉蘭、海棠、牡丹、壽石、綬帶鳥、
野菊、彩蝶。四壁嵌滿枝枇杷。玉蘭、海棠諸音"玉
堂"，彩蝶、牡丹寓意"富貴"，壽石、綬帶鳥寓意
"長壽"。

此盒以青金石、金星石、螺鈿、芙蓉石、松石、孔雀
石、蜜蠟等為料，採用百寶嵌工藝製成。紋飾色彩明
快絢麗，木質紋理奇特，是百寶嵌工藝中的傑作。

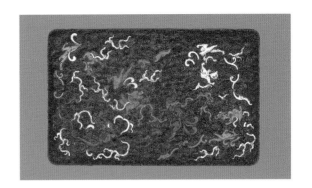

紫檀百寶嵌雲螭紋拜匣

明晚期
高10.7厘米　長29.5厘米　寬18.5厘米
清宮舊藏

**Red sandalwood box inlaid with gems forming design
of cloud and hydra**

Late Ming Dynasty
Height: 10.7cm　Length: 29.5cm　Width: 18.5cm
Qing Court collection

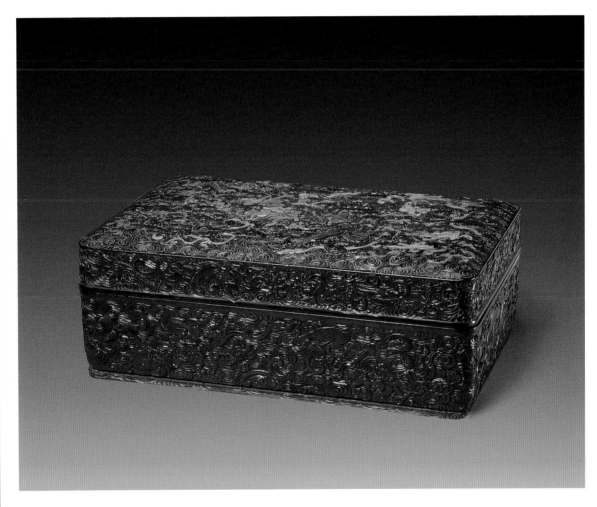

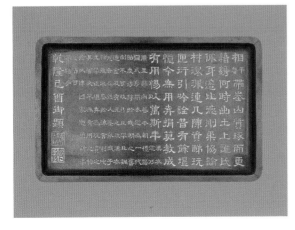

盒以紫檀製作，長方形，凸形光素口沿，凹底。蓋面雕流雲錦地，嵌赤、橙、黃、藍、白、黑六條螭龍，騰躍於雲海之中，火燄紋飄飛在螭龍四周。四壁雕海水螭龍紋。蓋內有後添的陰刻填金"乾隆己酉(1789)御題"隸書五言詩，詩後有注及"古稀天子之寶"印章款。與盒中藏的"御製哀明陵三十韻　梁國治書"的冊頁內容相符。

此盒棕褐色，以珊瑚、青金石、青玉、蜜蠟、螺鈿為原料，採用通體浮雕不露地和百寶嵌工藝製成，刻工細膩嫻熟，紋飾婉轉流暢，造型、色澤古雅莊重。

紫檀百寶嵌荷塘白鷺圖提盒
明晚期
通高17.2厘米　長16厘米　寬11.5厘米
清宮舊藏

Red sandalwood portable box inlaid with gems forming
design of lotus and egret
Late Ming Dynasty
Overall height: 17.2cm　Length: 16cm　Width: 11.5cm
Qing Court collection

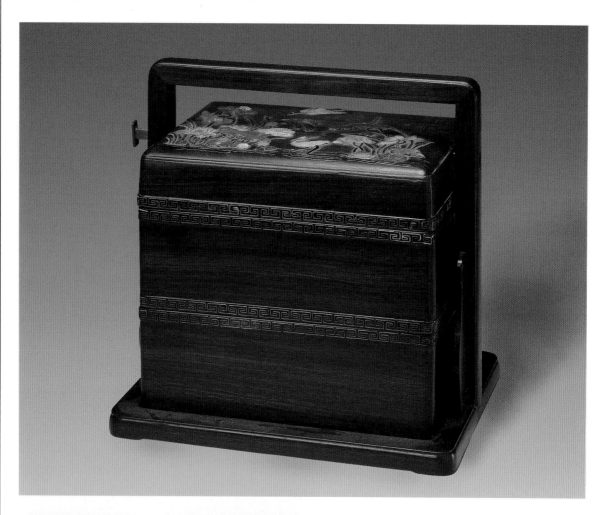

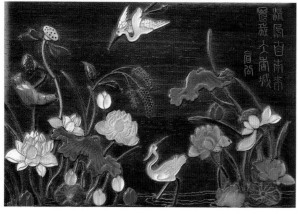

盒以紫檀製作，共兩層，上有提樑，口沿嵌銀絲回
紋。蓋面嵌《荷塘白鷺圖》，荷塘中紅、白蓮花盛
開，水中白鷺佇立回望，另一白鷺盤旋而下。鷺與
"路"同音，蓮花亦稱芙蓉，二者組成圖紋寓"一
路榮華"之意。蓋右上角嵌銀絲五言詩句及"眉
公"款。盒內四角有樑，二層摞在一起時，起固定
作用。頂蓋內一銅棍插入，可使盒蓋穩固。提樑兩
側有護板站牙，下連光素平板底托。

此盒深褐色，以孔雀石、瑪瑙、珊瑚、螺鈿為原
料，採用百寶嵌工藝製成。圖紋雕刻精細，紋飾
簡潔明快，別具一格。

紫檀百寶嵌蓮藕紋拜匣
清早期
高8.8厘米　長29.2厘米　寬23.4厘米
清宮舊藏

Red sandalwood box inlaid with gems forming design of
lotus plant
Early Qing Dynasty
Height: 8.8cm　Length: 29.2cm　Width: 23.4cm
Qing Court collection

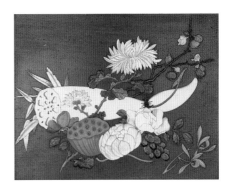

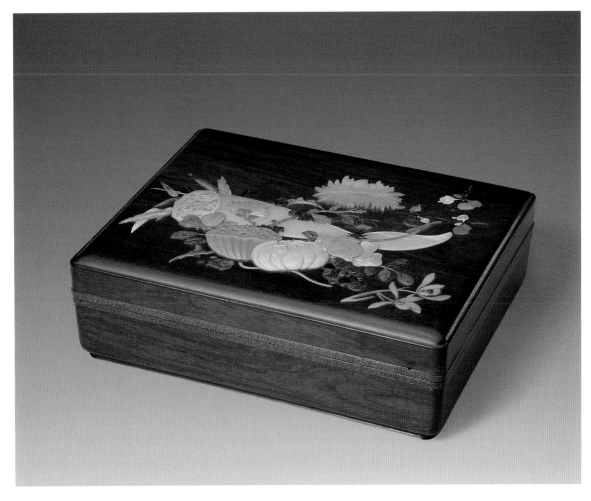

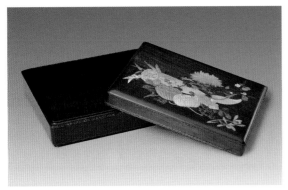

盒以紫檀製作，長方形，口沿嵌銀絲回紋。盒蓋嵌
蓮花、荷葉、藕、蓮蓬、竹枝、蘭花、菊花、枸杞
等圖紋，寓"一品清廉"和"杞菊延年"之意。盒
中有屜，為盛放書冊之用。

此盒用青金石、螺鈿、碧璽、珊瑚、松石、染牙等
為材料，以百寶嵌技法製成。用料精細，花紋精
美，為宮廷造辦處鑲嵌作奉旨製作的百寶嵌工藝精
品。

紫檀百寶嵌折枝花卉紋方盒
清早期
高7.7厘米　長21.8厘米　寬19.4厘米
清宮舊藏

Red sandalwood box inlaid with gems forming design of floral sprays
Early Qing Dynasty
Height: 7.7cm　Length: 21.8cm　Width: 19.4cm
Qing Court collection

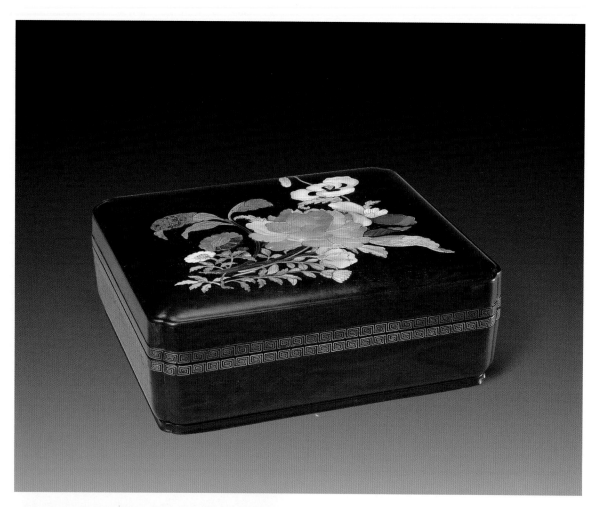

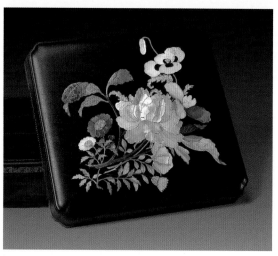

盒以紫檀製作，長方形，口沿嵌銀絲回紋，凹底圈足。四壁光素，蓋面嵌折枝花卉紋。牡丹雍容富麗，壽菊和虞美人清雅秀逸。牡丹寓意富貴，虞美人一稱錦被花，紋飾寓意“衣錦富貴”。

此盒色如蒸栗，以染牙、孔雀石、瑪瑙、螺鈿為原料，以百寶嵌技法製成。作工精緻，盒口銜接緊密，圖紋色澤簡潔明快，是百寶嵌工藝中的佳作。

紫檀百寶嵌三獅進寶圖盒

228

清早期
高8厘米　長29厘米　寬23.2厘米
清宮舊藏

Red sandalwood box inlaid with gems forming design of
three lions presenting a treasure
Early Qing Dynasty
Height: 8cm　Length: 29cm　Width: 23.2cm
Qing Court collection

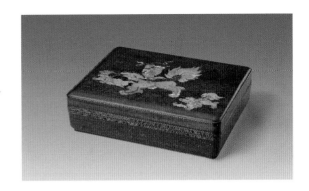

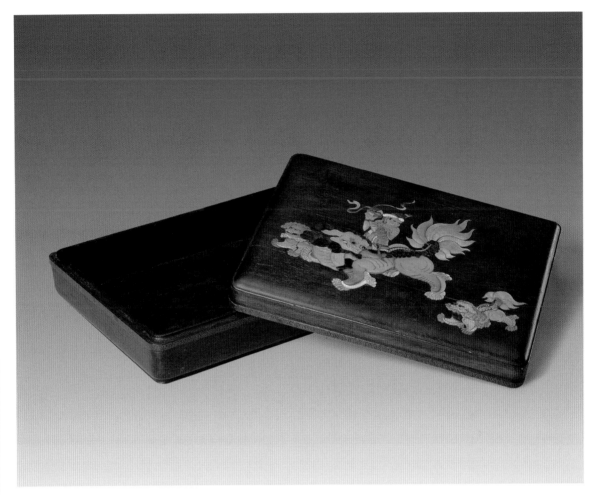

盒以紫檀製作，長方形，口沿嵌銀絲回紋，四壁光素，底微凹。蓋面嵌
《三獅進寶圖》。一胡人頭戴錐形帽，身着戎裝，雙手托彩球，騎在大
獅背上，旁二小獅隨行。獅子被視為避邪護福的瑞獸，且與"師"諧
音，太師、少師都是古代官職，圖紋寓意"官祿相傳"。

此盒以螺鈿為主料，配以孔雀石、紅漆、染牙、瑪瑙等，以百寶嵌工藝
製成。構圖嚴謹，嵌刻精細，色彩明快，是百寶嵌工藝中的精品。

紫檀座百寶嵌戲獅圖插屏
清早期
高27.5厘米　寬19.5厘米　厚11厘米
清宮舊藏

**Table screen with red sandalwood stand inlaid with
gems forming design of figures playing with a lion**
Early Qing Dynasty
Height: 27.5cm　Width: 19.5cm　Thickness: 11cm
Qing Court collection

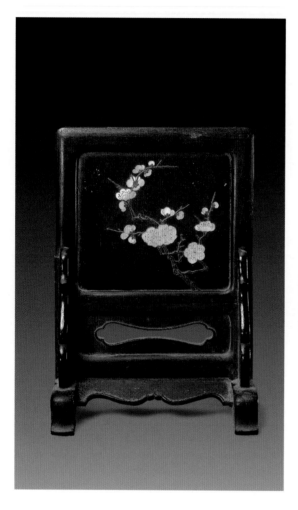
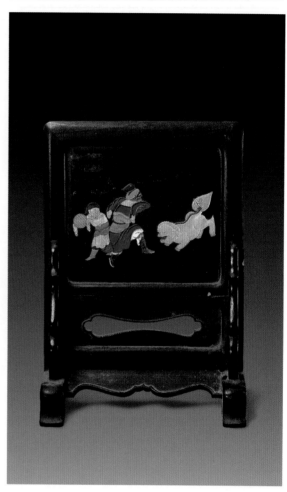

插屏屏心正面嵌兩個胡人手拿繡球戲獅，背面嵌一樹梅花。屏座縧環板
透雕如意形孔，披水牙下雕成壺門式。

此屏用螺鈿、竹木、藍色、紅色料石為料，以百寶嵌工藝製成，造型簡
潔明快，作工細膩。

紫檀百寶嵌狩獵圖盒
清早期
高8.8厘米　長26厘米　寬16厘米

Red sandalwood box inlaid with gems
forming hunting design
Early Qing Dynasty
Height: 8.8cm　Length: 26cm
Width: 16cm

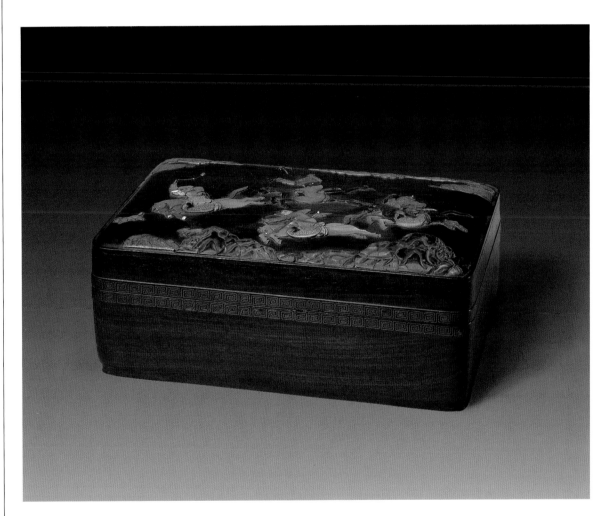

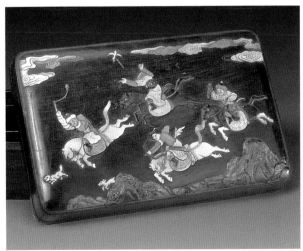

紫檀百寶嵌狩獵圖盒
清早期

盒以紫檀製作，長方形，盒中有屜。蓋面嵌狩獵圖，四位騎手，頭戴番帽，身着袍服，揮鞭架鷹，彎弓搭箭，策馬飛馳，追擊前遁的野獸。山石、流雲色彩豐富。

此盒以玳瑁、螺鈿、瑪瑙、松石、大漆等原料，採用百寶嵌和淺浮雕技法製成，將滿人的遊獵習俗形象生動地表現出來。

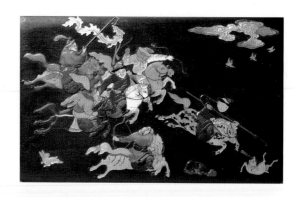

231 紫檀百寶嵌狩獵圖盒

清早期
高10.2厘米　長26.8厘米　寬16.8厘米
清宮舊藏

Red sandalwood box inlaid with gems forming hunting design
Early Qing Dynasty
Hight: 10.2cm　Length: 26.8cm　Width: 16.8cm
Qing Court collection

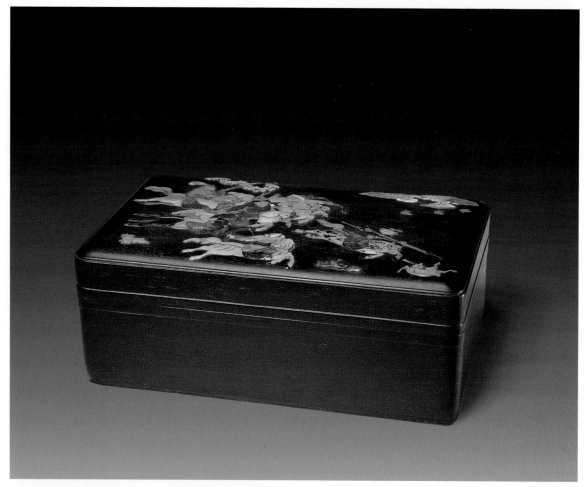

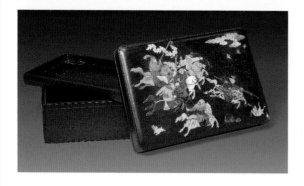

盒以紫檀製作，長方形，盒中有屜。蓋面為《狩獵圖》，主人身着紅袍，下跨白馬，後有一侍從手舉長幡，左右四位騎手，一人持長矛，奔馳在前，一人手起箭出，小鹿應聲而倒，一人回身搭箭，欲射狡兔。雲間驚飛一行蘆雁。

此盒以玳瑁、螺鈿、瑪瑙、松石、孔雀石、大漆等原料，採用百寶嵌和淺浮雕技法製成。

286

紫檀百寶嵌白象進寶圖盒
清中期
高14厘米　長36.5厘米　寬33厘米
清宮舊藏

Red sandalwood box inlaid with gems forming design of
white elephant presenting treasures
Middle Qing Dynasty
Height: 14cm　Length: 36.5cm　Width: 33cm
Qing Court collection

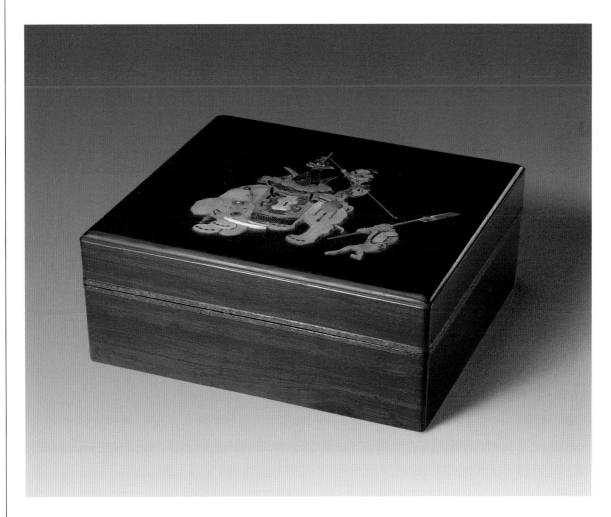

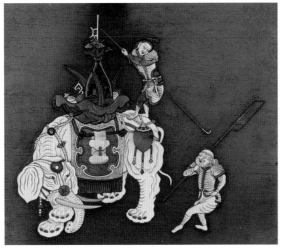

盒以紫檀製作，長方形，口沿嵌銀絲回紋，蓋面微
凸，四邊微坡，平底，底中有方形凹槽。蓋面嵌
《白象進寶圖》，象回首捲鼻，背馱聚寶盆款款而
行，一個身着甲冑的胡人立在象背上守護着，另一
個胡人肩扛長條番旗隨象前行，盒中有一檀香木鏤
刻"卍"字紋的雁板，香氣四溢。"白象進寶"典
出佛教中所說"七寶"，圖中表現有"象寶"及
"兵寶"。

此盒深褐色，用螺鈿、青金石、瑪瑙、孔雀石、珊
瑚、蜜蠟等為料，以百寶嵌技法製成，刻工嵌做精
細嚴密，紋飾細膩逼真，是放置經書的拜匣。

紫檀百寶嵌八仙祝壽圖海棠式盒
清中期
高9.7厘米　徑35.5/22.5厘米
清宮舊藏

Red sandalwood box in the shape of begonia inlaid with
gems forming design of Eight Immortals celebrating
birthday
Middle Qing Dynasty
Height: 9.7cm　Diameter: 35.5 x 22.5cm
Qing Court collection

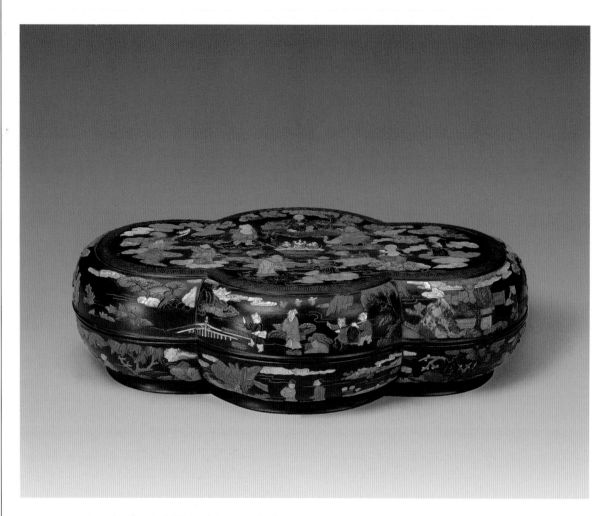

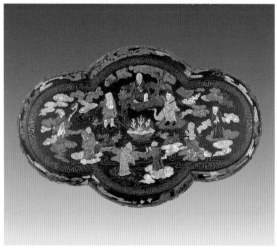

紫檀百寶嵌八仙祝壽圖海棠式盒

盒為海棠花式，下承隨形矮足。蓋面嵌《八仙祝壽圖》，八仙各持法器，兩兩相對，立於雲端。上坐壽星，中間置聚寶盆。外壁雕長者遊春圖，一路上奇花異石，綠樹成蔭，小橋流水，景物宜人，春意盎然。盒內配裝五個錯金勾蓮花紋的銀製攢盤。

此盒是宮廷中盛裝食品的攢盒，以螺鈿、瑪瑙、染牙及各種寶石為料，採用錯金銀、鑲嵌拼接等多種技巧製成，工精紋細，材料昂貴，充分體現了皇家氣派。

紫檀百寶嵌迎壽圖海棠式盒
清中期
高9.7厘米　徑35.5/22.5厘米
清宮舊藏

Red sandalwood box in the shape of begonia inlaid
with gems forming design of figures meeting God of
longevity
Middle Qing Dynasty
Height: 9.7cm　Diameter: 35.5 x 22.5cm
Qing Court collection

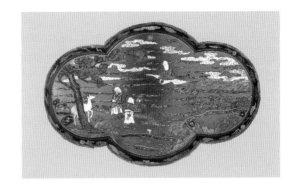

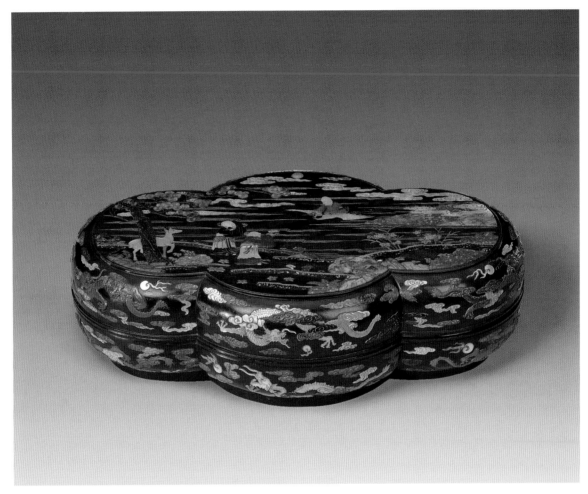

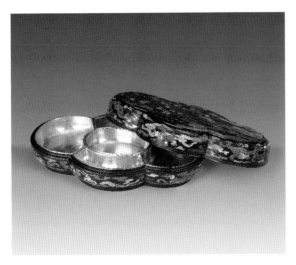

紫檀百寶嵌迎壽圖海棠式盒
清中期
高9.7厘米　徑35.5/22.5厘米
清宮舊藏

盒為海棠花式，下承隨形矮足。蓋面嵌《迎壽圖》，二老者向空中遙望，壽星乘鶴從雲間飛來，流雲飄渺，景致幽逸。外壁雕行龍、浮雲和火珠，雲飄龍遊，兩兩相對，爭相戲珠。盒內配裝五個錯金勾蓮花紋的銀製攢盤。

此盒以黃、白色螺鈿及各種寶石為料，採用錯金銀、鑲嵌、拼接等多種技巧製成，做工精細，紋飾華麗，用料考究，是宮中盛裝食品用的攢盒。

紫檀百寶嵌花卉紋筆筒
清中期
高13.6厘米　口徑10.8厘米
清宮舊藏

**Red sandalwood brush holder inlaid
with gems forming floral design**
Middle Qing Dynasty
Height: 13.6cm
Diameter of mouth: 10.8cm
Qing Court collection

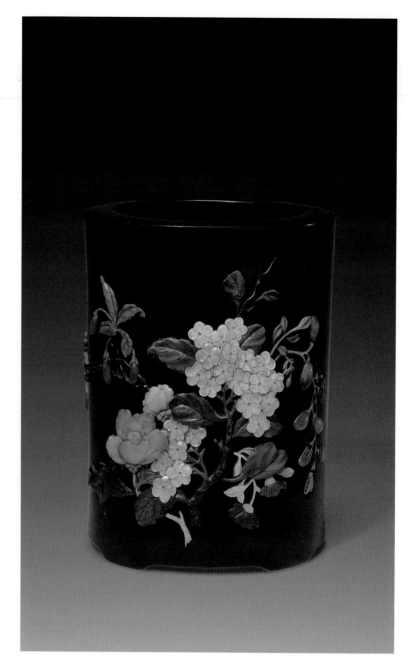

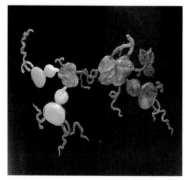

筆筒以紫檀製作，直筒形，下承四矮足。外壁嵌繡球、紫蘿、山茶、秋菊、枸杞等花卉，花團錦簇，色澤明豔，配上染牙葉，花團與枝葉掩映托襯，更顯嬌豔，寓意"天光長在"。另一面配三個小葫蘆，繁簡相宜，清雅脫俗。

此器以螺鈿、紫晶、瑪瑙、蜜蠟等材料，採用鑲嵌技法製成，嵌刻佈局章法極佳，為百寶嵌工藝之佳作。

紫檀百寶嵌花卉紋筆筒

236

清中期
高13.8厘米　口徑14.6厘米
底徑13.6厘米
清宮舊藏

**Red sandalwood brush holder inlaid
with gems forming floral design**
Middle Qing Dynasty
Height: 13.8cm
Diameter of mouth: 14.6cm
Diameter of bottom: 13.6cm
Qing Court collection

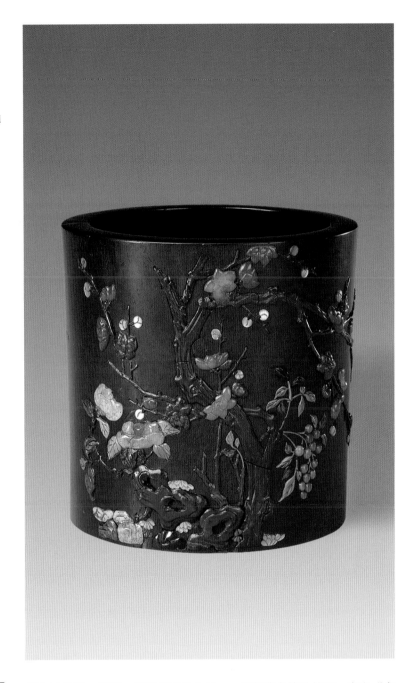

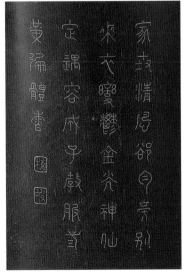

筆筒圓筒形。筒壁一面雕梅花為主景，一隻綬帶鳥棲於枝頭，寓意"齊眉祝壽"。樹下茶花、天竹、壽石色澤鮮明，光彩悅目。另一面是用銀絲嵌成的篆書七言詩，末署"梅"、"坡"二印章款。

此器木質堅硬，用五彩螺鈿、椰木、染牙、孔雀石、瑪瑙等原料，採用鑲嵌技法製成，畫面章法嚴謹，色澤瑩潤、樸實，典雅端莊。

題詩：家世清風卻月旁，別來衣變鬱金光，神仙定遇容成子，教服三黃遍體香。

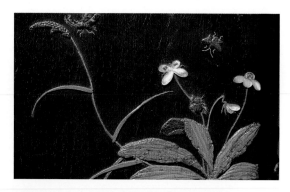

紫檀百寶嵌花卉草蟲圖筆筒
清中期
高16.3厘米　口徑12.9厘米
清宮舊藏

**Red sandalwood brush holder inlaid with gems
forming design of flowers, grass and insects**
Middle Qing Dynasty
Height: 16.3cm　Diameter of mouth: 12.9cm
Qing Court collection

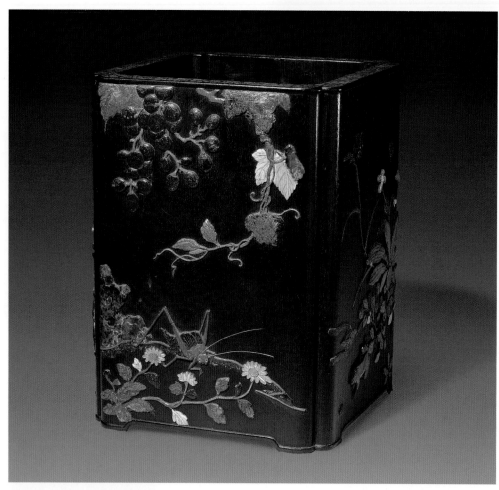

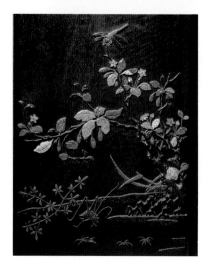

筆筒長方形，委角方口，口上嵌金絲雙首夔龍一周，下承四方矮足。
四壁分別嵌枸杞、秋蟲、蜻蜓圖；蓼草、漿果、青蛙圖；蒲公英、蟈
蟈、彩蝶圖；葡萄、秋菊、蟈蟈圖；四幅圖紋均寓意"長壽延年"。
底有"天府雅製"篆書款。

此器深褐色，以松石、瑪瑙、珊瑚、蜜蠟、椰殼、螺鈿等為原料，採
用鑲嵌工藝製成。花卉、果實、昆蟲刻嵌細緻逼真，清雅而又富有情
趣。

紫檀百寶嵌梅雀圖筆筒
清中期
高13.1厘米　口徑10.2厘米　足徑9.5厘米
清宮舊藏

Red sandalwood brush holder inlaid with gems forming
design of plum blossoms and birds
Middle Qing Dynasty
Height: 13.1cm　Diameter of mouth: 10.2cm
Diameter of foot: 9.5cm
Qing Court collection

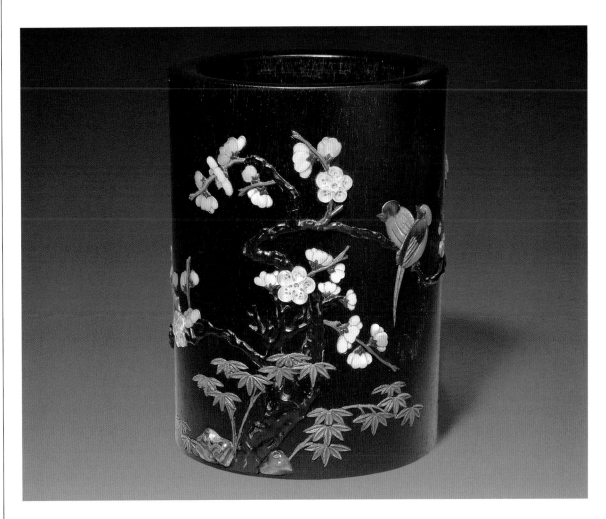

筆筒以紫檀製作，直筒形，外壁嵌翠竹、梅花、雀鳥。梅花紅托粉瓣，
寒天怒放，三莖翠竹繞樹挺生，一對綬帶鳥相伴棲立在梅樹枝頭，寓
"齊眉祝壽"之意。

此器色如蒸栗，以染牙、螺鈿、孔雀石、瑪瑙、椰木等為料，採用鑲嵌
技法製成。

紫檀百寶嵌愛鵝圖筆筒
清中期
高13.9厘米　口徑12.2厘米
清宮舊藏

Red sandalwood brush holder inlaid with gems
forming design of calligrapher Wang Xizhi with his
favourite goose
Middle Qing Dynasty
Height: 13.9cm　Diameter of mouth: 12.2cm
Qing Court collection

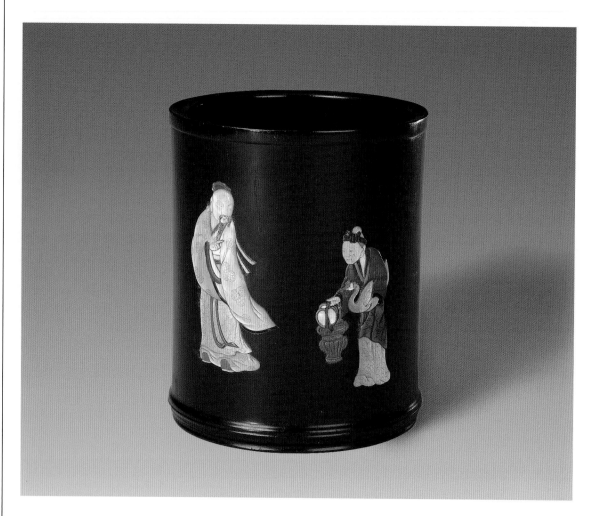

筆筒凹形口沿，底鑲有紅木三矮足。外壁以"羲之愛鵝"為題材嵌成圖
紋。羲之頭戴褐冠，身着黃衣白裳，轉身回首，右手指點。他身後一老
婦，右手提籃，籃內置兩把團扇，左手摟抱一隻褐冠白鵝，躬腰向羲之
走來。

此器深褐色，瑩潤光亮，用五彩螺鈿、黃楊木、染牙、蜜蠟等原料，以
鑲嵌技法製成。圖紋端莊典雅，筆墨情韻極濃，人物刻畫細膩入微，鬚
毫畢現。

紫檀百寶嵌靈仙祝壽圖拜匣
清中期
高7.5厘米　徑24厘米
清宮舊藏

Red sandalwood box inlaid with
gems forming design of narcissus
and Tian Zhu
Middle Qing Dynasty
Height: 7.5cm　Diameter: 24cm
Qing Court collection

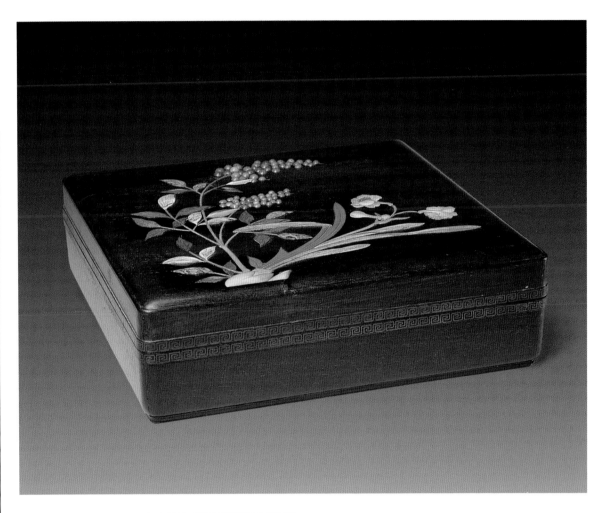

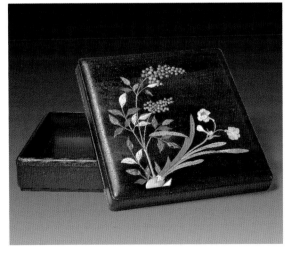

紫檀百寶嵌靈仙祝壽圖拜匣
清中期
高7.5厘米　徑24厘米
清宮舊藏

盒四方委角形，委角處有凹槽，凸面，下承方形弦
紋足。蓋面嵌天竹、水仙，枝葉疏朗，簡潔雅致。
寓"靈仙祝壽"之意。

此盒以碧玉、青玉、象牙、珊瑚為料，採用雕刻鑲
嵌工藝製成，是書房中盛裝卷冊的陳設盒具。

檀香木百寶嵌海屋添籌圖盒
清中期
高4.8厘米　徑22.7厘米
清宮舊藏

Round box of sandalwood inlaid with gems forming the
auspicious design of "Hai Wu Tian Chou" (wishing an
aged person a long life)
Middle Qing Dynasty
Height: 4.8cm　Diameter: 22.7cm
Qing Court collection

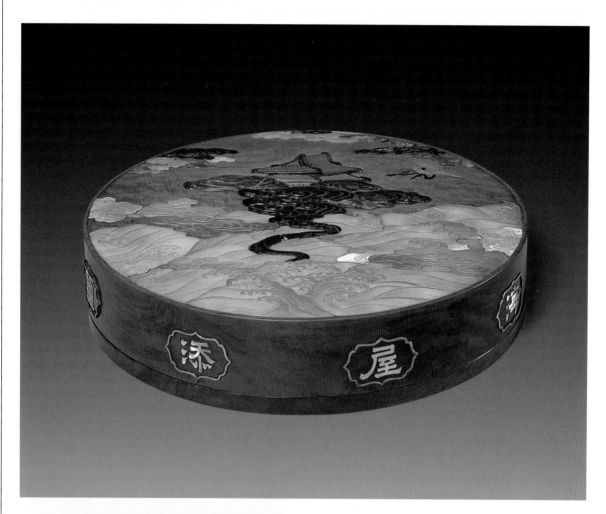

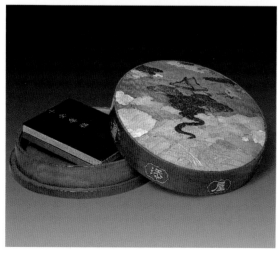

盒以檀香木製作,圓形,從下開啟,內口凸起,與蓋
壁重疊。蓋面紋飾是從海中生起一朵祥雲,雲中隱現
一幢樓閣,一隻仙鶴口中銜籌向樓前飛來。蓋壁飾如
意形開光,開光內嵌一楷書字,環周有"海屋添
籌"、"萬壽無疆"八字。"海屋添籌"寓"添壽"
之意,傳說海中有一樓,樓內有一瓶,瓶內儲有世間
人們的壽數,如令仙鶴銜一籌添入瓶中,便可多活百
年。

此盒以螺鈿為料,採用鑲嵌技法製成,是清乾隆時期
製作的。乾隆自稱"十全老人",盒內裝的"十全廥
福"冊頁,同為頌祝壽辰之意。

紫檀百寶嵌雙螭捧壽紋盒
清中期
高9厘米　長16.1厘米　寬13.5厘米
清宮舊藏

Red sandalwood box inlaid with gems forming design of
two hydras supporting a character "Shou" (longevity)
Middle Qing Dynasty
Height: 9cm　Length: 16.1cm　Width: 13.5cm
Qing Court collection

242

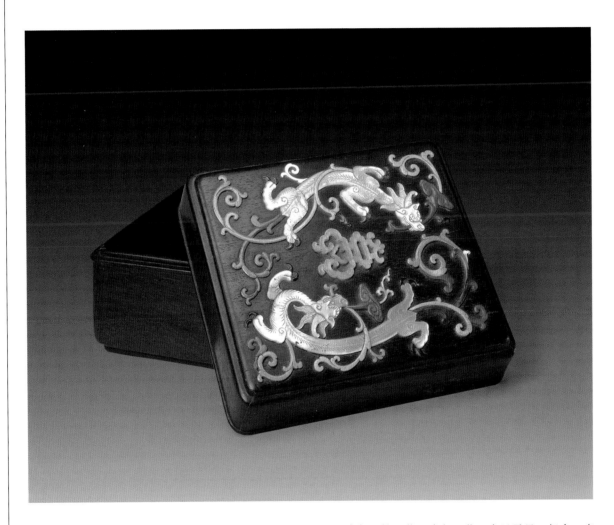

盒長方形，口脣微捲，邊角圓轉，蓋面隆起，蓋、身以子母口相合，有
帶狀矮足。蓋面嵌二螭龍，口含靈芝，身披彩雲，盤桓舒捲，一上一
下，首尾相銜，圍擁中央"壽"字，並飾雲紋如縧帶縮出如意花結。其
裝飾無一處不含吉祥的寓意。

此盒雕嵌皆精，螺鈿、珊瑚、染牙等材料與紫檀的沉着相映成趣，畫面
於疏放中不失滿密，形成百寶嵌獨特的裝飾效果。

紫檀百寶嵌四壽圖盒
清中期
高8.3厘米 長20.4厘米 寬19.3厘米
清宮舊藏

**Red sandalwood box inlaid with gems forming four
medallions of character "Shou" (longevity)**
Middle Qing Dynasty
Height: 8.3cm Length: 20.4cm Width: 19.3cm
Qing Court collection

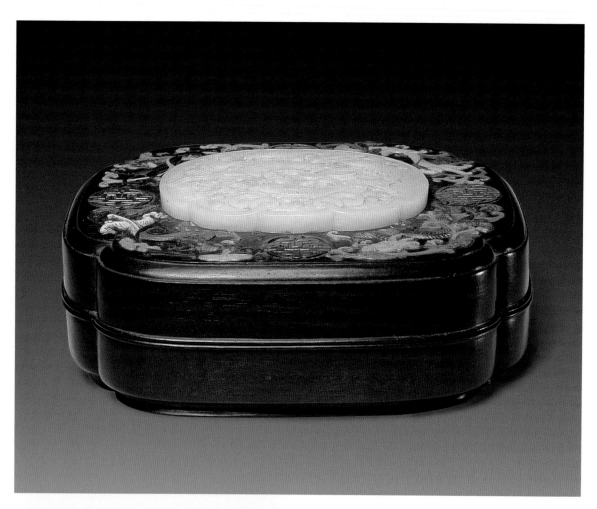

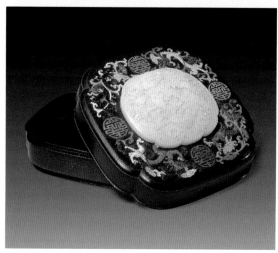

盒呈委角四方形，凸沿，盒壁光素，凹底圈足。蓋面
正中嵌一塊如意式水波游魚紋玉佩，浮雕鯖、鰱、
鯉、鱖五條游魚相互追戲，諧音"清廉禮貴"。玉佩
四周雕夔龍兩兩相對，四龍之間嵌有四片鏤空鍍金的
團壽字。夔龍口銜靈芝，蕃枝繞身，如同穿花彩帶。
紋飾寓意"芝仙祝壽"。

此盒以壽山石、染牙、螺鈿、玳瑁為料，採用百寶嵌
工藝製成。紋飾組合嚴謹，主次分明，精美富麗。

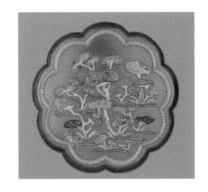

紅木百寶嵌靈芝圖彩墨盒

244

清中期
高7.5厘米　徑21.5厘米
清宮舊藏

Mahogany box containing coloured inksticks inlaid with
gems forming magic fungus design
Middle Qing Dynasty
Height: 7.5cm　Diameter: 21.5cm
Qing Court collection

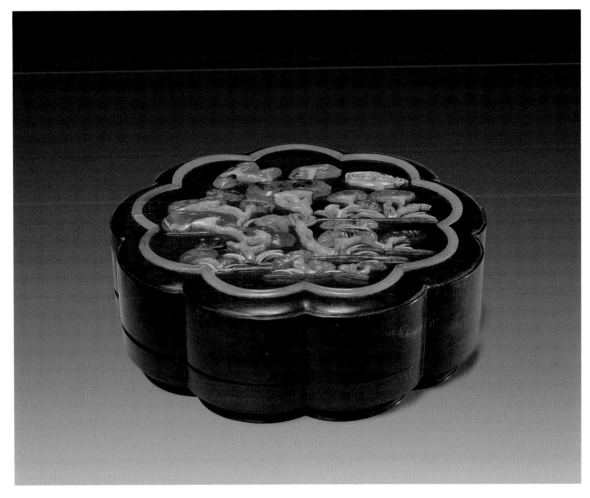

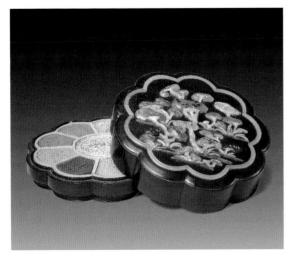

盒以紅木製作，為葵花式，圈足隨形。蓋面嵌葵花
式開光，內嵌刻數株大莖靈芝，芝朵繁茂，莖、葉
緊簇，五顏六色，清麗嬌豔。外壁光素。盒內儲御
用五色墨一套。古代以芝為仙草，稱之為芝仙、靈
芝或靈草，被視為能起死回生或駐顏不老的靈藥，
故多以其寓意長壽。

此盒以青玉、白玉、孔雀石、瑪瑙、珊瑚為料，採
用百寶嵌工藝製成。

紅木百寶嵌九獅圖香料盒
清中期
高7.5厘米　徑21.5厘米
清宮舊藏

Mahogany box containing perfumes inlaid with gems
forming design of nine lions
Middle Qing Dynasty
Height: 7.5cm　Diameter: 21.5cm
Qing Court collection

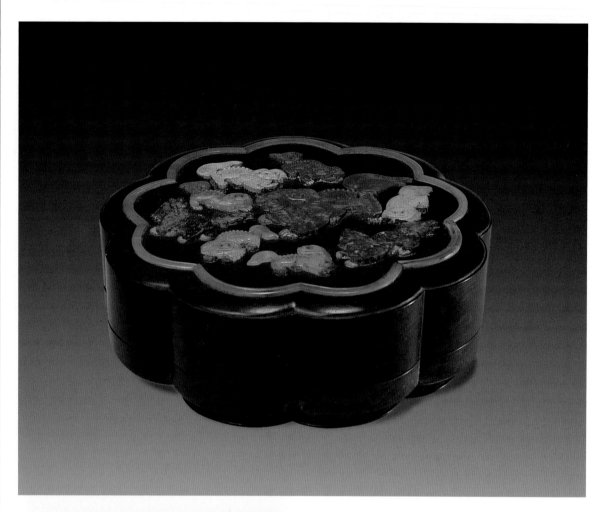

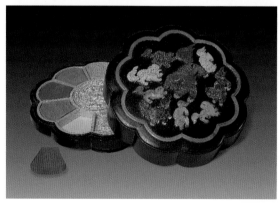

盒以紅木製作，葵花形，圈足隨形。蓋面嵌有《九獅圖》，大獅一隻，小獅八隻，獅與"世"諧音，寓"九世同居"之意，獅子的雙眼用黑石嵌成，更有畫龍點睛之妙。外壁光素。盒中有絹貼的格盤，格內盛放用枷楠香木雕成，摹陽文壽桃花枝、繡球、水仙、海棠、竹、桃、梅、木芙蓉等花卉圖紋的香料餅，顏色豐富，圖紋精美且多含祝壽之意。

此盒以青金石、孔雀石、松石、金星石、白玉為料，採用百寶嵌工藝製成。

紫檀百寶嵌福壽圖盒
清中期
高7.5厘米　長28.7厘米　寬22厘米
清宮舊藏

Red sandalwood box inlaid with gems forming
auspicious design of bats holding peach, pomegranate,
fingered citron, chrysanthemum (symbols of happiness
and longevity)
Middle Qing Dynasty
Height: 7.5cm　Length: 28.7cm　Width: 22cm
Qing Court colleciton

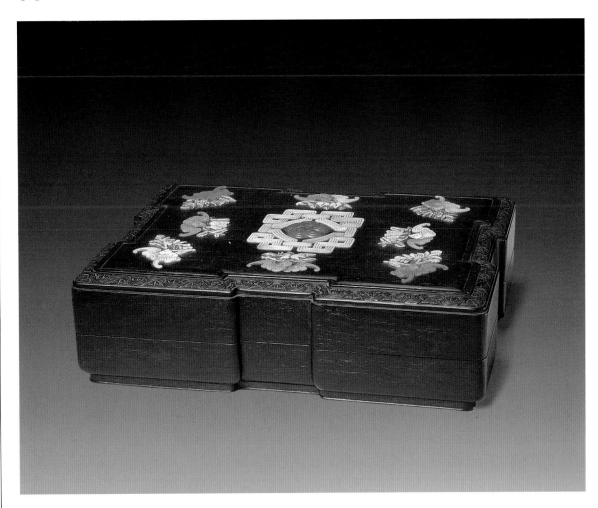

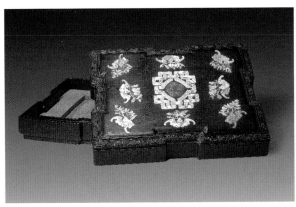

盒用紫檀木雕成，長方形，有蓋，底有長方凹弦
紋足。口緣刻陰線獸面紋，正中嵌碧玉浪花紋
璧，壁周圍嵌螺鈿盤長及八隻蝙蝠，蝙蝠口中各
銜菊花、佛手、石榴、壽桃等。蝠與"福"諧
音，數隻蝙蝠喻"多福"。紋飾寓"多福、多
壽、多子"之意。

此盒製作精緻有矩，圖紋佈局嚴謹，刻工與鑲接
技巧精湛，紋飾細雅，是鑲嵌藝術中的傑作。

紫檀百寶嵌耄耋圖盒
清中期
高6.3厘米　長18.1厘米　寬14.8厘米
清宮舊藏

Red sandalwood box inlaid with gems forming design of
cat, butterfly, rock and chrysanthemum
Middle Qing Dynasty
Height: 6.3cm　Length: 18.1cm　Width: 14.8cm
Qing Court collection

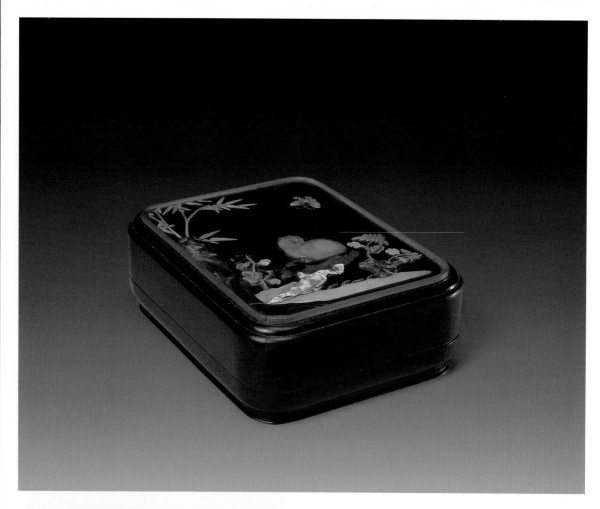

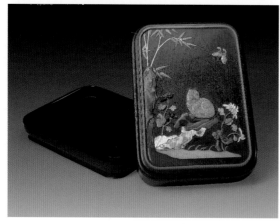

盒長方形，凸沿，盒壁光素，凹底，圈足。蓋面嵌黃楊木邊框，框內嵌《耄耋圖》，圖中青玉壽石或豎或橫，一隻神情專注的白貓蹲伏在橫石之上，注視着飛舞的蝴蝶，壽石上下有翠竹、秋菊點綴。貓與"耄"同音，蝶與"耋"同音，耄耋是對老者的敬稱，用貓、蝶、壽石與菊花組成《耄耋長壽圖》，也稱"壽居耄耋"，是祝頌人長壽之意。

此盒深褐色，以青玉、染牙、松石、螺鈿為料，作工細緻，圖紋清雅，是鑲嵌工藝中的雅作。

紫檀百寶嵌三多紋書式盒

清中期

高25厘米　長34厘米　寬19.8厘米

清宮舊藏

Red sandalwood box in the shape of thread-bound
Chinese book inlaid with gems forming design of great
happiness, longevity and male offspring
Middle Qing Dynasty
Height: 25cm　Length: 34cm　Width: 19.8cm
Qing Court collection

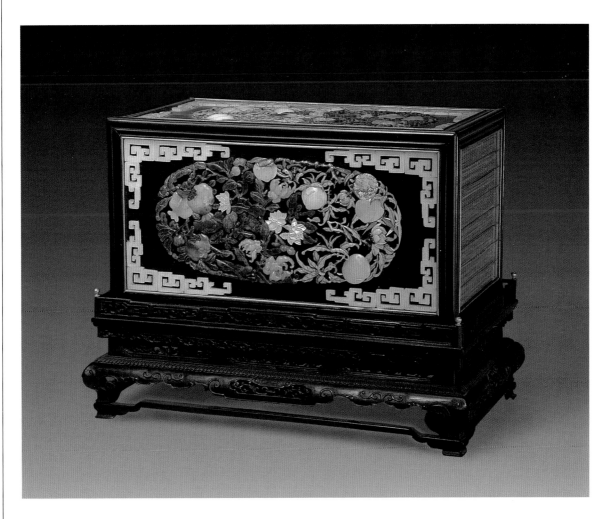

盒用紫檀木雕成，竹絲密貼在兩側，將盒裝飾成線裝書狀。盒的蓋面和正、背兩面嵌玉桃、螺鈿佛手、瑪瑙石榴、珊瑚花、染牙葉等花果枝葉，組成"三多"圖紋，寓意"多福、多子、多壽"。又以白玉鏤刻的方夔紋裝飾在圖紋四角，襯托了圖紋的立體感。內有文具架，下配紫檀鏤花束腰式木座。

此盒採用浮雕鑲嵌技法，設計巧妙，製作精細，陳設在書齋中非常醒目，是清代中期鑲嵌工藝的精品。

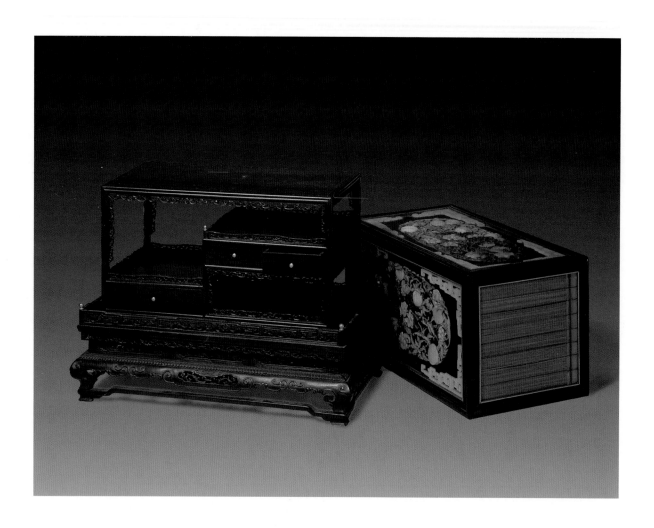